"三学三疑" 支架教学模式

基于深度学习视角的实践研究与创新

商庆平／著

东北师范大学出版社

长 春

图书在版编目（CIP）数据

"三学三疑"支架教学模式：基于深度学习视角的
实践研究与创新 / 商庆平著.—长春：东北师范大学
出版社，2021.1
　　ISBN 978-7-5681-7526-5

　　Ⅰ.①三… Ⅱ.①商… Ⅲ.①课堂教学－教学研究－
中小学 Ⅳ.①G632.421

　　中国版本图书馆CIP数据核字（2021）第012556号

□责任编辑：石　斌　　　　　□封面设计：言之凿
□责任校对：刘彦妮　张小娅　□责任印制：许　冰

东北师范大学出版社出版发行
长春净月经济开发区金宝街 118 号（邮政编码：130117）
电话：0431-84568115
网址：http://www.nenup.com
北京言之凿文化发展有限公司设计部制版
北京政采印刷服务有限公司印装
北京市中关村科技园区通州园金桥科技产业基地环科中路 17 号（邮编：101102）
2022年4月第1版　2022年4月第1次印刷
幅面尺寸：170mm×240mm　印张：17.5　字数：280千
定价：45.00元

　　从教三十多年总是秉持教师"教学有法，但无定法"的我，近十余年来，在观摩国内外几十所著名的中小学办学特色及教学模式后，开始思考一个问题，课堂教学到底需不需要一个模式？客观地说，我起初是持有疑虑的。我总觉得，过于强调固有的模式甚至程序感，很容易造成只有模式没有人。形式的东西固然重要，但若完全一成不变，真的会有生命力吗？学生真的能摆脱应试教育下的厌学状态吗？要知道任何东西一旦完全模式化，就可能会禁锢人的思想，将其僵化成某种程序化的东西。更何况任何教学模式不是万能的，都具有一定的局限性。某种教学模式对甲老师的教学如虎添翼，能发挥其特长，但对乙老师则可能折戟沉沙，限制其发挥自己的特长。从学生这个角度来考虑，由于家庭背景、社会环境及个人努力等不同，每一个学生在知识基础、个性习惯、意志品格和学习能力上都有着显著差异，因而孔子有因材施教之说，从这点而言，似乎教师也不应该有一种可应万变的教学模式。

　　可是从另一个方面来讲，教学模式又有存在的必要，毕竟随意性是一个人的天性，许多教师可能都有这样的经历，一开始上课就夸夸其谈、绘声绘色，时间过了一大半才猛然发现还没进入主题，匆匆进入主题，没讲几句一节课就完了，最终造成上课前松后紧，节奏凌乱，甚至要用拖堂来解决问题。课堂只有40分钟或45分钟，在如此有限的时间内，假如不控制自己随意的天性，不限制讲，或者从头到尾地满堂讲，这种课堂的效度实在不敢让人恭维。所以，如果我们明确"课堂价值"取决于学得如何，或者清楚"教是服务于学的"，那么为了发挥学的"主体性"，就必须找到一个办法对"教"的"主导性"进行制约，否则这种不受限制的讲，就难以起到对学生的学的促进作用，使学无法得到落实，学习就不可能真正发生。有没有一种方式，既能克服教学模式带来的弊端，又能把教学模式带来的好处发挥到极致？

带着上述思考，特别是出于捍卫"学"的主动权，把学习权还给学生的目的，2015—2018年我在担任广东省名师工作室主持人期间，与近50多名来自深圳、东莞、中山等地的学员们一起，引进学习支架的概念，对数学教学模式进行了为期三年的研究，并到几十所学校上公开课、示范课，还到了十几所农村学校送教下乡，受到了到访学校的热烈欢迎，反响很好。从2017年起，我在省内外、市内外各找了一些学校，进行支架教学模式的实验，实验取得了较大的成功。鉴于此，2018年我们把研究成果汇集整理，形成了《数学支架教学法》一书，在吉林大学出版社出版发行。我们在书中提出的看法是，数学教学中教师的"教"与学生的"学"是构成数学教育的复合双边活动，在这个师生的学习共同体中，教师是相对的强者，而学生是相对的"弱者"。教师可以在支架的帮助下，不经意地实现尊重"弱者"的需求，以建立起学生的主体意识，打开学生的思维空间，形成学生自主学习的习惯，以实现真正意义上的"以学生为中心的、以教师为主导"的有意义的学习。学习支架的充分使用，使教师在一定程度上，在学生和学习之间做到真正关注到学生本身，在知识与发展上做到真正关注到发展本身，把精力用在实现不让一个学生掉队的教育理想上。

以上书籍一出版发行，短期内就售罄，甚至被某些电商炒到一千多元一本。在受到较大反响时，也收到不少读者的热心建议。有读者来信说，支架教学法虽然很实用，但是在实际运用中还是不好掌控。能否从模式的角度，用学习支架的方式提出一些套路来？能否推广到其他各科，形成一种支架使用的氛围？还有读者提出，教学是一个非个人主义的集体行为，在实践中，总是存在各扫门前雪、无章可循、无序教学的现象，这种有效的集体教研的缺失，势必造成少数教师教学掉队的现象，这些教师就形成了一个班级教学、一个学科组教学中的短板，所以还是需要一个类似"程咬金的三板斧"或"红灯停、绿灯行"的模式，通过有约束力、有导向的集体教研来弥补他们的知识结构中的"短板"，使他们所教学生的成长不至于受制于他们的"专业水平"。

其实，从2016年起，在进行数学支架教学法研究的同时，我们已经在同步反思及构思上述问题，并一直在课堂实践中进行打磨研讨，也在同步另找途径开设相应的实验，并在实验学校取得了较好的成效。这一工作在我任2018—2020年第二届广东省名师工作室主持人期间，在十几名工作室成员的共同努力下，终于得到完善，形成了《"三学三疑"支架教学模式——基于深度学习视角的实践研究与创新》一书，并于2021年在东北师范大学出版社出版发行。

我们毕竟是凡人，没有撒豆成兵的本领，不可能把自己的教学直接与艺术画上等号，不可能一下子就达到"教无定法"下随心所欲的高度。如果要把教学艺术与教学上的自由王国作为教育梦来追求的话，那么我们就需要一种不束缚教师手脚、能够给教师充分拓展空间的有益的高效教学模式。本书提供的支架教学模式就试图打造这样一种工具，一种支架教学理论指导下建立起来的较为稳定的教学活动结构框架和活动程序，一种在教学过程中为师生组合、生生组合提供充分支架帮助的平台。我们提供了丰富的案例，阐述了如何利用支架的作用帮助学生自主获取新知识，如何帮助教师在合适的地方、合适的时机、合适的程度为学生提供合适的支架帮助。按照支架教学理论，建立支架后达到目的后就必须撤除支架，同样教师对于本书中教学模式的使用，也是需要以"入模是为了以后脱模"为目的。当模式运用于心、游刃有余时，个性化的教学风格就形成了，使用者也就有可能从仅懂得一两点教学技巧的"教书匠"成长为真正具备示范引领作用的"名师"了。

类似于学习书法时需要以临摹的字帖为抓手，本书"三学三疑"支架教学模式以把深度学习落实到课堂教学为使命，以支架为抓手，意图让教师经历"建模—入模—出模—形成个人教学风格"的过程，来提高课堂上师生深度思考及高阶思维的能力。从形式上这一模式可划分为教学流程和思维训练流程两个部分，教学流程上设计了试学—合学—导学的支架操作环节，思维训练流程上设计了诱疑—思疑—解疑的支架操作程序，合起来就构成了支架教学模式的试学诱疑—合学思疑—导学解疑—反思内化的四个关键环节。我们认为没有深度的教学评价，不坚持精准教学的原则，没有足够的支架支持，就很难保证深度学习的真正发生，难以把课堂学习的主动权还给学生。此外，书中提供了丰富的评价量规及近百个典型实例供读者参考。

对教育梦的追求，需要教育者充分节约时间成本，静下心来教书，潜下心来育人。希望本书的出版，能为一线教师节约独自钻研支架教学法及教学模式的时间成本，把时间用在运用与改良上，在灵活的借鉴中，达到学生和自我的全面提升。

专著能顺利出版，要感谢北京大学贾积有教授、华南师范大学胡小勇教授、广东省教育研究院吴有昌教授、江门市教育研究院李义仁副院长，五邑大学谢祥云教授等的热心指导；感谢江门市第一中学景贤学校张文伟校长，鹤山市昆仑学校吴怀军校长、恩平市年乐夫人学校谢术能校长、江门市第十一中学郑钰玲校长等的大力支持，感谢我的工作室团队中的成员们，他们分别是：马绍城、谢秀英、黎康丽、梁欢、胡鹏胜、陈罩添、黎颖雯、甄仲谋、吕坤昌、伍翠仪、陈梅、张宇、吕玉屏、陈羊贵、李亮、蔡春蔼、冯海燕、苏青梅等教师，谢谢大家。

江门市第一中学景贤学校

2020年12月于江门

第一章

关于深度学习的理论与实践

核心要点

第一节　什么是深度学习

为什么有些老师上课上了几十年，他教过的学生对他印象不深，而有些老师只对学生讲过几句话或只上过一两节课，就被学生铭记一生？看来教师的讲授只有深入学生心中，才能让学生深有感悟，这种感悟往往可以催化成学生发展所需要的关键能力；而要想深入学生心中，教师就要善于弄清学生到底需要什么。教师要踏实地做好学情分析，避免让学生产生在听说教、听大道理的传道感。

实例1-1

技术员小郑的一节作文课

刚参加中学教育工作的第二年，我做了班主任，所带班级学生的作文太差，语文成绩常倒数第一。作为数学老师的我有点紧张，与语文老师想了很多办法都没什么效果。有一次突发奇想，让一位经常在我们当地发表些豆腐块文章的民间作家以义工的身份来班上做一次讲座。作家是学校旁边一个自来水厂的技术员小郑，"文化大革命"时期，他作为知识青年上山下乡，后来没有回上海，就留在了我所在的这座小城。因文学爱好，他成了我在校外的好朋友。我介绍了我所带班级的情况，告诉他，我们班的学生写作文时常出现诸如描写母亲时，就有一大半人让自己的母亲"死"一次的千篇一律的现象，像极了八股文，呆板，无生气。他很热心地同意帮忙，抱着试试看的态度为我班的学生上了一节记叙文的人物描写课。刚开始，他要我班中的女同学小颖扮演模特，让我们班的其他同学以自己的方式描写模特的眼睛，然后当众大声地读出自己的描写作文。

生1：她的眼睛很小，像极了大象的眼睛，给人以纯朴、诚实、勤劳、永不疲倦的感觉。

生2：是的，她的眼睛是很小，但眼小聚光，炯炯有神，在她面前你有害怕做错事的感觉。

生3：她有一双灵动俊俏的小眼睛，与她小巧玲珑的鼻子、能说会道的小嘴巴、一笑起来两个浅浅的小酒窝真是绝配。

生4：她的眼睛虽然小，并不出奇，也不出众，但她的目光像三月细雨，看见她有一种滋润的感觉；她的目光还有一股神奇的力量，我总能得到无限的鼓舞，每次见她都想向她倾诉些什么。

还没读完就听到一片笑声，作为班主任的我很是恼火地发现，同学们的笑中明显有点别的意思。

生5：她的眼睛特别小，感觉像是会说话的样子，只不过一不小心还真看不出来她是睁着眼睛还是闭着眼睛。

生6：总觉得她长长的睫毛上滚动着点点晶莹的泪珠，原本妩媚灵动的眼睛因此黯然失色，眼神是那样的空洞，那样的孤单，那样的忧郁……

大家不等他读完，笑得更厉害了。我有点冲动想骂朋友了，这样上课都可以？！

生7：我觉得她的眼睛像老鼠的眼睛，给人不诚实的感觉。

生8：她那张红红的圆脸上，镶了一对小眼睛，乍一看，还以为是一截圆木头上钻了两个小洞，配上那滴溜溜乱转的眼珠儿，显得又奸诈又狡猾，糟糕，看，两眼又开始乱动了，又在想什么歪主意了。

刚读完，猝然出现很小的哭声，原来小颖被气哭了。

我有点生气地望着我的朋友，有停他课的冲动。小郑稍停了一下后，说："小颖同学，人无完人，如果所有人都认为你美到极点，那么你就不是人，是……"

众学生：是仙女。

小颖破涕为笑。

师：同学们，刚才几个同学的描写都很入神，我认为都可以给100分。严格说来，作文无所谓好坏，关键是写出你的所思所想。

众学生给予一片掌声。

小颖：可是我的作文常常起伏不定，时好时坏，有时甚至不及格。

师：无佛即有佛，平凡即非凡，只要你写出了真实想法和真实情感，写出了人间的真善美，又何必在乎多少分？不在乎才能达到你很在乎的理想分数。

许多同学点头，似若有所思。

师：虽说作文无所谓好坏，给人传递的能量却有正负，正能量能团结人，给人以鼓舞与启迪；负能量会瓦解一个团队，会让人沮丧，不舒服。

小颖带头鼓掌，全班随后响起一片掌声。

师：不管如何，你们对小颖的描写都算成功的，成功源于你们熟悉她。但你们的描写差异很大，为什么？因为角度、立场、情感各有不同。喜欢小颖的同学就会从正面描写她，平时对小颖有点意见的同学，就可能会从负面描写她。由此我们得出结论，要写好描写类作文的前提是深入了解，然后确定好自己的角度、立场、情感。写出一篇好作文不难，关键是你要做一个有心人，处处细心、留心，并从正能量的角度动情地去欣赏它，描述它。

然后，小郑老师向小颖深深地鞠了一躬，笑了笑，说："上课前向你们班主任了解过你，你个性坚强、外向、活泼，相信这节课没有给你造成困惑。你很有能力，很出色，我相信你未来是一个不需要靠颜值吃饭的人。"

小颖调皮地笑了笑，我也长长地舒了口气。

小郑老师讲完课后，我班的学生写作文时开始百花齐放起来。一年不知不觉地过去了，学生还是这批学生，老师还是原先的老师，班上的语文成绩却开始屡次成为全年级的第一名。

二十多年过去后，学生们再聚首，有相当一部分学生已是公司总裁、有点成绩的小老板、机关干部、单位负责人等等，小颖也成了某报社的主编。这些学生都还记得这位民间作家、这位十年前已不在人世的郑老师的讲座，都一直把他作为自己的引路人、启蒙老师放在心里。按学生们的说法，郑老师似乎知道学生们急需什么，知道学生们最困惑的是什么，知道用例子不动声色地劝导学生们，作文的关键是写出所思所想这么一个貌似再简单不过的道理。郑老师打开了一扇窗，让学生们知道了语文学习不可死记硬背、生搬硬套。语言背后隐藏着深刻的灵动之魂，作文是代表写作者三观的立场表达，是一种感情的抒发，是思维的结晶。

看来学习的确有深度学习与浅层次学习之分，与小郑老师的教学相比，以往的作文教学明显有浅层次学习之嫌。小郑老师仅用几分钟就体察到了学生的真实需要，只用了一节课，就让学生对写作文有了深层次的感悟，进而为提高全班学生的写作能力奠定了基础。毫无造作，直击写作上的要害。这节课学生的学习无疑就是基于关键能力培养的深度学习，从这个意义上说，一个学生能遇到一位像郑老师这样的好老师，是幸福的。

能够为深层次地发展学生的关键能力而进行的学习行为，是深度学习。一个人一生中应具备的素养大概有以下三类：

（1）基础素养，含适应现代社会的最基本能力及最基本的品格修养。基本能力，如阅读能力、书写能力、记忆能力、算术能力；基本的品格修养，如诚信、谦虚、谨慎、举止文明、礼让他人、不随地吐痰、不乱丢垃圾等。

（2）核心素养，含适应现代社会所必需的品格及能力，如创新能力、批判性思维、合作能力、交流能力、自主发展能力、信息素养等。

（3）职业素养，从事某种具体职业，如医生、建筑师、会计师、教师等需要具备的专门素养。职业素养相差很大，难以互相替代。

2016年9月13日，《中国学生发展核心素养》总体框架正式发布，提出了我国学生发展的核心素养是指学生应具备的、能够适应终身发展和社会发展需要的必备品格和关键能力。其中"关键能力"属于智力因素，"必备品格"属于非智力因素。核心素养是关于学生知识、技能、情感态度价值观等多方面的综合表现；是每一个学生获得成功生活、适应个人发展和社会发展的、不可或缺的共同素养，其发展是一个持续终身的过程，可教可学，最初在家庭和学校中培养，随后在一生中不断完善。

中国学生的核心素养，以科学性、时代性和民族性为基本原则，以培养"全面发展的人"为核心，分为文化基础、自主发展、社会参与三个方面，综合表现为人文底蕴、科学精神、学会学习、健康生活、责任担当、实践创新六大素养。对每一个具体素养具体细化后，又分为文化积淀、理性思维、乐学善学、健全人格、社会责任、国家认同等18个基本要点，涵盖了学生终身发展和社会发展所需的品格与关键能力。核心素养立足于人的全面发展，立意顶层设计，意存高远。也正因如此，核心素养中所提的关键能力，只能宽泛定规而无法兼顾针对性和可操作性。

2017年，中共中央办公厅、国务院办公厅印发了《关于深化教育体制机制改革的意见》（以下简称《意见》），开始考虑提高关键能力的针对性和可操作性问题，开始将关键能力精准地聚焦于创新能力与合作能力。《意见》明确提出要注重培养支撑终身发展、适应时代要求的关键能力。在培养学生基础知识和基本技能的过程中，强化学生关键能力培养，并进一步指出要培养学生四种关键能力，即认知能力、合作能力、创新能力、职业能力。

《意见》中的"基础知识和基本技能"属于基础素养；认知能力、合作能力、创新能力属于核心素养，即关键能力；职业能力属于职业素养。因此，基础教育阶段学生的关键能力主要指认知能力、合作能力、创新能力三个方面，而后两者是关键中的关键。北京师范大学褚宏启教授在文献中提出，中国的基础教育存在的一个严重问题是：学生的素质中存在"结构性失衡"，亦即基础素养特别是基础知识的教育严重过度，而关键能力的培育严重不足。21世纪的社会更加复杂，变化更快，竞争加剧，不确定性增强，唯有"创新+合作"才能有效应对。褚宏启还认为，创新能力是智商的集中体现，而合作能力是情商的集中体现。合作能力与创新能力构成了中国学生核心素养中的两大超级素养，是学校教育中对学生进行着重培养的两大重要的关键能力。

第二节 深度学习的理论发展

在信息技术飞速发展和国际竞争日益激烈的今天，学校到底应该培养什么样的人才？如何让学生自如地面对未来的学习、工作及生活？在这一系列的思考与追问下，国内外许多学者开始提出并关注"深度学习"这个概念。例如，由美国威廉和弗洛拉·休利特基金会（William and Flora Hewlett Foundation）发起，美国研究院（American Institutes for Research，AIR）组织实施的Study of Deeper Learning：Opportunities and Outcomes（SDL）项目，无论在理论发展还是实践创新方面，都具有里程碑式的意义。我国上海师范大学黎加厚教授的研究团队中，段金菊、张浩、吴秀娟等学者的一系列研究成果，也不断推动着国内深度学习研究的开展。2014年，教育部正式确立"深度学习"教学改进项目。

由此可见，深度学习研究的兴起，是人们自觉回应知识经济、终身教育、优质教育理念对基础教育发展要求的结果，因此，如何促进深度学习和培养学生深度学习能力，将成为未来教育改革发展的重要课题。

当然，也有不少专家学者是在人工智能领域对深度学习的本质内涵进行探索的。严格来说，人工智能领域的深度学习起源更早，教育领域的深度学习起源于人工智能领域，并深受后者的启发与影响。如无特殊的说明或需要从深度学习的历史中寻求某些启迪，本书所提的深度学习都是指教育领域的深度学习。

教育领域的深度学习研究可谓百花齐放，有的从学习方式、学习过程、学习结果进行了研究与阐述，有的从技能、素养、人际交往等方面进行了分析。当然，最先引发专家们产生研究热情、引发大众进行深层次思考的是一个关于学生阅读方面的试验。

一、关于深度学习的试验

20世纪50年代中期，在瑞典哥德堡大学教育学院工作的两位美国学者

Ference Marton和Roger Saljo开始了一项对学生的学习过程进行的实验研究。他们给一组学生同一份专业文章让他们去学习，并告之将会对这篇文章进行提问。研究表明，学生们处理这篇文章的方式可以分为两类：第一类学生把注意力放在了有可能会被提问的部分，并且尝试着背诵这些内容；第二类学生阅读完文章后，概述文章的大体意思，抓住中心思想，并与自己的专业结合起来思考。在这个实验中，很明显，前者属于浅层学习，为了过关而被动地学习，一般以记忆、背诵为主，谈不上理解，更谈不上与周围事物进行关联，是一种孤立的学习；后者则属于深度学习，学生不仅能在阅读文章的基础上理解文章的基本内容，而且能够抓住文章的主体思想，把文章中的话变成自己的话，最终成为自己头脑中的知识，更重要的是，学生还能积极主动地把文章中的知识与自己的专业进行关联，这是一种迁移，是一种更高的思维层次。

1976年，Ference Marton和Roger Saljo联名发表了《学习的本质区别：结果和过程》一文，正式提出了深度学习（Deep Learning）和浅层学习（Surface Learning）这两个概念，并进行了详细的阐述。他们认为浅层学习最多是没有质量只有数量的学习，而深度学习却是既有质量又有数量的学习。

二、不同视角下深度学习的意涵

美国卓越教育联盟（The Alliance For Excellent Education）于2011年5月发布的名为《深度学习的时代：让学生为变化的时代做准备》（*A Time for Deeper Learning：Preparing Students for a Changing World*）的报告中也指出，深度学习并不新鲜，它是那些优秀教师的常态化教学行为，即以创新的方式将丰富的核心知识传递给学生，因此核心知识是学习过程的中心。深度学习要培养的是学生了解和掌握学科核心知识的能力、运用这些知识进行批判性思考和解决复杂问题的能力、与同伴顺畅有效地合作的能力、借助适当的媒体进行交流的能力，以及自我指导和反馈的能力。

Grant Wiggins等美国学者于1998年主持的"为理解而设计"（Understanding by Design）项目中，直接从"理解"的角度来阐述何为深度学习，认为深度学习就是让学生能够实现对学习内容的理解。与此同时，他们还将"理解"分为六个不同的维度，包括解释、释义、运用、洞察、移情和自我认识，每一维度都对学生学习后能够达到的要求进行了详细阐述。与布卢姆（Bloom）的教育目标分类不同的是，这六个维度不是由浅入深的学习层次，而是"理解"的六个不同方面，也就是学生在达成理解之后会有的不同表现。近年来，深度学习越来越受到教育研究者的关注，2013年4月，美国《麻省理工学院技术评论》杂志将深度学习列为2013年十大突破性技术之首。

虽然他们对于深度学习概念的界定不尽相同，但在深度学习与浅层学习的差异性及深度学习的本质理解上，基本达成了共识。浅层学习处于较低的认知水平，是一种低级认知技能的获得，涉及低阶思维活动。深度学习则处于高级的认知水平，面向高级认知技能的获得，涉及高阶思维活动，是一种以促进学生批判性思维和创新精神发展为目的的学习；它不仅强调学习者积极主动的学习状态、知识整合和意义连接的学习内容、举一反三的学习方法，还强调学生高阶思维和复杂问题解决能力的提升。深度学习不仅关注学习结果，还重视学习状态和学习过程。

表1-2-1　关于深度学习的各种概念界定

倚重的视角	学者	时间	概念界定
学习方式说	Ference Marton、Roger Saljo（瑞典）	1976	深度学习是一种具有正向迁移作用的、更高层次的学习方式，是对学习内容积极主动的理解、联系和结构的建立，对基本原理的追求，对相关证据的权衡，批判反思和应用
	Besttie等（美）	1982 1997	提出深度学习方式意味着学习者为了理解及应用知识主动地学习，主要表现为对知识的批判性理解及深度加工，且强调和先前的知识、经验的联结
	Grant Wiggins等（美）	1998	深度学习就是让学生能够实现对学习内容的理解。这种"理解"分为六个不同的维度，包括解释、释义、运用、洞察、移情和自我认识
	John Bibggs（英）	2001	深度学习包含高水平或者主动的认知加工，对应的浅层学习则采用低水平认知加工，如重复记忆或者机械背诵
学习过程说	Brans-ford、Brown、Cocking（美）	1997	深度学习是通过让学生真正理解学习内容且促进长期保持，从而使学生能够提取所学知识解决不同情境中的问题
	美国国家研究委员会（NRC）	2012	深度学习是个体将学习的知识从一种情境应用到另一种新的情境的过程，即迁移

续 表

倚重的视角	学者	时间	概念界定
学习结果说	美国卓越教育联盟	2011	深度学习是以创新方式向学生传递丰富的核心学习内容，引导他们有效学习，并能将其所学辅助应用，强调深度学习，将标准化测试与掌握沟通、协作、自主学习等能力相连接
	段金菊、余胜泉	2013	深度学习强调较高的认知目标层次，强调高阶思维能力的培养，强调学习过程中的反思与元认知，并且注重学习行为方面的高情感投入和高行为投入
	张浩、吴秀娟、王静	2014	深度学习是学习者根据自己的学习兴趣和需求，在理解的基础上主动地、批判性地学习新思想和知识，运用多样化的学习策略来深度加工知识信息，建立多学科知识、多渠道信息、新旧知识信息等之间的联系，建构个人知识体系并有效迁移应用到真实情境中解决复杂问题的学习
	胡航、董玉琦	2017	深度学习是提倡主动性、批判型的有意义学习，要求学习者在真实的社会环境和复杂技术环境中通过深层次加工知识信息，主动建立新旧知识间的联系，实现对复杂概念的深度理解，并将所学知识应用到真实情境中解决复杂问题，最终实现学习者高阶思维能力的发展

我们觉得在实践应用上，要注意的是：深度学习不是自学，而是在教师的帮助和带领下学生主体的主动活动；深度学习的内容主要是有挑战性的学习单元，深度学习的过程是学生作为主体的主动学习过程。从根本上看，深度学习不是一种教学模式，而是一种教学理念；它是历史上一切优秀教学理论与实践的凝练、提升，是良好教学的理想形态。

三、深度学习的表征

（一）深度学习的特点

1. 深度学习意味着理解与批判

深度学习的基础是理解，死记硬背下来的东西没有理解，它终究不是自己的。你只有进行了思考，并理解了它的含义，它才是自己的。

2. 深度学习意味着联系与构建

知识不是孤立的，而是像一张大网上的各个节点，它们之间有着千丝万缕的联系，我们在学习时也要遵循这一点，要善于发现知识之间的相互联系，并且把新知识与学过的知识整合到一起，使之成为已有知识建构的一部分。

3. 深度学习意味着迁移与应用

"学以致用"，学习的目的是解决实际生活中的问题。我们经常以能否解决实际问题来判断一个人是不是学到了真正的知识。虽然浅层学习对应的是低阶思维，但并不是说浅层学习就应该摒弃，它在某些情况下是必然存在的。但在现实中，大多数应该深度学习的地方都变成了浅层学习，因而有必要提倡深度学习。

4. 深度学习是一种学术心态

有一名学生，小学一年级就学会了2400个汉字，到了六年级这个学生的识字量为6600，这名学生的学习算不算深度学习？还有一名学生，小学一年级学完了小学数学六年的内容，初中就学完了高中数学的内容，这是不是深度学习？我们要明确的是，深度不等于进度，学习进度快不一定意味着学生真正进入了深度学习状态。基础教育领域研究的深度学习的"深度"二字，最终取决于对学生"认知能力、合作能力、创新能力"提升的程度。程度高，就意味着够深，有了学术心态；程度低，就意味着浅层学习，学习不过是完成一项普普通通的任务。

美国学者Monica R. Martinez和Dennis McGrath在《深度学习》（*Deeper Learning*）一书中认为，深度学习有六大要素（见图1-2-1）：

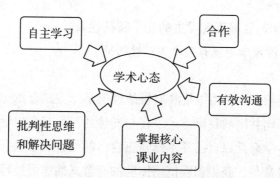

图1-2-1 深度学习的六大要素

（1）掌握核心课业内容：让学生在阅读、写作、数学和科学等学科中建立自己的学术基础。理解关键的原则和程序、回忆事实、使用正确的语言，并利用他们的知识来完成新的任务。

（2）批判性思维和解决问题：让学生学会批判性、分析性和创造性地思考。知道如何寻找、评估和综合信息来构建论点，为复杂问题设计自己的解决方案。

（3）合作：学生能够合作完成工作。他们能够沟通、理解并整合多个观点，知道如何合作，以实现共同的目标作为合作的依据。

（4）有效沟通：学生能够在写作和口头演示中进行有效沟通。以有意义的方式组织信息、倾听，并给出反馈，为特定的受众构建信息。

（5）自主学习：让学生发展自主学习的能力——学习如何去学习。设定目标、监控进展，并对自己的优势和需要改进的地方进行反思。

（6）学术心态：学术心态是六大要素中的核心要素，是其他五个要素的出发点及归宿。不良学术心态的表征是心态"焦虑、浮躁"与思想"功利"，经常性地弄虚作假、好大喜功。良好学术心态的表征是"健康、宽容、积极奋进"，善于借鉴他人的优点，善于倾听他人的意见，采众所长，独立创新。拥有良好学术心态的学生对自己有很强的信心，他们相信自己的能力，相信努力会有回报，所以会坚持克服障碍。他们能够看到学业与现实世界的关联，以及自己未来的成功。

Monica R. Martinez及Dennis McGrath的观点，其实也是立足于"认知能力、合作能力、创新能力"三个方面的，他们的特点是更为强调这三个方面的核心是让学生形成学术心态、对创新能力的细化说明及为创新能力的培养提出了更为细化的保障措施。

（二）深度学习能够真实发生的几个特征性条件

综合起来，深度学习具有三个关键性特征：

1. 挑战性

在教师的引领下，学生围绕具有挑战性的学习主题合作交流，合作共赢，挑战自己，携手向共同的目标前进。在与同伴的互帮互学中学会倾听，学会考虑别人的建议，学会反思自己并不断修正自己的处世观念及做人方式，无疑是一种全身心积极参与、获得积极情感体验的有意义的学习过程，这种过程是最有可能真正提升与发展学生的合作能力的。

2. 高阶思维

高阶思维是触及学科知识底部和本质，探查学科知识间的相互关联，基于理解之上更多关照分析、评价与创造层面的高阶思维的学习。

3. 以核心素养为归属

深度学习的目标指向是发展学生的核心素养，与浅层学习相区别，不是简单的知识记忆，而是对学习内容有整体认知；学生能够根据当前的学习活动调动以往的知识经验，建构自己的知识结构；在学习的过程中，展开积极的沟通与合作，同时又富含个性化的理解；能够抓住学习内容的关键特征，全面把握学科知识的本质联系；能将学到的知识进行迁移与应用。

表1-2-2 深度学习与浅层学习在理解特征上的区别

理解特征	学习指向	深度学习	浅层学习
自我认知	投入程度	自主学习	被动学习
	学习动机	自身需要	外在压力
	反思状态	常常自主反思	很少自我反思
批判性思维	主动交流	能够批判性地接受知识及他人意见，从而加深对深层知识和复杂概念的理解	浮于表面，没有自己的主张
理性思维	记忆方式	理解基础上的记忆	机械记忆
	知识体系	在新知识和原有知识之间建立联系，掌握复杂概念、深层知识等结构化知识	零散的、孤立的，缺乏结构化浅层知识
	关注焦点	关注解决问题所需的核心论点和概念	关注解决问题所需的知识与外在的线索
	迁移能力	把所学知识迁移到更高阶的学习和实践中	不能灵活运用所学知识
	思维层次	高阶思维	低阶思维
创造性思维	自主探究	主动发现和解决问题	完成作业或活动任务

从这些特征我们可以归纳出深度学习的具体表现，从而判断学生是否处于深度学习的状态，或者说深度学习是否正在真实地发生。

（三）判断深度学习的标准

1. 如何判断学生是否处于深度学习状态？

（1）他在解决问题的过程中出现了错误。（尝试，是学习的外化与开始）

（2）他在解决问题的过程中，出现了有别于标准答案的幼稚、粗糙或创新。（学习意味着思维暗箱的可视化）——这是为了提醒老师，出现标准答案可能是对已有结论的套用或鹦鹉学舌；同时，幼稚、粗糙与创新有同等重要的意义。

（3）他能提出问题，尤其是根据学科结构提出迁移性的猜测；他能举出例子，并试图举多个例子，举反例、特例，且在此过程中，用自己的而非别人的、儿童的而非成人的话语。

（4）他用自己的生活经验来解释知识，尤其是当他"主动"将知识与自己的经验去关联时。（主动建构意义）

（5）他想与人分享，把自己的明白转化为别人的明白。不过，要注意一种为了得到老师的表扬而想分享的强势的优秀生。

（6）他希望并努力主导后续的学习进程，愿意继续学习，沉浸、专注，无须指导，也不想被打扰。

2. 如何判断一位教师的课堂是否属于深度学习课堂？

（1）教师的问题是与真实世界连接的情境问题吗？

（2）教师的提问是开放式的吗？布置的任务有开放性的吗？

（3）教师进行过跨学科整合和无缝融入的评价吗？

（4）教师的评价是真正的过程化评价吗？是对话交流还是回答问题的课堂？

（5）是学生练习与试错还是快速回答正确答案的课堂？

（6）是互助共学还是孤立竞争的课堂？是学生经历学习过程的课堂吗？

（7）是没有一个人被忽略还是有人不被关注的课堂？

（8）是学生能彼此回应而非一直以教师为核心的课堂吗？

（9）是有探索和挑战的课堂吗？是使学生获得提升的课堂吗？

（10）是所学对学习者而言有意义关联的课堂吗？

（11）是有资源支持理解的课堂吗？

四、深度学习的历史溯源及对学困生学习的启示

深度学习是一个近几十年才提出的概念，其起源于计算机人工智能领域及人工神经网络的研究，主要指让计算机通过模仿人类大脑的神经网络能够像人类一样学习。其目的在于建立、模拟人脑进行分析学习的神经网络，它模仿人脑的机制来解释数据，如图像、声音和文本。可见，这种人工智能领域的深度学习是无监督学习的一种，从其发展进程来看，让全世界为之震惊，如1997年，IBM研制的超级电脑"深蓝"在标准比赛时限内以3.5：2.5的累计积分击败了国际象棋世界冠军卡斯帕罗夫，震惊世界。2011年2月16日，在美国智力竞猜

节目《危险边缘》第三场比赛中，IBM另一超级电脑"沃森"以3倍的巨大分数优势力压该竞猜节目有史以来最强的两位选手肯·詹宁斯和布拉德·鲁特，夺得这场人机大战的冠军。2016年，谷歌公司基于深度学习开发的AlphaGo以4∶1的比分轻松战胜了国际顶尖围棋高手李世石。机器向人学习，就产生了深度学习的巨大能量，其实深度学习是隐藏在人灵魂深处的天生本能。"人"字的一撇伸向过去，代表着深度学习中经验教训的积累；一捺伸向未来，表示深度学习中的批判性思维，表示创造与创新。只不过对个体而言，深度学习的能力是以一种潜能的形式存在于每个人身上而已，教师的职责就是开发、挖掘之，使之服务于自己的学生。

那么，如何开发、挖掘？特别是基础差的学生能进行深度学习吗？

一提到"深度"二字，似乎是为天才学生而设，似乎只有聪明的学生才谈得上深度学习。基础差的学生，是不是提高基础知识及基本技能即可？基础差的学生还有必要进行深度学习吗？在基础教育阶段，学校教育当然要以提高学生的认知能力为核心，从中长期来看，要以提高学生的合作能力特别是创新能力为核心。要提高学生的认知能力，课堂教学无疑是主阵地，如何立足于课堂来培养学生的认知能力？包括认知能力在内的关键能力的属性决定了其习得必然依赖于深度学习的过程，而关键能力一旦形成又会有力地支持深度学习，两者是相互加强的互动循环关系。国外开展深度学习多集中于项目学习、跨学科的探险式学习等，而且课时安排上也多有弹性。基于我国的教学实际，如何理解学校教育中各学科课堂教学中的深度学习，如何在已有教学传统优势的基础上开展常态课堂的深度学习，是值得我们花时间认真研究的课题。作为起点的探索，我觉得可以从布卢姆在认知领域学习目标分类处开始思考。

布卢姆等人在认知学习领域把教学目标分成六大层次，从低级到高级依次为：①识记。主要指记忆知识，对学过的知识和有关材料能识别和再现。这一目标要求学生能做到确认、定义、选择、默写、背诵等。②理解。主要指对知识的掌握，能抓住事物的实质，把握材料的意义和中心思想。可以借助三种形式来表明对知识材料的理解：一是转换，即用自己的话语或用与原先表达方式不同的方式来表达所学内容；二是解释，即对一项信息（如图表、数据等）加以说明或概述；三是推断，即预测发展的趋势。这一层次的目标要求学生能做到了解事实与原理、解释文字资料、解释图表、转译文字资料为另一种资料形式、验证方法与过程、对所学内容进行概述、举例说明学过的知识等。

③应用。指把所学的知识应用于新情境。这一目标要求学生能做到列举、计算、设计、示范、运用、操作、解答实际问题等，如应用几何知识测量土地面积。④分析。指能将知识进行分解，找出组成的要素，并分析其相互关系及组成原理。这一目标要求学生能达到对事物进行具体分析、图示、叙述理由、举例说明、区别和指明，找出在推理上的逻辑错误，区别真正的事实与推理，判断事实材料的相关性。例如，划分文章段落，写出段意及中心思想；指出一个实验中哪些是自变量，哪些是因变量等。⑤综合。指把各个元素或部分组成新的整体。这一目标要求学生能做到联合、组成、创造、计划、归纳、重建、总结等。例如，写出一份结构完整的论文提纲，提出一份系统的实验计划或方案等。⑥评价。指根据一定的标准对事物给予价值判断。这一目标要求学生能做到比较分析、评价效果、分辨好坏、指出价值。例如，判断文艺作品成败之处，判断事件的真伪，判断一个调查的科学价值等。

　　浅层学习的认知水平停留在第一、第二层，即识记与理解层面；而深度学习的认知水平对应着后面四层，即应用、分析、综合、评价层面。因而，深度学习是指在理解学习的基础上，学习者能够批判性地学习新的思想和事实，并将它们融入原有的认知结构中，能够在众多思想间进行联系，能够将已有知识迁移到新的情境中，进行做出决策和解决问题的学习。

　　不同基础的学生，学习的深度是可以有所不同的，如基础弱的学生完成应用类就是深度学习了；基础中等的学生，完成分析与综合类就是深度学习了；而基础好的学生，完成综合或评价类就是深度学习了。这里要注意三个方面的理解：首先，深度学习不是学科学习的全部，只是当前浅层学习泛滥，需要深度学习丰富学生的学习品质。其次，伴随深度学习的应该是深度教学，深度教学不等同于夯实双基、拓展知识，而是走进学生情感、思维深处与素养核心的教学。最后，深度与难度是两个不同的概念，难度是指学生完成学习内容的困难程度，而深度则是指触及知识底部与本质的程度。总而言之，优秀的课堂一定是有深度的，但不一定是难度大的课堂；难度大的课堂不一定有深度。

第二章

"三学三疑"支架式的教学模式设计

核心要点

理念设计：让深度学习真实发生

支架式深度学习教学模式的框架设计

支架式深度学习教学模式的操作方式设计

第一节　理念设计：让深度学习真实发生

"三学三疑"支架式深度学习教学模式的设计思路是把课堂还给学生，把学生的学习自主权还给学生，让深度学习真实发生，让学生在深度学习中自然成长。

德国著名教育学家斯普朗格说过："教育的最终目的不是传授已有的东西，而是要把人的创造力量诱导出来，将生命感、价值感唤醒。"马克思也说过："教育绝非单纯的文化传递，教育之为教育，正在于它是一种人格心灵的唤醒。"因此，深度学习的核心就是唤醒。唤醒学生自尊、自信的天性；唤醒学生做人的良知；唤醒学生自强、自律、自省的能力；唤醒学生沉睡的潜能；唤醒学生开拓创新的意识；唤醒学生自主参与、协作团结的精神。

要让深度学习真实发生，就要充分地唤醒学生，就必须"把课堂还给学生"，当然"把课堂还给学生"，并非要求教师把课堂全部交给学生安排，整节课全部由学生自学，教师一言不发。也不是淡化教师的主导作用，什么都不讲，有的教师依据事先印制的导学案，一问一答，课堂教学成了习题解答；有的教师整节课让学生充当"小先生"，换汤不换药，将"教师满堂灌"变成了"学生满堂灌"……这些都不是真的把课堂还给了学生。

"把课堂还给学生"的真实含义是把学习的自主权还给学生，没有一个教师的"教"能替代学生主动的"学"，学生成为课堂的主人是学生能深度学习的前提。传统的讲授式有很多弊端，如在课堂时间的分配上，教师占用的时间过多；在课堂空间上，教师在讲台上自我表演，没有和学生融合到一起，忽略学生的个性，剥夺学生的个性；教师只把学生当成生产线上的产品，而不是活生生的与教师平等的人，教师往往发号施令，压制学生的思想，扭曲学生的性格，这些都是造成学生浅层次学习的根本原因。

如何归还学生的学习主动权，让学生浸入深度学习的环境中？可以从以下六个维度进行放手，把时间、空间、机会、个性、尊严和评价还给学生。

1. 把时间还给学生

课堂上，教师要管住自己的嘴，让自己少说一点，把时间留给学生，保证学生自主学习、咀嚼思考、自练自改的时间。学生通过自主学习，提出问题，对问题进行思考讨论；要敢于放手，将表演舞台让给学生。教师给学生提供充足的自学时间后，教师就能准确把握学情，进而有针对性地制定下一步的教学策略。

课堂上还给学生的时间里还要包括给学生充足的训练时间。有效的训练是检查和反馈学习效果的重要手段，在以讲为主的课堂上，学生无暇进行当堂训练，教师难以掌握学生学的信息，学生看似当堂听明白了，但一下课就忘、一做题就错，课堂教学效果大打折扣。"把课堂还给学生"要求教师要围绕学习目标，精心设计变式训练题，做到当堂训练、当堂反馈，在学生"出错"和"纠错"的过程中，提高学习效率。

2. 把空间还给学生

教师要精心设计学生的学习活动，让学生在课堂中"动"起来，使课堂活动气氛热烈而有活力。通过把空间还给学生达成形式多样、人人参与，学生动眼、动脑、动手、动耳、动口的全方位深度学习的目的。

3. 把机会还给学生

教师要把课堂思考的权利还给学生。"启发式"教学不是简单的"是"或"不是"、"对"或"不对"的一问一答，不是将"满堂灌"变成"满堂问"，也不是教师利用设计好的问题牵着学生的鼻子走，使其钻入事先准备好的标准答案的圈套。教师要认真设计有思考价值的问题，创设问题情境，并给学生留下静心思考的机会，不可急于把现成答案告诉学生，要允许学生有不同答案，鼓励学生进行创新思维。一节课学生思维的密度、广度和深度，是检验教师"把课堂还给学生"效果的重要标尺。

4. 把个性还给学生

把课堂还给学生，要求教师转换角色，从知识的传授者变成学生学习的伙伴，为学生组建起"学习共同体"，与学生平等地交流和探讨，允许学生提出自己独特的见解、奇特的想法，不拘泥于预设的教案，能及时捕捉学习进程中的信息并快速调整自己的教学思路，暂缓批评，善待差异，创设一种"心理自由和安全"的课堂教学环境。是否弘扬了学生的个性，就要看学生有没有独立思考、独特感悟、自由联想、自由表达学习发现、充分展示学习成果的权利。

5. 把尊严还给学生

课堂上，仁者见仁，智者见智。学生用稍显稚嫩的思想讨论、启发、补充、纠偏、估评，教师通过适时点拨，就会让学生对知识有更深层次的理解，取得良好的学习效果。课堂上教师要注意倾听，注意力要时刻放在学生身上，认真地听学生讲，听学生争论，听学生评价并适时精简地给予点拨和点评。不论学生回答得对与错，都不要轻易打断学生。教师要有亲和力，注重师生之间的情感沟通，要给学生亲善、和蔼之感，切莫过于严肃，让学生觉得教师严厉，不好接近。交流中教师要善于捕捉学生的闪光点，要善于表扬和赞赏学生，以便增强学生参与课堂学习活动的主动性和自信力，让学生体会到一种学习上的尊严。

6. 把评价还给学生

把课堂评价权真正还给学生，对于创造课堂学习氛围，激发学生学习兴趣，调动学生学习思维，增强学生克服困难的决心，有着不可低估的作用。把学生引导到评价中，让学生在评价中交流、在交流中学习、在学习中发展，才能真正落实学生在课堂上的主体地位，真正培养学生的自主学习能力，真正激励学生的创新精神，最终实现让学生全面发展的目标。学生提出解决问题的方案时要有对彼此的方案进行评价的权利，不要仅限于教师自己认为的最好方法，要广开言路，让学生讲解自己的做法，让其他学生评价。

👤 实例2-1

在讲了有关话剧的知识之后，有一名语文教师准备为他的学生上《雷雨》一课。教师说："作为学生，你们希望《雷雨》一课怎么上？你们自己做主，拿一次主意如何？"话音刚落，台下一阵骚动，很快便有学生交头接耳、窃窃私语起来。

生1：可以上成分角色朗诵课。让各小组选派代表进行朗诵比赛。通过朗诵深入揣摩周朴园和鲁侍萍这一对旧情人三十年后邂逅时的心理发展变化过程，加深对周朴园、鲁侍萍等人物形象性格特征的理解与把握，体会话剧语言与戏曲、杂剧语言的不同艺术特色。

生2：上成表演课更好！把课文节选的第二幕戏表演出来，不仅能逼真地展现作者创设的戏剧情境，还能提高大家的表演能力。

生3：老师，表演应该容许在忠于剧作的基础上按照个人的理解进行角色再造，这样才能演得活泼自然。并且，通过角色的再塑造，既可以挖掘我们的想象潜力、创造能力，又可以加深和检验我们对"戏"的理解程度。

生4：戏剧表演虽然容许在忠于原作的基础上有所创造，但应有一个"度"，不要走得太远。角色的再造是否与人物基本性格特征和精神风貌相吻合？这要以剧作家的创作原意来把握。因此，表演之后最好有一个评论的环节。先让表演的同学谈谈体会，其他同学可就表演是否"入戏"评点，这样大家才能更全面、更深刻地体会剧作的灵魂，历练我们的文学鉴赏和评判能力。

师：你很善于思考，你竟然懂辩证法。

师：我们这样来导演《雷雨》是不是已经很完美了？

生5：最好能看看《雷雨》的电影或课本剧，与我们的表演对比一下，这样能引起我们发自内心的反思。有反思才有大的进步。

师：这个提议很好，事实上也不难做到。我们学校电教室就有《雷雨》课本剧的录像带。

生6：还应该让我们质疑问难。以往上课总是老师您讲得多，问得多。如果按刚才同学们的提议上课，老师您基本不讲，我们在预习、演剧和观剧过程中产生的疑问就无法解决。比如，我预习时就在想，曹禺为什么安排鲁侍萍三十年后和周朴园再次相见呢？是为了表现资本家的冷酷，还是要表现人生的凄惨？是不是在看完录像后，让我们也来问一问？这样更有助于培养我们质疑问难的能力和习惯。

师：有问题才有学习。也许老师不能解决大家提出的所有问题，也许有的问题根本就没有答案，但能提出一个老师和同学们都不能解决的问题，其价值是多么深远啊！

教师转身在黑板上写下《雷雨》一课的教学环节："分角色朗诵—创作表演—品评得失—质疑问难—观剧自省。"按照这一教学设计创意，用两课时上完《雷雨》后，有个学生喜滋滋地对教师说："老师，这才是真正的语文课，是我们想上的语文课。"望着学生远去的背影，教师在琢磨：这样的艺术活动实践课，教学层次分明，立体感强，学生的理解、朗诵、想象、创造、表演、品鉴等能力得到了培养，怪不得他们说这才是更正的语文课。往深处一想，又似有所悟：教学的艺术在于激发学生的参与兴趣，只要情绪一来，学生们的想象创造之门就会自然打开。让他们在自己创设的空间里活动、感悟，让他们的手眼耳口脑都得到活动和享受，不正是发展学生学习关键能力的深度学习要求吗？

这是一节与项目学习相关的语文课，实际上也是一种能深化所有中小学的深度学习研究的有效教学模式。

在"分角色朗诵—创作表演—品评得失—质疑问难—观剧自省"的教学方式中，"分角色朗诵—创作表演"即自我试学的过程，"创作表演—品评得失"即合作学习的过程，"品评得失—质疑问难"即在教师这个总导演指导下的导学过程，"观剧自省"即教学中的反思过程。这种教学过程可以概括成"试学—合学—导学—反思"四个环节，从深度学习能力的培养过程来看，可以概括成"引疑—思疑—质疑—内化"。这就是基于支架的深度学习教学模式。

第二节　支架式深度学习教学模式的框架设计

　　"三学三疑"支架式深度学习教学模式的设计是通过思维训练过程的设计及学习流程的设计两条路径，实现把学生的学习自主权还给学生、让深度学习真实发生的意图。思维训练过程主要以"诱疑—思疑—解疑—内化"为路线，学习流程主要以"试学—合学—导学—反思"为路线。这样一来，"三学三疑"模式主要是指"试学诱思—合学思疑—导学解疑—反思内化"为支架的教学过程。为简便起见，有时会不加说明地把"三学三疑"支架式深度学习教学模式简称为支架式深度教学模式。

一、模式的设计基本原理

1. 巴莱多定律

　　巴莱多定律是19世纪末20世纪初意大利经济学家巴莱多发现的。他认为，在任何一组东西中，最重要的只占约20%，其余80%尽管是多数却是次要的，因此该定律又称为"二八定律"。

　　学者们发现，生活中普遍存在"二八定律"。商家80%的销售额来自20%的商品，80%的业务收入是由20%的客户创造的；在销售公司里，20%的推销员带回80%的新生意；20%的论坛作者发表了80%以上的精品文章；20%的人爱争气而80%的人爱生气；20%的人能够鼓励和赞美人，80%的人热衷于批评和谩骂别人；20%的人明天的事情今天做，80%的人今天的事情明天做；20%的人首先改变自己，80%的人希望改变别人；20%的人会把理想付诸行动，80%的人理想只是嘴巴上说说……"二八现象"竟如"黄金分割"一样普遍。

2. 昌乐二中"271"高效课堂模式

　　山东省昌乐二中从巴莱多的"二八定律"出发，创建了著名的"271"模式，提出了"271"法则。

"271"法则的一切核心是课堂教学。

"271"法则分为三大模块：预习、互动、测评。

"271"法则的最大特点：目标性、针对性、高性能。最大限度地调动每个学生主动参与的积极性，体现"我的课堂我做主"的理念。

"271"法则的价值趋向：促进教师工作的转变，变备教材、教法为备学生、学法。使学生动起来，课堂活起来，教学效果好起来，师生负担减下来。

"271"高效课堂模式的三个含义如下：

（1）第一个含义是对时间的划分："2"是课堂上老师的讲不超过10分钟，不一定是连起来讲，也可以是分开讲；"7"是学生学习（自学、讨论、展示）30分钟；"1"是5分钟反刍过关、成果测评。

（2）第二个含义是对学生组成的划分：20%是优秀学生，70%是中等学生，10%是后进学生。一个班50名学生，10名学生是能够自学掌握知识的；35名学生是需要通过与同学讨论、老师点拨才能学会的；5名学生是大家帮助的对象，通过小组讨论、老师帮助这5名学生才能完成学习任务。

在课堂上既要求教师充分"利用"好10名优秀学生资源，又要给优秀学生提供"自助餐"保证他们学得更好；通过小组互相讨论，促进中等学生向上"分化"，把其中的20%转化成优秀生，以此扩大优秀生比重，而把原本10%的后进生向70%的群体推进。从理论上讲，昌乐二中的"271"课堂模式，消灭了"差生"，充分体现了教育对每个学生的尊重。

（3）第三个含义是对学习内容的划分：20%是不用讲学生能自学掌握的；70%是通过讨论才能学会的；10%是同学之间在课堂上展示、互相回答问题，老师进行强调、点拨，反复训练才能学会的。换句话说，把知识点的总量看成"10"，那么"2"就是自己学会的，"7"是讨论巩固学会的，"1"是同学帮助、老师点拨学会的，这样就都学会了。

3. 支架式深度学习教学模式

支架式深度学习教学模式是一种巴莱多定律及以昌乐二中"271"高效课堂模式为设计理念，以建构主义、"最近发展区"理论、元认知理论、"再创造"教学理论、"从做中学"理论、激情教育等理论为指导，以支架式教学法为载体的旨在培养学生深度学习能力的新型教学模式。

支架式教学是建构主义三种教学模式（抛锚式教学、支架式教学、随机进入式教学）之一，在教学上的应用已有40多年的历史，已经形成了比较成熟、稳定的五个教学环节，即搭脚手架、进入情境、独立探索、协作学习、总结与评价。

第一，搭脚手架：围绕当前学习主题，按"最近发展区"的要求建立概念框架。

第二，进入情境：将学生引入一定的问题情境（概念框架中的某个节点）。

第三，独立探索：探索内容包括确定与给定概念有关的各种属性，并将各种属性按其重要性大小顺序排列。探索开始时要先由教师启发引导（如演示或介绍理解类似概念的过程），然后让学生自己去分析，探索过程中教师要适时提示，帮助学生沿概念框架逐步攀升。起初的引导、帮助可以多一些，之后逐渐减少，并越来越多地放手让学生自己去探索，最后要争取做到无须教师引导，学生自己能在概念框架中继续攀升。

第四，协作学习：进行小组协商、讨论。讨论的结果有可能使原来确定的、与当前所学概念有关的属性增加或减少，各种属性的排列次序也可能有所调整，并使原来多种意见相互矛盾且态度纷呈的复杂局面逐渐变得明朗、一致起来。在共享集体思维成果的基础上达到对当前所学概念比较全面、正确的理解，即最终完成对所学知识的意义建构。

第五，总结与评价：对学习效果的评价包括学生个人的自我评价和学习小组对个人的学习评价。评价内容包括：①自主学习能力。②对小组协作学习所做出的贡献。③是否完成对所学知识的意义建构。

这五个环节浑然一体，强调了教学中的主客体关系，使学生的主体地位得到了充分体现，而教师在这个过程中也充分地发挥了主导性。

4. 对教学的理解

（1）教师的有效主导地位是深度学习的关键。从群体学习的视角来看，深度学习的便捷路径是"自我探索—同伴合学—从师学习"这样一种周而复始的过程。在这一过程中，教师的有效主导地位不应弱化。有效就体现在教师作为教学设计者，是否全程对全体学生的学习与活动进行了监控，做到即时诊断学情，即时纠正设计上的偏差。要努力避免盲目的自探，避免形式主义而又无实际效益的互学。

（2）深度学习下的评价是一种全过程的行为。深度学习下的评价不仅仅是下课前的一种简短而又仓促的学习总结，学情是一个变量，只有教师对学生、学生对学生的全程学习情况而不仅仅限于成果进行全程评价，教师的诊断才会成为学情的因变量。

（3）学习只有在实践中反复纠错才能真正得以深化。教师讲一万遍，不如学生练一遍。好成绩是感悟出来的，要做到练中悟、悟中练，每节课学生的大部分时间应该在练习，在互帮互学、反复纠错中成长。没有独立思考，就谈不上学生的深度学习，课堂上应该有充分的"留白"，应该有"针掉地下听到响"的时刻。处于拓展阶段的教师"要么在辅导，要么在辅导的路上"。

二、建立在教学流程上的思维训练设计

深度学习的过程是一个"不断产生疑问—不断解决疑问—产生新的疑问—再解决新的疑问"的循环往复的问题解决过程。正如陶行知先生所说："发明千千万，起点是一问。禽兽不如人，过在不会问。"朱熹提出读书最好要遵循"无疑—有疑—无疑"的模式。张熊飞先生提出了诱思教学法，提出诱思二字的含义为：教师诱疑—学生生疑—教师导向—学生释疑。

1."四性"思维

在完成课程标准规定的教学任务的同时，同步进行的是训练学生的"四性"思维：

（1）敏捷性训练。旨在提高学生思维的反应速度。主要方法是引导学生进行"速算"练习，传授"速算"的方法，完成复杂题的接力竞赛，等等。

（2）灵活性训练。要求学生从不同角度思考问题。通过"一题多解"和"一题多变"，促进学生"发散"思考。

（3）深刻性训练。旨在培养学生思维的逻辑性。让学生分析应用题的结构，掌握简单的推理方法。

（4）独创性训练。让学生从模仿开始，逐步过渡到创造性地自编应用题；鼓励学生运用独特的方法探索解题的新途径。

2.思维训练设计

综合上述理念及本教学模式的教学流程，模式的思维训练设计如下：诱疑—思疑—解疑三步骤，实际上是找问题—找原因—找方法的三部曲。

（1）诱疑：变教为诱，变学为疑

"诱疑"的基本环节为：①教师引疑：创设情境，引导试学。教师视教学内容，利用有效的方法创设既紧扣主题，又富有挑战性、激励性的问题情境，在学生的自学尝试中引发学生的认知冲突和认知需求，激发学习动机。②诱导

提问：让学生意识到问题的存在，进而引发学生针对试学中的疑惑提出学习疑问，指导他们在问题空间中进行搜索，对问题加以表征。③提出假设：尽可能提出问题的解决办法，引导学生将原有的各种知识片段、素材，从各个不同的角度加以改组、分析，遴选出与问题最接近、易表述且符合逻辑的假设，供合作学习中讨论交流。

（2）思疑：以诱达思，以思求通

经过一定时间的科学训练，在诱疑阶段，学生一般会产生大量问题，有的问题是粗放型的，即低层次的、简单的，经过讨论交流可以轻松解决的；有的问题是精致的，即较复杂的、有一定难度的，甚至教师都不一定能解决的。本环节的作用是让学生学会去粗取精、去伪存真，变被动接受为认知结构的自我建构与发展。让学生在教师的引领下，顺利到达"粗放问题能自决，简单是非能自辨"的彼岸。

在这个环节教师的作用有三个方面：①提供材料，让学生在合作学习中抱团"修桥"，共同"过河"。②通过不断地诊断学生产生的疑惑，引导小组的合作学习，使合作学习朝着问题解决的正确方向进行。③收集合作学习中学生讨论交流也不能解决的问题，供导学阶段精准导学使用。

（3）解疑：从有疑到无疑，水到渠成，瓜熟蒂落

在导学阶段，教师的作用是解决合作学习中小组合作交流不能解决的问题，这就要求教师要提高问题的诊断能力及精准导学的能力，使疑惑的解决水到渠成，学生的思维状态是"开悟、顿悟"。

著名学者王国维认为，古今之成大事业、大学问者，必经过三种境界："昨夜西风凋碧树，独上高楼，望尽天涯路"，此第一境界也；"衣带渐宽终不悔，为伊消得人憔悴"，此第二境界也；"众里寻他千百度，蓦然回首，那人却在灯火阑珊处"，此第三境界也。

其实教师的教学也有三种境界。第一境界是记忆境界，老师所讲学生记得住、记得多、记得好。这是较低层次的境界，教师只是机械的知识传递者，学生只会机械地记忆与背诵。例如，将完整的有意义的句子拆分成一个个单词和词组，让学生记忆；又如，放弃了对诗歌意境的赏析，而让学生记忆答题技巧，甚至直接强记答案。第二境界是逻辑境界，讲因果、讲联系、讲"举一反三"。第三境界是思维境界，讲怀疑、讲质疑、讲创新。教师的作用是能灵活运用教学艺术，即在课堂上能创新教学方法，让学生成为课堂的主体，同时能运用丰富的教学手段，精准导学，让学生从无疑到有疑最后又回归无疑。这种

境界无疑是教学的顶峰状态，是教师解疑的力量。"无疑"，就是"众里寻他千百度，蓦然回首，那人却在灯火阑珊处"这种豁然开朗的感觉，是"柳暗花明又一村"的兴奋，是"悠然见南山"的领悟。

三、支架式深度学习模式的时间分配模式

依照巴莱多定律、昌乐二中"271"高效课堂模式，我们设计的课堂教学时间分配模式如下：40分钟一节课，教师导学的时间为20%左右，即8分钟，不一定是连起来讲，也可以是分开讲；学生学习（试学、合学、反思内化）的时间为80%左右，即32分钟左右。

表2-2-1　支架式深度学习模式的时间分配模式

课时长	时间分配	教学活动安排
课堂40分钟	80%的时间（约32分钟）	8分钟试学、合学：学生自学、小组合作学习，展开交流讨论、互帮互学，展示与点评
		15分钟反思内化：学生自结、巩固、检测
	20%的时间（约8分钟）	教师的导学解疑：指导、点拨、答疑

我们坚信会达成这样的效果：

（1）学习内容方面：20%的知识——自学能会，70%的知识——合作学会，10%的知识——老师教会。

（2）学生组成方面：20%的学生——特优生，70%的学生——优秀生，10%的学生——待优生。

四、模式的学习过程模式

把学生的学习自主权还给学生、让深度学习真实发生的操作，体现的是教师管住自己的嘴，还给学生自主学习、咀嚼思考、自练自改的时间；教师要敢于放手，将表演舞台让给学生。教师要给学生充足的训练时间，让学生在"出错"和"纠错"的过程中，提高学习效率。教师要精心设计学习活动，让学生在课堂中"动"起来，达成形式多样，人人参与，学生动眼、动脑、动手、动耳、动口的全方位深度学习的目的。为此，我们设计了"试学—合学—导学—反思"的教学流程图，以规范师生双边的教与学的行为。

（1）试学：自学，但又不同于一般的自学，是带着发现问题这一任务的自学，是对学习目标进行初步探索下寻找问题的自学。有如战斗发起前的装备检

查、敌情试探，知己知彼，才能百战百胜。有时以本节课必需的基础知识转化的练习为热身，或进行情境设置，把有意义的学习导向作为任务，谨防"起点不准，地动山摇"。

（设计意图：把学生第一时间吸引到课堂上，事半功倍。知己知彼，才可能百战百胜。）

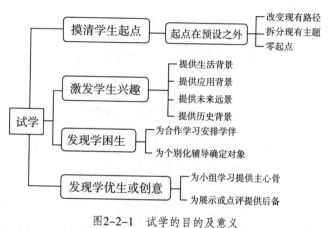

图2-2-1　试学的目的及意义

（2）合学：学生合作学习的简称，指学生间的互教互助与相互交流。

（设计意图：把基础问题、简单问题交给学生互帮互学，只有用互动、交流才可能提高教学效益，让学生真正地将最基本的知识铭刻于大脑，才能做到不让满堂灌、满堂问起主宰作用。）

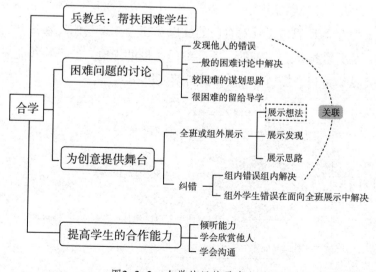

图2-2-2　合学的目的及意义

（3）导学：指教师对学生的新知中的最难处及关键点的教学，教师的教必须建立在点睛之处，一般要基于合学中教师对大多数学生不懂的问题进行诊断后以师生互动的方式进行。

（设计意图：集中火力才能真正消灭敌人，导学中教师也要放手，教师教得太多，有时学生什么也学不到，教师的手放得有多开，学生飞得就有多高。教师的精力只有集中在新知的难点、重点处，学生才可能真正内化。）

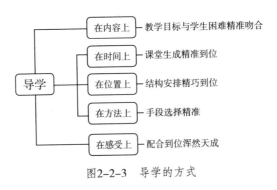

图2-2-3 导学的方式

（4）反思内化：是学生在不受任何干扰的条件下，独立思考与学习。

（设计意图：学生听懂了不一定意味着会了，教会了学生并不等同于真正完成教学任务，只有通过反思使学生把学到的转化成内心深处的一种领悟，并把这种领悟拓展为笔头上的感觉，才可能达成内化新知的过程。如此做到每节课都当堂过关，实现堂堂清、日日清，不让问题积累，这样才可能达成高效课堂。没有高效课堂的达成，深度学习只是一种梦想，不让问题累积是深度学习的前提。）

当然，学生的反思包括针对自己的反思及建立在观察他人基础上的反思，有时自我反思是狭隘的、局部的、不完整的，借助于他人的经验教训来反思，不失为缩短认识过程、提高学习效率的科学捷径。

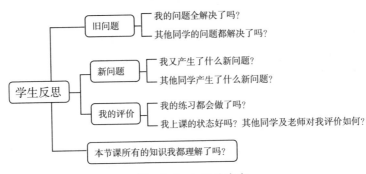

图2-2-4 反思的内容

第三节　支架式深度学习教学模式的操作方式设计

　　我们把搭建脚手架、进入情境、独立探索进行深度融合，引入深度学习强调的思维训练，重构成"试学诱疑"这一教学环节。为了强调协作学习的重要性，我们把协作学习拆分为学生与学生之间的合学思疑及师生互动下的师生教学相长的导学质疑。而支架教学模式中的总结与评价，我们为了进一步突出学生的主体作用，改为了反思内化。

　　如图2-3-1所示，试学诱疑、合学思疑、导学解疑构成了"三学三疑"的支架式深度学习教学模式。

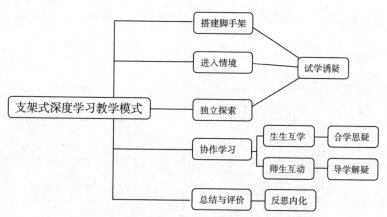

图2-3-1　支架式深度学习教学模式框架示意图

　　所谓"三学三疑"是指课堂教学过程的几个主要环节。但就整个课堂操作步骤来说，还应包括对知识的反思内化环节，以达成运用拓展的效果，所以用八个字更能全面地涵盖这一教学模式的全部过程，即"三学三疑，反思内化"。

　　第一步："试学诱疑"。即指在课堂的开始阶段，根据教学实际创设问题

31

情境，激发学生强烈的求知欲望，在此基础上围绕学习目标，引导学生提出问题，共同归纳梳理问题，从而形成需要解决的"主干"问题（自学提纲），让学生通过阅读教材或其他方式独立自学探究问题，并尝试解答问题。

第二步："合学思疑"。即指通过师生或生生互动的方式检查"试学"情况，对于试学诱疑阶段难以解决的问题进行合作解决。

第三步："导学解疑"。即指教师在重点、难点、困惑点、易错点要以问题的形式，采用师生互动的方式进行化解，在基本完成本节主要学习任务的基础上，鼓励学生质疑问难、标新立异，甚至异想天开，勇于向课本、教师及其他权威挑战，针对本节知识再提出新的更高层次的疑难问题，再次进行深入探究解答，从而达到查漏补缺、深化知识、发散思维、求异创新的目的。

第四步："反思内化"。即指学生针对本节所学的"新知"，围绕学习目标，尝试编拟一些基础性习题或拓展性习题，展示出来供全体学生训练运用，如果学生编题达不到目标要求，教师要进行补充，在检查运用情况的基础上予以订正、反思和归纳。编题时，可以借鉴平时考试习题的样题来出题。出题人要准备好答案，并明确出题目的。

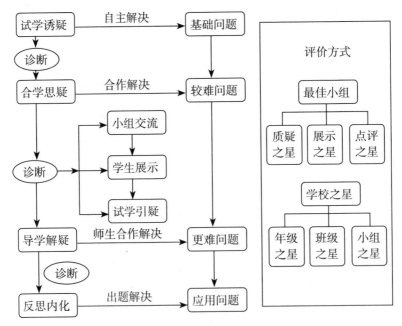

图2-3-2　支架式深度学习教学模式框架示意图

一、新授课操作方法

1. 试学诱疑（5分钟内）

目的：用问题、困扰、障碍引发学习新知的必要性。

要点：

（1）以疑带疑：以教师的引疑带出学生的示疑。

（2）情境带疑：设置情境，利用情境导入引发问题的产生。

（3）以练带疑：设置前置障碍性练习，让学生在障碍中发现问题。

（4）示标带疑：出示教学目标引发学生发现问题。

操作方法：

（1）教师引疑（含以疑带疑、情境带疑、以练带疑、示标带疑等），学生独立试学。

（2）学生示疑，疑问归纳：以小组为单位由小组长或指定一名同学快速归纳整理预习中产生的疑问（无预习时不分组归纳，由学生直接提出问题，以免浪费时间）。

（3）教师的诊断与调整：教师据学生问题调整教学设计，快速归纳形成试学提纲；试学快结束时，教师出示对各组展示或评价的分工。

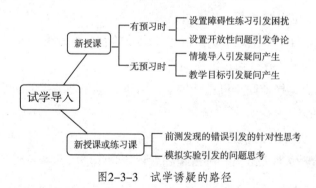

图2-3-3　试学诱疑的路径

2. 合学思疑（12分钟）

（1）讨论。围绕试学提纲，在小组内合探，小组内先解决成员碰到的但不在提纲内的简单问题，重点探究本组大家都不清晰或有异议的问题。

（2）展示。把小组内大家都不清晰或有异议的问题作为需要展示或评价的问题交展示人归纳整理后，迅速板书到黑板划定的位置，为下一环节自我讲解做准备。如果不需板书，则等待教师或主持人的点名发言，注意全班展示和评价要按分工进行。

（3）点评。教师注意在学生中边巡视边诊断学生的问题类型、困难程度，对于典型问题要鼓励学生代表小组上讲台展示，展示的问题可向其他小组求助，让其他组的学生进行点评分析；当问题较难时教师可以点拨，必要时让学生二次讨论解决；难度更大的问题，教师要注意在导学阶段进行讲解。

3. 导学解疑（8分钟）

（1）教师对合作阶段的疑难问题进行分析、点评。教师点评的内容须是小组合作学习中不能解决的，或者是学生点评时逻辑不清、条理不明、内容含糊的。

（2）对学生的问题进行总结归纳引出新知。要注意引导学生从正反两方面对新知进行剖析。对新知出现的常见错误进行分类辨识及总结。

（3）允许学生在教师点评、总结时再质疑，此时可以组织学生再次合学。重复"合学—导学""有疑—思疑—解疑"的过程，直到问题解决。

4. 反思内化（15分钟）

反思：本节课你学到了什么知识？有什么收获？

内化：通过强化练习将抽象知识内化为实践经验。

可选形式：学生间互相挑战、对抗；教师据前三个环节的问题诊断后出题小测。

形式一：学生出题互考，开展对抗赛。

（1）教师结合本节重难点、易混点，引导学生自主编题。

（2）组内展示，择优通过纸条向教师推荐。

（3）教师有选择地向全班进行展示，可以让学生把编拟的题迅速板书在黑板上或通过投影仪展示。

（4）全班同学同时训练。

（5）检查学生训练情况。可由编题者评价学生解答是否正确，或讲解一下编题意图。

形式二：教师出题小测。

教师据前三个环节的问题诊断后出题小测，小测后出示答案互批互改，教师重点批改学困生或临界生的测试卷，目的是检查学生是否真正地内化了新知，学生出现的问题是否真正地通过互动、讨论交流后得以解决。

注意点：

（1）教师注意诊断强化训练中出现的问题，引导学生反思与总结。

（2）注重以小组为单位进行集体评价，注重学科班长评价（确定展示之星、评价之星、质疑之星、编题之星、诺奖希望小组等）。

二、复习课操作流程

1. 试学诱疑（5分钟）

（1）创设问题情境或公布自学提纲。

（2）浏览教材上本节复习内容，思考该部分应该掌握的重点是什么、为什么。对于理科，教师也可以通过典型习题的形式让学生作为自学的内容。

（3）学生自学，引导学生用绘制的办法表达本节的知识网络结构图（自学快结束时公布小组展示、评价分工）。

2. 合学解疑（12分钟）

（1）以小组为单位展示自己的知识网络结构图。

（2）小组进行自评、他评及解答。

3. 导学解疑（8分钟）

（1）学生完善自己的网络结构图。

（2）教师择优展示，学生质疑，被展示的小组学生代表解答。

（3）学生难以解答的问题教师点拨，直至亲自解答。教师充分诊断并进行归纳补充，用思维导图的形式完善学生的网络结构图。

4. 反思内化（15分钟）

（1）学生编题互考。

（2）教师选择最优的题目供全班练习。

（3）教师补充习题与学生解答（对于理科，如果设疑自探中教师习题已设置全面，本环节可以删去）。

（4）总结。

（5）学科班长评价。

三、讲评课操作流程

1. 试学诱疑（5分钟）

（1）教师简要点评学生答题情况：指出存在的几个共性问题（屏幕展示），提出本节学习目标（提前书写在黑板右上角）。

（2）教师公布习题答案，学生对照答案先自查纠错，解决简单问题。

2. 合学思疑（12分钟）

（1）小组内合学解决较难问题。

（2）教师分配各组板演及点评任务和地点。

（3）小组针对任务进行讨论，得出结论，让展示的同学（必须是本题以前做错的同学）去板演，并全面合探教师指出的其他问题，做好归纳总结和及时纠错，为抢答和质疑做准备。

（4）逐个问题进行点评、归纳（重点讲解这类题的一般解题思路和其他解法）。

（5）针对每个问题，如果学生点评归纳不到位，教师要进行补充，并及时出示变形题进行当堂强化性检测。

3. 导学解疑（8分钟）

（1）以小组为单位，让学生对照学习目标回顾后，再提出新问题或提出在以上讨论中新发现的问题。

（2）学生答疑。

（3）对于学生难以解决的问题，教师点拨或亲自解答。

4. 反思内化（15分钟）

（1）学生针对本节探究问题进行编题或变形。

（2）组内展示，选择最优题目进行投影。

（3）教师有选择地指定全班练习。

（4）让学生来抢答，并让出题学生评价。

（5）学科班长总结评价。

实例2-2

教学应用典型案例《导航里的秘密》
第一部分教学设计

一、教学内容

人教版七年级下册7.1.1有序数对。

二、教学目标

1. 知识与技能

（1）理解有序数对的意义和表示方法。

（2）能用有序数对表示实际生活中物体的位置。

2. 过程与方法

（1）通过一维直线（数轴）上用一个数确定点的位置，过渡到学习二维平面内通过两个数（有序数对）确定位置，让学生体会学习有序数对的必要性，发展符号感及抽象思维能力。

（2）在解决问题的过程中，让学生感受到解决问题可以有多种方式，进一步培养学生开放性思维能力。

3. 情感、态度与价值观

（1）培养学生竞争与合作意识和探索精神，培养学生创造性思维意识。

（2）体验数学来源于实践及应用于实践的应用意识。

三、教学重难点

重点：理解有序数对的概念及表示方法。

难点：用有序数对表示位置，解决简单的实际问题。

四、教学过程导学

（一）试学诱疑

试学前的准备：教师介绍什么叫定位，并组建三支调查小分队，开展课前调查：在我们的日常生活中，会用到哪些确定位置的方法？

1. 教师示标示疑：出示试学目标，以教师的问题诱出学生的问题

试学目标：

（1）依课前调查及课本内容的启示，写出你找到的生活中需要定位及怎样定位的例子。

（2）定位与数学中的什么知识有关？

（3）你的家庭有旅游的经历吗？外出到陌生地方长途旅游时，你们是如何找到目的地的？

2. 试学：学生围绕试学目标进行自主学习

（1）请同学们带着试学目标自学课本P64-P65，尽量独立思考试学目标中的思考题，准备展示交流。

（2）记录疑难问题，你在试学中想到了什么问题？无论文本问题还是情境问题都可以，请将试学中想到的问题记录下来，用于合作探究时解决。

（提醒学生自行上黑板书写想到的问题，为解决学生可能不会提出问题的困难，教师可以示例：平面上的一个点为什么需要两个数据才可以定位？）

（3）附：学生可能产生的疑问。

①什么情况下一个数据可以定位？

②为什么用两个数据定位时一定要强调在平面上？

③有没有需要三个数据才可以定位的情况？

④如何为一只正在天空中飞翔的鸟定位？

⑤利用对空导弹打高空飞机时，对飞机是如何定位的？

（二）合学思疑

同学们带着试学目标已经阅读完了课本内容，在试学中也产生了一些问题，下面我们将开展合学思疑阶段的学习，在这一阶段中，我们将解决这些问题。先听清楚老师对文本背景的介绍及合作学习中的相关要求。

1. 明确合学思疑的背景（观看阅读推荐视频）

6月23日上午，我国在西昌卫星发射中心成功将北斗三号最后一颗全球组网卫星送入太空，播放该视频，教师简单描述北斗定位的强大，提升学生的民族自豪感，激发学生学习兴趣。

2. 组织合学过程

（1）互学：各小组组长收集并交流本组同学自学后产生的疑惑，有一致意见的记录成一个答案；有分歧不能达成一致的，组长记录下来，组内选好讲解员，由讲解员在汇报时提出，以备全班讨论时交流。

（2）展示：讨论结束后，每个小组派一名代表展示本小组对试学中的疑问及试学目标中的思考题进行讨论交流后的结果，同小组内其他成员在代表遗漏时进行补充。

（3）点评：各小组在其他组的代表展示时要低声快速讨论交流，每组展示结束后，教师鼓励其他小组派点评代表进行交叉点评，教师注意进行评价。

（4）巩固：如果出现展示代表提出的其小组内争议的问题，全班讨论时各小组的点评也出现了较大争议的情况，不急于给出答案，拟组织各组进行二次讨论。在学生思维的火花充分碰撞后，再点拨引导，达到启发思维的目的。注意合学中的引导：教师有必要根据同学们提出的疑问，概括出诸如以下的数学问题：

问题1：确定一个位置，需要几个数据？

问题2：确定位置的数据调换顺序后，还是表示同一个位置吗？

问题3：在数学上我们如何表示一个点的位置？在书写表达上有什么要求？

再引导各小组结合各调查小分队的调查成果进行二次交流，逐一解决以上问题。

（三）导学解疑

整理归纳如下：

1. 有序数对的定义

把＿＿＿＿的＿＿＿＿个数a与b组成的数对，叫作有序数对，记作＿＿＿＿。

归纳：

有序：＿＿＿＿＿＿；数对：＿＿＿＿＿＿；用途：＿＿＿＿＿＿。

2. 练习：判断对错

（1）（1，3）是有序数对。（　　）　　（2）（x，y）是有序数对。（　　）

（3）（2，6）不是有序数对。（　　）　　（4）（ab）是有序数对。（　　）

（5）点A（3，2）与点B（2，3）表示不同位置。（　　）

（6）某同学座位是（2，4），表示该同学位置是"第2排第4列"。（　　）

3. 简单应用

表示位置：

（1）如果将"6排3号"记作（6，3），那么"3排6号"记作＿＿＿＿＿＿。

（2）如图所示，小猪的位置是（2，2），请写出图中其他物体的位置。

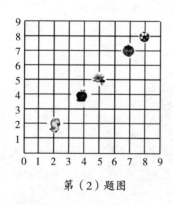
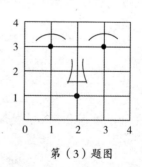

第（2）题图　　　　　　　　　第（3）题图

（3）如图所示，小强画了一张脸谱，他对弟弟说："如果我用（1，3）表示左眼，用（3，3）表示右眼，那么嘴巴可以表示为＿＿＿＿＿＿。"

4. 拓展应用

（1）生活中除了用两个数据外，还能用其他数量的数据来确定物体的位置吗?

① 如果全班同学站成一列做早操，现在老师想找某个同学，是否还需要用

两个数据呢？

②确定小区中住户的位置必须有几个数据呢？

③确定多层电影院确定座位位置两个数据够用吗？

（2）经纬度定位法：利用高德地图，定位到广东省江门市，地图上清晰地显示了经纬度，问学生：江门市的位置可以表示为＿＿＿＿＿＿＿＿。

（四）反思内化

1.反思

（1）通过这节课，你学到了什么？

（2）点的位置与有序数对之间存在怎样的关系？

（3）有序数对的作用是什么？

2.内化：自我检测

（1）如果将"6排3号"记作（6，3），那么"3排6号"记作＿＿＿＿＿＿，（5，7）表示＿＿＿＿＿＿＿。

（2）台风是一种破坏性极大的自然灾害，气象台为预报台风，首先要确定它的位置，下列说法能确定台风位置的是（　　）。

A. 北纬26°，东经133°　　　　　B. 西太平洋

C. 距离台湾300海里　　　　　　D. 台湾与冲绳岛之间

（3）下图是雷达探测到的6个目标，若目标B用（30°，60°）表示，目标D用（50°，210°）表示。则表示为（40°，120°）的目标是（　　）。

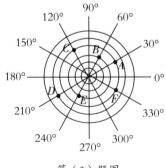

第（3）题图

A. 目标A　　　　　　　　　　B. 目标B

C. 目标C　　　　　　　　　　D. 目标D

（4）如图所示，方块中有25个汉字，用（C，3）表示"天"，那么按下

列要求排列会组成一句什么话，请你把它破解出来。

（A，5）（A，3）（C，4）（E，5）

（B，1）（C，2）（B，4）（D，2）（C，1）

5	明	你	号	万	点
4	中	站	十	暗	学
3	晚	英	天	亮	活
2	球	里	车	门	大
1	天	火	口	习	了
	A	B	C	D	E

第（4）题图

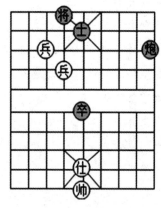

第（5）题图

（5）如图所示，中国象棋的一盘残局，如果用（8，7）表示"炮"的位置，用（3，9）表示"将"的位置，那么"帅"的位置应该表示为（ ）。

A.（8，7）　　　　B.（0，4）　　C.（0，0）　　D.（4，0）

3. 作业

（1）必做题：课本65页练习。

（2）选做题：创意设计。

① 设计一个容易用有序数对描述的图形，然后把这些有序数对告诉同学，看看他能否画出你设计的图形。

② 利用本节课所学知识，为中华人民共和国成立71周年庆典活动设计一个背景图案。

（本案例由广东省商庆平名师工作室成员、江门市景贤学校吕丽芳、贾玉文老师提供）

实例2-3

人教版八年级上册"平方差公式"教学设计

一、学习目标

（1）理解和运用平方差公式。

（2）在探索平方差公式的过程中，感悟从具体到抽象的研究问题的方法；在验证平方差公式的过程中，感知从一般到特殊、数形结合思想。

二、教学重难点

1.教学重点

理解平方差公式。

2.教学难点

平方差公式的运用。

三、学习过程

（一）试学诱疑（5分钟）

1. 有一个狡猾的庄园主，把一块边长为x米的正方形土地租给王大爷种植。有一年他对王大爷说："我把这块地的一边增加5米，另一边减少5米，继续租给你，你也没吃亏，你看如何？"王大爷一听觉得没有吃亏，就答应了。王大爷回到家中，就把这件事对邻居讲了，邻居一听，说："王大爷，您吃亏了！"王大爷非常吃惊。同学们，你能告诉王大爷这是为什么吗？

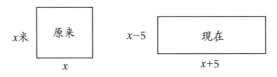

2. 计算以下几组计算题，并观察它们有什么共同特点，能否用数学表达式将你的发现表达出来？

① $\begin{cases} 8^2 - 1^2 = \\ (8+1)(8-1) = \end{cases}$ 　② $\begin{cases} 7^2 - 2^2 = \\ (7-2)(7+2) = \end{cases}$ 　③ $\begin{cases} 11^2 - 3^2 = \\ (11-3)(11+3) = \end{cases}$ 　④ $\begin{cases} 9^2 - 4^2 = \\ (9-4)(9+4) = \end{cases}$

3. 求值：$3 \times (2^2+1)(2^4+1)(2^8+1)(2^{16}+1)(2^{32}+1)(2^{64}+1)$

（二）合学思疑（8分钟）

4. 讨论上述试学中的三道题。

5.先猜想下列多项式的积,并思考如何验证你的结论。

（1）$(x+1)(x-1)$ _____ （2）$(m+2)(m-2)$ _____

（3）$(2x+5)(2x-5)$ _____

6. 问题:

（1）上述算式左边相乘的两个多项式有什么共同点与不同点?

（2）算式右边的结果有什么特点?

（3）你能用符号表示这一类算式的规律吗?

（三）导学解疑（12分钟）

归纳:平方差公式

符号语言: _____;

文字语言:两个数的_____与这两个数的_____的_____,等于这
两个数的_____。

7.判断下列式子是否可以运用平方差公式?

（1）$(x+3)(x-2)$ （2）$(x+3)(x+3)$

（3）$(2x+\frac{1}{2})(2x-\frac{1}{2})$ （4）$(x^2+3)(x^2-3)$

（5）$(-a+5)(-a-5)$ （6）$(-x-4x)(4x-x)$

8.运用平方差公式计算。

（1）$(x^2+3)(x^2-3)=$____   （2）$(2x+\frac{1}{2})(2x-\frac{1}{2})=$____

（3）$(-a+5)(-a-5)=$____   （4）$(-x-4y)(4y-x)=$____

9.计算。

（1）102×98

（2）$(y+2)(y-2)-(y-1)(y+5)$

（3）$(2^4-1)(2^4+1)(2^8+1)(2^{16}+1)$

（4）$(a+b+5)(a+b-5)$

10. 找错误。

（1）	（2）	（3）	（4）
$(x-2a)(x+21)$	$(x-2b)(x+2b)$	$(x-2a)(x+2a)$	$(x-2)(-x-2)$
解:原式$=x^2-(2a)^2$	解:原式$=x^2-(2b)^2$	解:原式$=x^2-(2a)^2$	解:原式$=x^2-4$
$=x^2-4a^2$	$=x^2-4b^2$	$=x^2-2a^2$	

总结:方法与技巧:_____

（四）反思内化（15分钟）

11. 课前引入课中的问题你会了吗？讲给你的同伴听听。

12. 你能从一道题出发，不断变形编出几道题给大家做吗？

要求：①要与本节课的知识点有关。

②解变形题时要尽可能用到老师总结的方法与技巧。

13. 谈谈你的收获。

附：变形参考

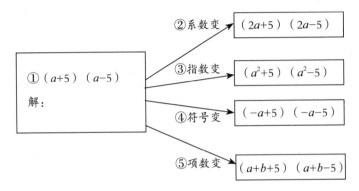

14. 效果评价，当堂检测，练习卷（略）。

（本设计由工作室伍翠仪老师提供）

实例2-4

人教版七年级语文上册《带上她的眼睛》（1课时）教学设计

一、学习目标

1. 知识与技能

（1）浏览课文，把握故事内容，理解本文构思的妙处。

（2）了解科幻小说的特点，激发自己的想象力和创造力。

2. 过程与方法

（1）浏览课文，把握故事内容。

（2）找出文中的悬念和伏笔之处。

3. 情感态度与价值观

（1）感受作者非凡的想象力，从中汲取养分，激发自己的想象力和创造力。

（2）感受小姑娘崇高的品质，进而体会人性之伟大。

二、教学重难点

1. 教学重点

（1）浏览课文，把握故事内容，理解本文构思的妙处。

（2）理解文中人物的探险精神与牺牲精神，理解作者表达的主旨。

2. 教学难点

小说善于设置悬念和伏笔。

三、教学步骤

（一）试学诱疑

1. **教师示标示疑：出示试学目标，以教师的问题诱出学生的问题**

试学目标：

① 什么是伏笔与照应？找出文中的伏笔和照应之处。

② 认真阅读课文及资料，找生难字词，捕捉课文中的关键段落、句子和词语。

③ 文中你最喜欢谁并说出理由。

2. **试学：学生围绕试学目标进行自主学习**

（1）请学生们带着试学目标，尽量独立思考试学目标中的思考题，准备展示交流。

（2）记录疑难问题，你在试学中想到了什么问题？无论文本问题或情境问题都可以，请将试学中想到的问题记录下来，在合作探究时解决。

（抽查学生黑板上书写其发现的生难字词，并据字典注音，提醒学生自行在黑板上书写想到的问题。为解决学生可能不会提出问题的困难，教师可以示例：一个人的眼睛为什么可以被别人带走，为什么要带上她的眼睛？）

（3）附：学生可能产生的疑问。

① 带上她的眼睛去干吗？

② 为什么作者说她好像一个刚刚毕业的小姑娘？

③ 为什么她说热得像地狱？

④ 作者为什么反复描写小花及小花的生命？

⑤ 她的心态如何？她为什么会有这么好的心态？

⑥ 为什么作者说地球在"我"的脑中是透明的？

（二）合学思疑

学生带着试学目标已经阅读完了文本内容，也在阅读中产生了一些问题，下面我们将开展合学思疑阶段的学习，在这一阶段，我们将解决这些问题。先听清楚老师对文本背景的介绍及合作学习中的相关要求。

1.明确文本阅读背景（观看阅读推荐视频）

疫情期间，同学们最喜欢阅读的是科幻小说，因为科幻小说想象奇特、情节起伏，加之新奇的科幻元素，深受青少年的喜爱。其中，最受同学们欢迎的科幻小说家要数刘慈欣了。刘慈欣是中国最有影响力的本土科幻作家，他的《三体》三部曲荣获雨果奖最佳长篇小说，被认为是中国科幻文学的里程碑之作；他的《流浪地球》被拍成电影，票房屡创新高，获得2019年多项电影大奖……今天我们将学习刘慈欣的短篇科幻小说《带上她的眼睛》，希望你学完后给它写一段推荐词。

2.讨论要点分析

刘慈欣认为，科幻的使命就是拓宽人类的思想。如果有人能因为一篇科幻小说，在下班的路上看一会儿天空，那么小说的作者就成功了。

我们不妨从"科幻""文学""人文关怀"三个方面来阅读理解《带上她的眼睛》，请同学们依试学中的疑问及试学目标中的思考题展开讨论，注意：

（1）整体把握：这篇科幻小说主要写了什么内容？请进行简述。

（2）细节交流：文中"她"的眼睛实质上是什么？是什么原理，它有什么功能？这个小姑娘是不是有些奇怪？

（3）体会写作手法：巧妙地运用伏笔与照应，可以收到虽在意料之外却在情理之中的效果。文中像这样的伏笔有不少，它们究竟有什么作用呢？请在合学思疑阶段运用旁批法找出课文中的伏笔和照应之处，通过旁批的方式，说说这里的伏笔和照应带给你怎样的感受。每个同学也可以选择自己最感兴趣的一处旁批，写出自己独特的体会或疑惑。写完之后交换看，精选最棒的一则旁批交流。邻座的同学互相观摩，看看别人是怎么写的，组长负责组织。

（三）导学解疑（深入研讨，教师精讲点拨）

步骤一：知识梳理　夯实基础

1.点评学生在黑板上书写的生难字词

（1）字音。

点缀（zhuì）　　漫（màn）步　迟钝（dùn）　闲暇（xiá）

凸现（tū xiàn）　拍摄（shè）　蔚（wèi）蓝　合拢（lǒng）

（2）词义。

迟钝：指反应迟缓；脑子不灵敏。

闲暇：闲空，泛指没有事的时候。

不期而遇：没有约定而遇见。指意外碰见。

心有灵犀：现多比喻双方对彼此的心思都能心领神会。

天涯海角：形容极远的地方，或相隔极远。

2. 交代作者名片

刘慈欣，大陆新生代科幻的主要代表作家，自20世纪90年代开始发表科幻作品，曾于1999年至2003年连续五年获得科幻小说银河奖，至今发表中短篇科幻小说20余部，他的作品因宏伟大气、想象绚丽而获得广泛赞誉。

3. 文体知识

科幻小说，是小说类别之一。其用幻想的形式，表现人类在未来世界的物质精神文化生活和科学技术远景，其内容交织着科学事实和预见、想象。通常将"科学""幻想""小说"视为其三要素，是随着近代科学技术的蓬勃发展而产生的一种文学样式。

步骤二：整体感知　走进文本

4. 指导朗读，夯实语言基础：听范读录音，小组互读精彩片段

5. 整体感知，强化互学结果

（1）请看标题——《带上她的眼睛》，学生们通过合学思疑，达成了对以下问题的共识：

① 带上她的眼睛去干吗？（带上她的眼睛去看这个世界。）

② 为什么要带上她的眼睛？（带上小女孩的眼睛最后一次领略地球表面的风光。）

③ 为什么是最后一次呢？（因为小女孩被困在地心里面再也无法出来了。）

④ 为什么出不来了呢？（因为她是"落日六号"的领航员，飞船在地心出了事故，所以她被困在了地心。）

（2）将这些答案连贯起来，请一个同学概括全文的主要内容。

（导学：我觉得这篇课文主要讲的是"落日六号"地航飞船失事了，领航员小姑娘被困在了地心，再也无法看见地面世界，所以主任让"我"带上她的眼睛去度假。）

步骤三　精读课文　探究写法

6. 本文曾获得1999年第11届银河奖一等奖，其能够获奖的重要因素就是构思的巧妙。

（导学：第2段"是一个好像刚毕业的小姑娘"。）

第43段："飞船上的生命循环系统还可以运行50年至80年，她将在这不到10立方米的地心世界里度过自己的余生。"

写了刚刚毕业的小姑娘，花季才刚刚开始，就被终身囚禁，太惨了！开头的那句"是一个好像刚毕业的小姑娘"是为后文所做的提示或暗示，这样的表现手法叫伏笔。

7. 课文中有哪些伏笔与照应？它们究竟有什么作用呢？

（1）"热，热得像——地狱。"小女孩说的这句话非常奇怪，为什么会热呢？因为太空中是很寒冷的，不合常理。而且还说热得像地狱，这就更难以理解了。这矛盾点就是埋下的伏笔。

（导学：因为"飞船被裹在6000多公里厚的物质中"，"周围是温度高达5000摄氏度，压力可以把碳在一秒钟内变成金刚石的液态铁镍"！当然会热得像地狱。）

（2）同样的脆弱，同样的悲惨。小花的生命是脆弱的，小姑娘的生命同样是脆弱的。所以说，伏笔和照应归根结底都是为了表现出小姑娘的处境。小姑娘的处境怎么样？请你设想一下。

（3）小女孩为什么不想让大家知道她现在的处境呢？不想让文中的"我"知道她是一个被囚禁在地心里再也出不来的人呢？

（导学：小姑娘是想一个人承担这些生命中巨大的苦难，不想朋友们为她担心，这是一个懂事的小姑娘。从另一个侧面来说，这也说明这个小姑娘处境实在是太惨了，惨得连她自己都不愿意向别人提起这件事情。）

（4）"呀，真美，能闻闻它吗？不，别拔下它。"这是一处伏笔，照应后文的"生命算什么，仅仅能用脆弱来描述它吗？"。

（导学：因为小姑娘深知自己根本就没有希望回到地面了，所以她对这些小花产生了一种同病相怜的感觉。她已经把自己当成了小花——那么脆弱，却又那么顽强。）

（四）反思内化

1. 教师的引领

刘慈欣的作品既有"硬科幻"——依据科学原理的大胆猜想和假设，又有"软科幻"——充盈丰沛的人文关怀精神。这部科幻小说引发了我们怎样的思考呢？

2. 学生的反思小结

从知识和情感两个维度谈谈你的收获。

（点拨：今天通过对科幻小说伏笔的旁批与品味，领会伏笔与照应之构思巧妙，我们读出了构思的精妙，读出了科学及献身的精神，充分感受到了科幻作品的无穷魅力。希望本文的学习不仅能够为大家打开一扇阅读科幻作品的大门，领略科幻的神奇，还能够为同学们课外阅读更多的佳作做引玉之用。如果在自己的作品中也能用上一招就是老师的意外之喜了。）

3. 内化提升

通过学习，你应该能感受刘慈欣科幻小说创作的魅力。请你给《带上她的眼睛》写一段推荐词，让更多的小伙伴阅读这篇短篇科幻小说。（50—100字）

（教师导引：同它对接，在舱门打开的一瞬间，我看到了"落日六号"内整洁的陈设。我走了进去，那个小姑娘同二十年前相比长高了，这是在失重环境中长期生活的人的通病。她对着我微微一笑，说："你来了。"这二十年的光阴，就在她的微微一笑中烟消云散。我带着她回到了地面，她留下的资料果然起了大作用，人类对地心世界的认识更为充分，一个崭新的纪元开始了。）

（本设计由景贤学校唐小红老师提供）

实例2-5

八年级中考复习《地球仪》教学设计

一、学习目标

（1）运用地球仪，说出经线与纬线、经度与纬度的划分。

（2）在地球仪上确定某地点的经纬度。

二、教学重难点

经线与纬线、经度与纬度的划分，各种经纬网的判读。

三、复习课时

1课时。

四、复习过程

(一)试学诱疑（5分钟）

（完成以下练习：小组汇总错题情况，结合本节复习内容，思考本节课的知识点，小组内尝试绘制知识网络结构图）

1.关于经线和纬线的叙述，正确的是（　　）。

A.赤道既是南、北半球的分界线，又是南、北纬的分界线

B.经线指示东西方向，纬线指示南北方向

C.经线和纬线的形状都为圆，长度都相等

D.0°经线既是东、西半球的分界线，又是东、西经线的分界线

2.小明把某地的地理位置记作（纬度50°，经度110°），符合这条件的地方有（　　）。

A.1处　　　　　　B.2处　　　　　　C.3处　　　　　　D.4处

3.图中，经纬线的交点位于（　　）。

A.西半球、北半球、中纬度　　　　B.东半球、北半球、高纬度

C.西半球、南半球、高纬度　　　　D.东半球、北半球、中纬度

小说《封神演义》中土行孙擅长遁地之术，某日他从居住地甲（120°E，30°N）钻入地底始终保持直线前进穿越地心来到地球另一端乙地。完成4—5题。

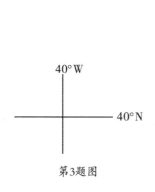

第3题图　　　　　　　　　　第4、5题图

4.土行孙遁地穿行的距离约为（　　）。

A.6378千米　　　B.6371千米　　　C.40000千米　　D.12742千米

5.乙地所在的经线是（　　）。

A.120°W　　　　B.120°E　　　　C.60°W　　　　D.60°E

（二）合学解疑（13分钟）

（1）以小组为单位展示自己的知识网络结构图（3分钟）。

（2）小组进行自评、他评及解答。（10分钟）

（三）导学质疑（9分钟）

（1）在自评、他评过程中完善自己的知识网络结构图。

（2）对教师选择展示的知识网络结构图提出质疑，被展示的小组学生代表解答。

（3）教师归纳补充，用思维导图的形式完善学生的知识网络结构图。

重点和难点点拨：

1. 经纬度变化规律

（1）经度变化规律：

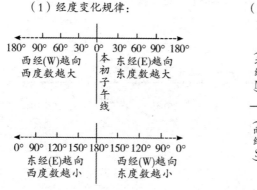

（2）纬度变化规律：

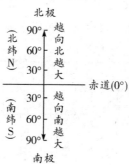

2. 经纬度的判读

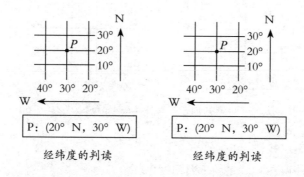

经纬度的判读　　　　经纬度的判读

（1）判大小：按照经纬度数字的变化规律，找出大的数字。

（2）画箭头：按从小到大的方向绘制箭头。

（3）定方向：按照"上北下南、左西右东"的方向判定箭头的指向。

（4）写字母：按照箭头的指向，写上相应的字母。

（5）读经纬：最后读出所在点的经纬度数值。

3.东西半球判断

（1）凡是小于20°的经度都在东半球。

（2）凡是大于160°的经度都在西半球。

（3）介于20°—160°的经度，东经度在东半球，西经度在西半球。

（四）反思内化（10分钟）

反思：本节课的学习中，有哪些收获，有哪些不足，有什么体会。

内化：①学生编题互考。②教师选择最优题目供全班练习。③教师补充习题。

配餐作业（A组题为基础题，B组题为巩固题，C组题为提高题）

A组：

6.分别读出下面两图中A、B两点的经纬度，并填写下表。

实例2-5　配餐作业A组第6题

地点	纬度	经度	东半球或西半球	北半球或南半球	低纬度或中、高纬度
A					
B					

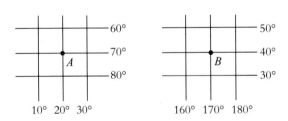

图实例：配餐作业A组第6题

B组：

7.读"经纬网图"，完成下列问题。

（1）经纬度位置：甲_____，丙_____。

（2）甲、乙、丙、丁位于东半球的是_____；位于高纬度地区的是_____。

（3）甲位于乙的_____方向，丙位于甲的_____方向。

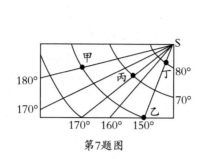

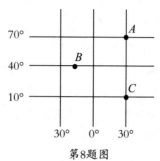

第7题图　　　　　　　　　　　　第8题图

C组：

8. 读经纬网图，完成下列各题。

（1）A点的经纬度为_____，B点的经纬度为_____。

（2）A点在C点的_____方向。

（3）从东西半球看，B点位于_____。

（4）在A、B、C三点中，所在纬线圈最长的是_____；春分日或秋分日最晚看到日出的是_____。

（本设计由景贤学校梁瑞萍老师提供）

实例2-6

人教版八年级历史《海峡两岸的交往》

一、学习目标

1. 了解中华人民共和国成立以来，大陆的对台政策、"和平统一、一国两制"的对台方针；"九二共识"及"汪辜会谈"；江泽民提出的八项主张。

2. 知道海峡两岸交往概况。

二、学习重难点

1. 学习重点

党和政府确立的和平统一祖国的大政方针。祖国大陆与台湾交往日益密切的史实。

2. 学习难点

"和平统一、一国两制"的对台基本方针。

三、课前准备

（1）指导学生上网收集有关证明台湾是中国领土的史料，以及海峡两岸日益密切交往的文字资料和图片资料。

（2）学生收集资料，整理资料并在课堂上做简洁介绍。

（3）教师课前准备：收集台湾诗人余光中的诗《乡愁》和歌曲《上下五千年》主题曲《我们拥有一个名字叫中国》及与本课相关的资料，制作课件。

（4）指导学生上网收集相关资料并做整理。

四、学习过程

（一）试学诱疑（8分钟）

1. 引疑

出示《大陆赴台许可证》，相信我们身边有不少人去台湾旅游过：

（1）为什么出入中国的领土还要办许可证呢？

（2）目前台湾与大陆仍处于分裂状态。这种分裂状态是如何造成的呢？它的现状又如何？

2. 试学

阅读课文第70—74页，完成以下练习。（6分钟）

（1）中华人民共和国成立后，党和政府明确提出要_____台湾。

（2）20世纪50年代中期，又确立了争取用_____方式解放台湾的思想。

（3）改革开放以后，在"一国两制"的基础上，形成了"_____、____"的对台基本方针。

（4）____年，解放军停止对金门和马祖的炮击。

（5）1987年，台湾当局被迫调整"_____"政策，两岸关系发生了历史性的变化。

（6）1990年台湾成立了_____，次年大陆成立了海峡两岸关系协会。

（7）1992年两会就"海峡两岸均坚持_____原则"达成共识，即"九二共识"。

（8）1995年，江泽民提出_____主张。

（9）2005年，连战率"_____"访问中国大陆，促进了两岸关系的新发展。

（10）2008年，两岸实现"_____"，关系取得重大进展。

（11）2015年，习近平同马英九在新加坡会面，是1949年以来两岸的首次会面，翻开了两岸关系历史性的一页。

3. 学生示疑

以小组为单位由小组长或指定的一名同学快速归纳整理预习中产生的疑问。教师据学生问题调整教学设计，快速归纳形成试学提纲；试学快结束时，教师出示对各组展示或评价的分工。

（二）合学思疑（13分钟）

（1）讨论：围绕引疑、试学练习及试学中出现的问题，先在小组内合探，小组内先解决成员碰到的但不在提纲内的简单问题，重点探究本组大家都不清晰或有异议的问题。

重点讨论：

① 你能不能用以往所学的知识说明台湾自古是中国领土。

② 造成台湾与大陆分离现状的原因是什么？

③ 邓小平提出的实现祖国统一的构想是什么？台湾地区实行的"一国两制"与港澳特区实行的"一国两制"有何区别？

	台湾问题（统一）	港澳问题（回归）
成因		
实质		

④ 解决台湾问题的有利因素和不利因素是什么？

⑤ 在祖国统一大业中，青少年能为祖国统一做些什么？

（2）展示：请各小组把小组内大家都不清晰或有异议的问题作为需要展示或评价的问题交小组展示人归纳整理后，迅速板书到黑板划定的位置上，为下一环节自我讲解做准备。

（3）点评：教师注意边听展示边在学生中巡视，快速诊断学生的问题类型、困难程度，对于典型问题不要等小组推荐，要直接点名鼓励学生代表小组上讲台展示。展示的问题可向其他小组求助，让其他小组的学生进行点评分析，当问题较难时教师可以点拨，必要时让学生二次讨论解决。难度更大的问题，教师要注意在导学阶段进行讲解。

（三）导学解疑（9分钟）

本课的知识点主要包括三个板块：回顾历史——寻根；探究现实——求

解；总结过往——成效。

引疑：倾听诗朗诵《乡愁》（从诗人"愁绪"着手设问：海峡那边的亲人，何日能与母亲团聚？）引入新课。

（1）寻根篇：我们血脉相连，为何骨肉分离？

设疑：简介台湾，为什么说"台湾自古是祖国不可分割的一部分"？让学生回答，引入寻根篇。

（2）求解篇：是谁不懈努力/打破两岸僵局/奈何也，寒流来袭/却见，融冰契机。

置疑：探究现实，谁在不懈努力？

时间	领导人	政策
中华人民共和国成立初	毛泽东	武装解放
50年代中期		和平解放
改革开放后	邓小平	和平统一、"一国两制"
新时期	江泽民	八项主张
	胡锦涛	四点意见、《反分裂国家法》

（3）成效篇：二十余年来，海峡两岸密切往来。

质疑：从武装解放到和平解放再到和平统一，党和国家为什么会转变态度，说明什么？

（1）当今世界两大主题是和平与发展，和平统一顺应历史发展潮流。

（2）两岸同胞血浓于水的血肉亲情，求和平、求发展、求安定，希望改善、发展两岸关系如今已成为台湾的主流民意。

（3）中国共产党始终把国家民族利益放在首位，中国共产党是最广大人民根本利益的代表者。

教师归纳：

（1）打破两岸僵局（主要事件）。

1979年：金门炮击停止　　1987年：38年隔绝打破

1992年："九二共识"达成　　1993年：汪辜会谈举行

（2）奈何也，寒流来袭。

通过展示以李登辉、陈水扁等"台独"势力的主张及台湾人民对待"台独"的态度，举行良心审判台：审判李登辉、陈水扁。通过审判让学生认识到"台独"分子想使台湾从中国分离出去的企图永远不会得逞，统一是民心所向、大势所趋。

（3）却又见，融冰契机。

关注时事：通过连战、马英九近年来动向及陈江会谈，说明从连战访问大陆的"破冰之旅"、国民党现任领导人马英九宣布在2008年7月4日达成两岸"周末包机"直航，开放大陆观光客来台两项政策，到2008年11月3日，大陆海协会会长陈云林率团踏上美丽宝岛台湾，显示两岸交往已进入制度化协商阶段，它不仅富有象征意义，也表明两岸关系已有了实质性突破。"汪辜会谈"过后，两岸关系经历了一段蹉跎岁月。两岸在走过一段近9年的风雨历程之后，终于迎来了"雨过天晴"的"陈江会谈"。抚今追昔，展望未来，两岸关系发展正如一道弯弯曲曲的长江之水，"青山遮不住，毕竟东流去"。

（4）总结过往——成效：二十余年来，海峡两岸密切往来。

设问：你能介绍一下两岸交流的具体事例吗？然后图片展示民间往来、经济合作、文化交流等方面的交往情况。

（四）反思内化（10分钟）

反思：本节课你学到了什么知识？有什么收获？

内化：设计一条呼吁台湾回归的宣传语

通过对台湾及国际形势的分析，我们意识到解决台湾问题的艰难、复杂、任重而道远。如果我们把"China"中"i"上的小点比作台湾的话，对偌大的中国来说，台湾只可算作弹丸之地，但是少了这一点，就不是一个完整的中国。台湾问题是维护国家统一、捍卫民族尊严的大事，它关系到中国的国际形象和地位，关乎中华民族前途命运与发展的希望。让我们可喜的是，我们看到了两岸同胞血浓于水的血肉亲情，求和平、求发展、求安定，希望改善、发展两岸关系如今成为台湾的主流民意。海峡两岸和则两利，分则两伤。这让我们更加坚信祖国统一是历史发展的必然趋势，让我们对此充满信心、充满期待。下面请同学们进行激情创作——设计一条呼吁台湾回归的宣传语，来表达对祖国早日统一的美好祝愿（设计宣传语，如"炎黄子孙不忘本，两岸兄弟一家亲""本是同根，赤子情深"，等等）。

1.毛泽东说："我们都是中国人。三十六计，和为上计。"毛泽东这段话所反映的基本思想是（　　）。

A. 用武力解放台湾　　　　　　B. 用"一国两制"方针解决台湾问题

C. 用和平方式解放台湾　　　　D. 维持台湾现状不变

2. 我国形成"和平统一、一国两制"的对台方针是在（　　）。

A. 中华人民共和国成立后　　　B. 澳门回归后

C. 改革开放后　　　　　　　　D. 香港回归后

3. 海峡两岸关系迈出历史性的重要一步是（　　）。

A. 海峡交流基金会成立　　　　B. 海峡两岸关系协会成立

C. "九二共识"　　　　　　　　D. "和平统一、一国两制"的提出

4. 1992年，海峡交流基金会和海峡两岸关系协会达成的最重要的"共识"是（　　）。

A. 海峡两岸均坚持一个中国原则

B. 加强两岸的经济交流，互补互利

C. 海峡两岸和平谈判可以分步进行

D. 不以政治分歧去干扰两岸经济合作

5. 阅读材料，回答问题。

材料一：实现祖国完全统一，是中华民族的根本利益所在，也是全体中华儿女的共同愿望和神圣职责。两岸中国人完全可以在一个中国原则的基础上，通过谈判解决两岸的政治分歧，推动两岸关系和平发展，促进祖国和平统一。

材料二：近年来，"台独"分裂势力的活动不断加剧，给台湾地区的和平稳定造成了严重影响，给两岸关系发展和国家统一造成了严重危害，也造成了岛内的思想混乱和政治动荡。

（1）党和政府解决台湾问题的基本方针是什么？实施这一方针的前提是什么？

（2）你认为我们应该怎样对待台湾问题？

（本设计由景贤学校陈妙妍老师提供）

第三章

支架式深度学习教学模式的理论基础

核心要点

建构主义与深度学习

"最近发展区"理论与深度学习

元认知理论与深度学习

"再创造"教学理论与深度学习

"从做中学"理论与深度学习

激情教育与深度学习

第一节 建构主义与深度学习

深度学习，从实质上看，它所呈现出来的仍是一种需要靠学生内驱力支配的主动学习状态。这与建构主义学习理论所倡导的学生自主建构知识、整合观点、迁移信息以解决问题的理解性学习等核心观点是一致的。

一、建构主义知识观给深度学习带来的启示

建构主义学习理论认为知识是动态的、发展的，并不存在一种绝对客观的知识表征形式，"相反，它会随着人类的进步和人们认识的深入，而被不断地变革、升华和改写，出现新的解释和假设"。从这一论述可以看出，持有建构主义学习论者更强调知识的社会本质，认为知识无法独立于人而存在，个体对事物的理解取决于原有的经验背景，意义来自新旧知识之间的相互作用而非传递接受，它需要个体根据具体的问题情境对已有的知识经验进行检索和提取，并为解决问题加以改造。这给我们的启示如下：

1. 深度学习的要诀是建立知识的内在关联，提升学生跨界的迁移能力

梅耶（Mayer）认为"深度学习是事实性、概念性、程序性、策略性等知识以及信念的协同作用"，即深度学习的发生需要将知识碎片化向图式结构化转变与发展，这意味着每个深度学习的个体都应具备一种炼制知识的能力，既为原有的自我概念提供便利，同时也为新信息的掌握创造"锚点"。因此，教师在教学组织过程中应当重视学科内容的知识表征形式及与其体认方式之间的融合，通过命题网络或图式归纳的教学方法引导学生在概念和规则的学习中学会运用技能解决问题并反思自我，既确保学生对陈述性知识的掌握，也关注学生对程序性与条件性知识的运用和体验，"深化学生对学科本身的理解，弄清所学的学科是针对哪些真实问题的，该学科所采取的主要方法，以及在学科发展过程中形成的大观点"。从而发展其学科素养，"经过这样的学习，学生习得的就

不再是孤立的概念，而是一个有领域化的概念规则系统"。此外，作为21世纪人才培养核心之一的跨学科主题学习，强调相似学科之间的交互与合作，要求各科教师在梳理学科知识逻辑的基础上，努力发掘学科间的知识联系，共同商定探究主题，并基于新的主题重组内容材料，形成弹性化、综合化的融合课程，使学生能够在完成项目的过程中自觉运用多个学科知识，将孤立的知识要素连接起来，从而帮助学生从静态例样内容过渡到动态认知结构，以获得一种具有完整知识表征形态的领域知识，"更重要的是拓展学生的思维宽度，增强学生多学科研究问题的视野和提升学生跨界的迁移能力"。

2. 深度学习是一种多维度的学习过程

从个体的认知发展角度来说，深度学习是一种多维度的高投入学习过程，它的发生始于个体内在的自主动机及积极的学习兴趣。有研究指出，"深度学习的学生，有源于个体内部的动机，学习本身被认为是一种个体成长的过程，所以学习的出发点就在于寻找知识内容的意义，实现自我提升"。只有当学习者的学习选择是基于个体动机和兴趣而做出时，他们才会产生高度的学习需要并为此从不同维度付出努力。这里提到的不同维度是指学习者的学习成长广布于其智力、行动、情感等方面。也正是由于这种多维度的学习投入，才避免了知—情—行的分离，在极大范围内为学习者全面的一致发展提供可能和机会，以使他们能够在经历学习活动的体验中获得基础知识与基本学科能力，并形成相应的科学价值观，从而推动深度学习的持续发生。

3. 深度学习依附于从意义建构到知识建构

"意义建构"是建构主义所主张的全部行为活动的终极目的。它是指在事物内部本身或事物之间建立起有关性质、规律的意义联系。正如弗洛伊德提出的自由联想：建立众多联系，并且这些联系是以活泼的方式建立的，不是机械的、纯逻辑的方式。Bruner将这种运用已有知识经验去解释和处理现实世界，并对这个分析推理的结构进行反思的过程称作意义制定。

深度学习是一种关注批判理解、面向问题解决的高级学习，它更多的是处理"非结构性知识"，是一个复杂的信息加工过程。有研究指出，基于问题解决的深度学习不仅可以在任务的探索过程中加深学生对概念、原理的运用和理解，同时能够最大限度激发学生的思考力和表现力，通过对自我观点的阐述、争辩和维护使思维获得训练。也就是说，深度学习要求学习者放弃孤立的、无联系的碎片化学习方式，要求教师摒弃通过字词的发音将概念或公式等外在线索传递给学生的传统教学方式。"倘使学习者能主动地建构自己的理解,那么这种学习将会更有力度",即达到深层观念上的理解。它需要学习者通过提出假设、检验假设,通过与他所在的真实环境的实际互动,通过对自己学习结果的反思来进行知识建构。实际上,深度学习是围绕结构性知识和非结构性知识而建构起来的意义网络,它不仅要求学习者熟知原理、概念等浅层知识,更对学习者提出了高位要求——处理复杂的、具体的非结构领域问题。

二、建构主义学习观给深度学习带来的启示

建构主义理论普遍认为学习不是简单的单向知识转移过程,而是交互和实践的产物,是通过学习共同体之间的合作互动完成的。同时,这种学习共同体的运作方式使每个成员都担有产出知识的责任,要求所有人都必须贡献自己的知识,成员之间也需要对相互的不同见解做出积极的回应和反馈,使知识在共享的过程中不断被"激活起来",即去中心化的开放互动使协商和沟通成为可能,并且学生作为共同体中的一员也通过借助公共知识使自己获得了发展。

1. 深度学习:一种深加工的学习结果

发展学生的高水平思维从而促进知识有效建构是深度学习的重要特征之一,这与浅层学习对复述事实的要求形成了鲜明对比。深度学习从本质上来说,是一种学习者主动进行知识建构的学习方式,它需要学习者在理解意义的基础上建构有效的知识体系,即要求学习者对当前的学习任务进行深度加工,在获取关键信息、解释和组织文本材料的同时,自动地将这些新获得的内容与自己已有的经验进行联系或重组,或考虑将正式的知识与日常的直觉经验进行匹配,形成一个具备个人属性的"知识逻辑结构群",这意味着学习者所建构的是他们自己的经验体系,是有关自身对不同信息的解释和综合。

2. 深度学习:一种高参与度的学习状态

建构主义认为知识的获得在于个体与周围环境的交互作用,而这种交互作用反映到深度学习上,则主要表现为集体中观点的对话,以及在此基础上形成的一致行动。事实上,学习本身就是一种参与与交往的过程,深度的学习即深度的参与与交往。也就是说,深度学习要求学习者不仅在共同体中展示自我,与同僚相互点评,同时也在共同体建构知识的过程中贡献自我知识,使自己的见解成为共同体知识加工活动的集体产品,承担起创新知识共同体的责任;此

外，这种高参与度的学习状态也意味着去权威化的交往活动，教师作为更多知识的拥有者，不是控制学习活动的发展和进程，而是应当邀请学习者一起明确学习活动的主旨与方向，共同开发学习资源，增强学习者的参与度与活跃度，使他们能够在开放的学习环境中通过自组织性的交往扩充个人和集体的见解与思想，从而激活、运用知识。

3. 协作与会话：深度学习的实现途径

"会话"是"协作"过程中的关键工具，同时"协作"也是"会话"必不可少的环节，二者在知识学习的过程中是相辅相成的。建构主义学习认为，对话是一种学习的手段和途径，知识在一定程度上存在于对话的群体之间，它们的"形成不是个体头脑的封闭系统中的事件，而是在同他人的相互作用、合作活动的经验和过程中才有可能，焦点在于人的行为中的'意义'（meaning）维度与人际沟通"。杜威在《民主主义与教育》中阐述了旁观者与参与者态度之间的区别。他认为，旁观者对正在进行的事件因为结果的好坏与自我无关，所以对事件表现出冷漠的态度；而参与者由于牵涉事件其中，结果与其密切相关，因此参与者在事件中会积极完成有利于事件结果的任务。正如建构主义的教学隐喻：要创设利于交流合作和意义建构的学习社群与实习场，以使学习者所掌握的知识具有高度迁移力和强大生命力。

协作与会话是实现、推进深度学习的必要逻辑与支持要素之一，因为深度学习是一种要求个体超越信息文本，通过新元素与自身已存在概念的平衡和整合，对有关现象做出自己的解释、判断，并形成自己的见解，从而逐步创造出新的知识体系以不断切入知识单元或某一学科关键问题，以发展自己的学习方法的高级学习过程。通常在完成复杂任务或仿真活动时，由于个人认知储备有限和操作能力不足等会导致任务无法完成，从而使学习者产生参与到相应实践共同体中的需要。学习者通过与共同体内其他人员的观念交流和行为互动，发展对知识的体验并共同构建意义的认知网络，以此与他人形成协作关系。在共同体内的合作交流中，学习者之间的对话、冲突、争议有助于加深其对新知识的理解与体悟；同时，在自由表达中他们对问题的解释也会得到启发，从而建立起更完整的表征，这也正是问题解决的核心所在。

4. 变问题为话题，促进学生自由会话

建构主义理论认为"学习本质上是一个社会性对话的过程……意义的制定更多是来自会话，而不是灌输"。这意味着课堂人际间的交往与会话性质和方式在很大程度上影响着教学的质量和效果。因此，为了保证学习的深度和意义，教师在教学设计过程中应当考虑将教学内容的"实际点"与学生的"兴趣点"整合并改编为一种能够引起师生、生生交流与探索的中心话题或讨论线索，并在此基础上共同制定任务目标，让学生能够在分散的资源和材料之间形成联系并相互依赖，从而建立深层次的协作关系。师生共同沿着这一线索进行教学活动，教师把言说机会、时间尽可能公平合理地赋予每一学生进行充分陈述与见解表达，确保不同学习者的经验与问题假设都能通过对话与协商得到展示与外化，以使不同解释与意义在群体间流动起来，产生学习的互补和互惠。同时，教师要在话题交流的过程中跟进反馈，对学生的讨论内容、程度、效果等进行及时分析与判定，使他们能够在多元见解中不断反思自我及他人建构的合理性，既对过去"旧我"进行反思，也以他人观点作为契机促进"新我"的思想成长，即通过评价帮助他们优化思想，生成知识，不会因为话题的终止而造成知识创造的结束。

三、建构主义教学观给深度学习带来的启示

尽管建构性学习强调学习者自身的学习力，但并不排斥教师对学生的支持。建构主义理论认为，儿童一旦借助成人的支持，就有可能获得自主解决问题的机会以提高其学习水平，他们也明确表明通过教师和学生的合作形成通力能够真正帮助学生学会学习。因此，建构主义中的教学不再只是简单地处理学习内容以完成知识传递，而是希望通过创设学习情境引发学生原有的知识经验，为他们搭构一个可以完成新知识和旧经验相互连接的学习活动，以便使他们能够在各种复杂的真实情境中实践知识，通过对问题场域的适应而促进广泛的迁移发生。

1. 情境：深度学习的先决条件

"根据《韦伯斯特词典》所下的定义：情境是指'与某一事件相关的整个情景、背景或环境'，换言之，情境是指一个人在进行某种行动时所处的社会环境，是人们社会行为产生的具体条件；正如心理学家认为的那样：情境是指对人有直接刺激作用，有一定生物学意义和社会学意义的具体环境。"建构主义学习理论认为，教学的任务在于创设适合学习者意义建构的学习场所，而这种"学习场所"即指有助于学习者学习的真实生活情境，在这种真实情境下，学习者能够通过与环境有意识或无意识的接触与互动产生意义建构，为新的学

习和更深度地理解提供稳定的认知工具。

深度学习强调信息的整合，要求学习者在学习过程中接受新知识的同时能够激活原有经验，并将相关的"旧知识"有效地迁移到新知学习中，从而保证知识的完整性和学习的系统性。建构主义理论家指出，知识和工具的使用无法摆脱社会情境。换言之，如果要使知识可用化，那么就必须通过真实的学习活动来掌握它们，这种学习活动强调高水平的思维结构、深度的知识内容及真实的世界联系。并且他们认为情境对学生的学习质量发挥着重要作用，并随之对迁移习得知识的水平造成重大影响。因此，可以将情境看作知识的生长点和检索线，学习必须尽可能发生在与所学知识相关的真实情境之下，因为只有具体情境才可能引发学生对抽象概念、普适规律的选择与解释，并通过新旧知识的连接去迁移、诠释、实践、解决问题，从而使这种新知识成为主体经验的重要组成部分，以实现对知识的深度理解和有效运用。

2. 基于情境导学，提高学生问题解决能力

深度学习本质上是解决复杂问题的过程，它要求学生能够在此过程中像专家或专业人员一样去思考问题，接近知识内核，自主进行意义建构并获得问题解决的经验。这就要求教师要关注教学问题中的"问题化"与"情境化"，将教材内容与现实世界进行合理关联，设计一种嵌入"境脉"的学习情境，赋予抽象的学科概念以直接性和现实性，使其转化成接近学生现实生活、支持他们学习与体悟的结构，并提供一种有利于激发学生参照和关联过去、现在、未来的一系列连锁问题，使学生能够在社会性情境中自治地开始任务并完成学习，以提高其实践知识的可能性，并在教师指导下形成自己关于问题解决的理解方式和体验经历。这种独特的理解方式和体验经历可以通过多媒体得到支持。

第二节 "最近发展区"理论与深度学习

苏联著名心理学家维果茨基（Lev.S Vygotsky）在《社会中的心智》一书中提出了"最近发展区"这一概念。维果茨基认为，在儿童智力活动中，所要解决的问题和原有能力之间可能存在差异，通过教学，儿童在教师帮助下可以消除这种差异，这种差异就是"最近发展区"。换句话说，可以将最近发展区定义为儿童独立解决问题时的实际发展水平（第一个发展水平）和教师指导下解决问题时的潜在发展水平（第二个发展水平）之间的距离。可见儿童的第一个发展水平与第二个发展水平之间的状态是由教学决定的，即教学可以创造最近发展区。因此教学绝不应消极地适应儿童智力发展的已有水平，而应当走在发展的前面，不停顿地把儿童的智力从一个水平引导到另一个新的更高的水平，如图3-2-1所示。

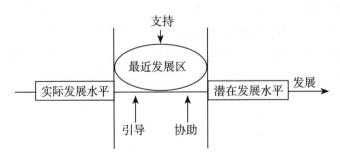

图3-2-1 最近发展区示意图

"最近发展区"概念强调了教学在发展中的主导性和决定性作用，揭示了教学的本质不在于"训练""强化"业已形成的内部心理机能，而在于激发、形成目前还不存在的心理机能。维果茨基认为，"只有走在发展前面的教学才是好的教学"，儿童的文化发展机制总体上表现为从"最近发展区"向"潜在发展水平"的转化，"最近发展区"的一般意义正在于强调"发展来自合作，发展来自教学"。根据维果茨基的观点，教育过程中重要的不是着眼于学生现在已经完成的发展过程，而是关注那些正处于形成状态或正在发展的过程。教学决定着智力的发展，因此，如果教师在教育过程中只是利用学生现有的知识水平，那么教育过程就不可能成为学生发展的源泉，学生的发展就会受到限制或阻碍，影响其积极性和创造性。只有走在发展前面的教学才是良好的教学，才能有效地促进学生的发展。我国学者曹才翰认为学生的"最近发展区"就是学生思维过程中实际发展水平与潜在发展水平之间的差异和桥梁。"最近发展区"理论指导下的教学，其实质就是把学生的"最近发展区"转化为"潜在发展水平"的过程，使学生经常处于"跳起来摘果子"的状态，既使学生有恰当的紧张感，又不会觉得压力太大，从而激发学生的求知欲。因此，教师应该围绕"最近发展区"做文章，利用学生实际发展水平与教学要求之间的矛盾，正确地认识学生实际发展水平和其潜在发展水平，合理设置、应用情境，恰当组织教学，根据学生的智力发展水平和知识水平确定知识的广度、难度和进度，以促进每个学生深度学习。那么教师应该做什么、做到什么程度，才能引发学生的深度学习呢？

好的教学是自觉促进学生发展的活动，而且要在短时间内获得较大的发展和提升。如此，学生必然要以较短的时间、较快的速度去学习比自身现有水平高得多、难得多的内容。这样，问题来了：学生的现有水平不足以独立学习如此高难度的内容，因而很难成为主动操作这些内容的主体；而现有水平能够操作的内容又不足以促进学生自觉快速地提升和发展，应该怎么办呢？

历来有两种思路：一种是坚持学习高难度的内容，另一种是选择学生的主动活动。这两种思路，或者因为重视内容而忽视学生的主动活动，或者因为强调学生的主动活动而忽视内容难度的意义，都是把内容与学生的活动割裂开来，把教学或学生的学习看作只是学生自己的事情，忘记了教师的角色与作用，结果要么使学生面对高难度内容时陷入孤立无援的愁苦境地，要么让学生经历少有难度和挑战的任务，终究都不能使学生在短时间内获得有价值的提升和发展。深度学习要解决的问题就是：在有难度、有挑战的学习任务面前，如何让学生感到自己是活动的主体，能够自主操作这些内容，发生积极主动的学习活动。

从维果茨基"最近发展区"理论来看，教师要适时出场，发挥教师应有的作用，来引发学生的深度学习。教师要做几件事：一是确定学生自觉发展的

"最近发展区";二是确定通过什么样的内容来提升、发展学生,即转化教学内容,提供恰当的"教学材料";三是帮助学生"亲身"经历知识的发现与建构过程,使学生真正成为教学的主体。

一、确立促进学生自觉发展的"最近发展区"

确立"最近发展区",就是确定学生的现有水平及未来发展水平。学生的现有水平是指学生在没有任何外力帮助的情况下,能够独立完成作业的水平。换言之,教师要确定学生现在知道什么,能做什么——对什么有兴趣,能够操作什么内容,能够以什么样的方式完成什么样的活动等,即知道学生"在哪里"。学生的现有水平是已经达到的、确定的,但教师得有本领探测得到。同时,还必须确定学生即将达到的未来水平。这个未来水平远比学生现有水平要高得多,不是学生自己"跳一跳"就能摘到的"果子",而是怎么跳都摘不到的"果子",即凭学生个人现有能力和努力不可能在短时期内实现的水平。也就是说,在学生现有水平与较高的未来水平之间,形成了一个区域,即"最近发展区"。

这个区域就是学生学习有难度的内容、完成有挑战的任务的区域,是教师与学生交往、帮助学生发展的区域,也是学生以主体的方式从事学习活动、获得发展的区域。学生在"最近发展区"的活动,即维果茨基所说的"教学走在发展的前面""教学引领发展"的具体表现。因为要促进学生的发展,所以教师不会因学生学习困难就降低难度,也正因为要促进学生的发展,教师也不会将自己置于学生的学习活动之外。教师的作用,就是要帮助学生成为教学的主体,主动去挑战困难、克服困难,从现有水平主动积极地走向未来水平。

二、帮助学生真正成为教学的主体

如何帮助学生成为主体呢?学生成为主体不是在教学之后,而正是在教学之中,即学生以主体的方式成为主体。

学生成为主体的重要标志是能够自主操作特定的对象(客体),并能从中获得发展。教师的重要作用之一,就是为学生提供能自主操作的"教学材料"。为什么要提供这样的"教学材料"呢?教学材料与知识、教材内容有联系但又有所不同,不是它们的简单复制翻版,而是对它们的转化,是对它们的活化和具体化。

知识是客观"在那儿"的东西，是科学家的实验、哲学家的论证、文学家的描述等，不管你学不学它，它就是那个样子，不增一分，不减一分；教材上的内容，以客观知识为基底而又关联着学生的学习，是根据学生年龄与水平对知识的选择、加工、改造，既有取舍改造，也有顺序安排，如九年级数学、三年级语文（与学生就读年段及水平相关）。但教材内容往往不是学生能够直接操作的内容，而是较为抽象的、静态的、离学生较远的内容。

相比于教材内容，教学材料缩短了教学内容与学生的心理距离，更为具体，也更具可操作性、活动性。它应具备两个特点：第一，含有教师的教学意图，因而不只是客观的对象、知识的载体，更是思维方式、情感态度价值观的凝结，体现教学目的、预设的特定的学习活动展开的方式；第二，是按"序"展开的学生活动的操作对象，因而不是静态的对象，而是随着学生主体活动展开的、动态变化的内容及其活动。为学生提供能自主操作的教学材料，意味着教师要基于教学目的去设计并引导学生的主动学习活动与学习进程，引导学生能够主动投入学习之中。提供这样的"教学材料"，是教师促进学生自觉主动活动的前提，是促进学生开展深度学习的重要工作。

学生是如何操作"教学材料"展开深度学习的？可以用"两次倒转"的教学机制来解释。什么是"两次倒转"呢？

相对于人类总体最初发现、建构知识的过程，教学首先是一个"倒过来"的过程，它不是从摸索、试误开始，不是从实践开始，而是直接从认识开始，有目的地指向人类已有认识成果的学习，谓之"第一次倒转"。"第一次倒转"体现了教学不同于人类总体认识的"个体认识"的根本特性，有着深刻的理论与实践意义。但是，如果只停留于"第一次倒转"、只关注"第一次倒转"，就可能忽视学生直接从认识开始学习的困难，忽视学生内心对学习的真正兴趣和理性体验，导致强制、灌输。

如果不能将知识与学生建立起意义关联，就无法引起学生内在学习愿望的活动，不可能引发学生的深度学习。正如苏霍姆林斯基所说："对于儿童来讲，掌握知识这个最终目的不可能像成人那样成为他付出智力努力的主要动力。学习愿望的源泉在于儿童智力劳动的性质，在于思想的情感色彩，在于理性的体验。如果这个源泉枯竭了，任你用什么办法也不可能让孩子坐下来念书。"要激发学生对学习的内在兴趣与愿望，"第二次倒转"就成为必需。

所谓"第二次倒转"，是在"第一次倒转"的基础上，承认学生与知识间巨大的心理距离，考虑学生的学习感受，把第一次"倒过来"的过程再"倒回去"，既化解学生的学习困难，使学生真正成为教学的主体，又从根本上保证"第一次倒转"的意义与价值得以实现，保证教学真正成为教学。

"第二次倒转"的目的与作用，在于帮助学生去"亲身"经历知识的发现与建构过程。这样的"重新经历"不仅使学生获取和占有"可言说""可分析"的知识，而且能够使学生通过此类知识的学习，"见到""体验到"那些"不可分析""只可意会不可言传"的存在，如智慧（愚蠢）、理性（情感）、高尚（卑鄙）等。

当然，"第二次倒转"的过程绝不是原原本本地"重演"人类发现与建构知识的过程，而是从学生已有经验和现实水平出发，帮助学生简约地经历人类发现知识、建构知识的关键环节，促使学生思考知识发现与建构的社会背景，体验人类实践探索的思想历程、价值追求，评价知识，以及知识发现与建构的过程，等等。如此，学生"好像"进入人类历史实践的进程中，跟上了历史进程的脉搏与节奏，与历史事件、人物在一个频道上共振，与社会历史进程中的亲历者一样，"亲身""参与"到"真实的"历史事件中。这样的学习，是以学生为主体的学习，是深度学习。

第三节 元认知理论与深度学习

20世纪70年代末，美国当代心理学家费来维尔（J.H.Flavell）在《认知发展》一书中率先提出了元认知概念（metacognitive），并解释为对思维与学习活动过程的认知与控制。元认知不同于认知，它针对的对象是学习者内部的认知过程或认知结果，通过对学习者认知过程的监控、调节或对认知结果的反思，促进学习者认知活动的完成。元认知就是关于个人自己认知过程的知识和调节这些过程的能力及对思维和学习活动知识的控制。

研究发现，高水平的元认知技能是任何一个领域的专家共同具有的特征，并在某一学科情境中能够得到有效的迁移。元认知对学习者深度学习的过程与结果及时地进行监控与反思。这主要表现在两个方面，一是鼓励学习者对自己的认知过程进行监控与调节，及时调整策略，以便从学习活动中理解并习得知识，进一步促进问题的解决；二是鼓励学习者对自己的认知结果、表现能力进行评价与反思，反思与评价能够促进整体理解并增加学生将新知识迁移到新情境中的程度。

从深度学习的实践来看，元认知是认知的认知，显然是高水平的一种深度学习，是学习者学习中的关键能力发展到较高阶段所具备的一种技能，其能力因素就体现在个体在认识活动中将自己正在进行的认知活动作为意识对象，不断积极地对其进行监视、控制和调节，以迅速达到预定的目标，说浅显一点其实质是人对认知活动的自我意识和自我控制。元认知概念的提出深化了人们对认知过程、认知能力的认识。它认为人是积极主动的机体，其主体意识主要表现在监视现在、计划未来，有效控制自己的思维和学习过程。从元认知角度来考虑，学习并不仅仅是对所学材料的识别、加工和理解的认知过程，它同时也是认知过程的自我观察、自我评价和自我调节的元认知过程。认知过程的有效性如何，很大程度上取决于元认知过程的进行水平（策略选择、监控活动进行、策略效果评价、及时反馈并修正该过程的进展、方向和所采用的策略等监控活动完成的情况与有效性）。因此，要达成深度学习的效果，教师应当对学生元认知能力的培养与训练给予高度重视，将其作为教学活动的重要目标之一。

（1）教师不能仅仅满足于知识的传授，还要使学生学会如何学习，这是深度学习必须具备的最基本条件。具体地讲，就是在教学过程中，适时点拨认知和元认知策略，发展和训练学生的元认知能力。

（2）在以教师为主导、学生为主体的教学方式中，教师的主导作用应主要发挥在调动和培养学生的元认知方面。具体地讲，教师要创设一种适当的问题情境，引导学生确定自己的学习目标，引导学生对学习过程及其结果、学习策略及其效果进行监控、评价和改进。

（3）情境能促进元认知的统合、元认知体验的调节和元认知的监控，在教学中采取创设"小步距"的问题情境，以及"变式""矛盾式"问题情境，能更好地培养学生的元认知能力。

（4）教师要创设一种师生之间、生生之间良好互动的课堂氛围，使每个学生都可以评价他人的学习方法与策略，也可以为他人所评价，提供一种表达、演示和练习认知及元认知策略的学习环境。课堂教学主要是通过师生之间、生生之间的相互作用和相互影响而展开的，它是促进学生元认知发展的重要条件之一。

（5）教师应当在教学过程中经常给学生提供反馈的机会，学生将自己的知识学习过程或解题策略等向老师、同学讲述，教师也可向学生阐述自己的思考方式，适当引导，调整学生的学习方法及思维方式。

第四节 "再创造"教学理论与深度学习

从深度学习的定义来看，深度学习的关键之处是思维的启动与开发，是一种基于自身的、需要靠学生内驱力支配的主动学习状态，是一种自我的创新的思维过程。教师的作用是提供支架，是为学生的深度学习提供架设在学生"实际发展水平"之上的"途径"与"工具"，使学生经历像科学家那样获得科学发现时基于思维的再创造过程。世界著名教学教育权威汉斯·弗赖登塔尔（Hans Freudenthal，1905—1990）提出"再创造"教学原则。认为一个学科领域的教学就是指与这个领域相关的教与学的组织过程。教学方法的核心是学生的"再创造"。这种创造，是学习过程中的若干步骤，这些步骤的重要性在于再创造的"再"，而"创造"既包括了内容又包含了形式，既包含了新的发现又包含了重组。弗赖登塔尔"再创造"教学理论的几个要点如图3-4-1所示：

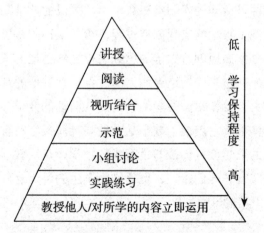

图3-4-1 弗赖登塔尔"再创造"教学理论金字塔

（1）通过自身活动得到的知识与能力比由旁人硬塞的理解得透彻，掌握得快，同时善于使用它们，一般来说还可以保持长久的记忆，如图3-4-2

所示：

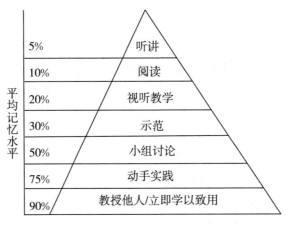

图3-4-2 弗赖登塔尔"再创造"学习理论金字塔

（2）发现是一种乐趣，因而通过"再创造"来进行学习就能引起学生的兴趣，从而使学生的学习具有动力。

（3）通过"再创造"方式可以进一步促进人们对教学是一种人类活动的看法。

以数学学习为例，弗赖登塔尔把数学分为两种，一种是现成的或者是已完成的数学，另一种是活动的或创新的数学。"现成的数学"以形式演绎的面目出现，它完全颠倒了数学的实际创造过程，给予人们的是思维的结果。他指出数学家向来都不是按照他创造数学的思维过程去叙述他的工作成果，恰好相反，是把思维过程颠倒过来，把结果作为出发点，把其他的东西推导出来，他将这种叙述方法称为"诊教学法的颠倒"。而"活动的数学"则是数学家发现数学的过程的真实体现，它表现了数学是一种艰难而又生动有趣的活动。弗赖登塔尔还指出传统的数学教育传授的是现成的数学，是反教学法的，学习数学唯一正确的方法是实行"再创造"，也就是由学生去经历这种再创造的工作，而不是把现成的知识灌输给学生。

第五节　"从做中学"理论与深度学习

美国卓越教育联盟于2011年提出了这样一个观点，即深度学习是以创新的方式向学生传递丰富的核心学习内容，引导他们有效学习并能将其所学辅助应用，强调深度学习将标准化测试与掌握沟通、协作、自主学习等能力相连接。美国学者Grant Wiggins等人也认为深度学习就是让学生能够实现对学习内容的理解。而实现深度理解的最好途径是到实践中去应用去做去学，做到做中学，学中做。

"从做中学"（Learning by doing）是美国现代著名实用主义教育家约翰·杜威（John Dewey，1859—1952）全部教学理论的基本原则。杜威认为，"所有的学习都是行动的副产品，所以教师要通过'做'来促使学生思考，从而学得知识"。杜威把"从做中学"贯穿到教学领域的各个主要方面，如教学过程、课程、教学方法、教学组织形式等，都以"从做中学"的要求为基础，形成了"不仅塑造了现代的美国教育，而且影响了全世界"的活动课程和活动教学。

杜威的"从做中学"的原则也鲜明地体现在他对教学方法与步骤的论述中，他的教学方法最根本的要求便是在活动中进行教学。他批评以赫尔巴特的教学方法为代表的传统的教学法仅仅重视教师对学生的书本传授，而不考虑儿童在活动中主动学习的重要性。因为杜威强调在活动中进行教学，而活动是以儿童的需要为中心的，所以他的教学方法着重解决儿童怎样学的讨论，而不是像传统教学论那样，着重教师怎样教。

杜威"活动教学"的主要特点是：

（1）以表现和培养儿童个性为主，即教学中注意培养儿童的创造性思维能力。

（2）追求以儿童自由活动的形式进行教学。

（3）鼓励儿童从自己的活动、自身经验中学习。

（4）以儿童的活动为中心，一切都要从儿童的需要出发，注重儿童的主动性和创造性的发挥。

基于这种"从做中学"理论，我们应该认识到：如何科学地设置"做"很重要，要十分注意让自己设置的"做"与配套的"学"成为学生认知的停靠点、情感的激发点、思维的展开点。

1. 认知的停靠点

教学要通过学生动手操作、动笔演算、动眼观察等实践手段，让学生在抽象的书本知识前找到直观感觉的停靠点，找到旧知识的停靠点，找到背景知识的停靠点。

2. 情感激发点

苏霍姆林斯基说"学生对知识的兴趣的第一个源泉，第一颗火星，就在于教师的对上课所要讲的教材和要分析的事实所抱的态度"。有一位学者对此注释为："从血管里流出来的是血，从泉眼中流出来的是水，从一位充满激情的教师的教学里，奔涌而出的是一股股极大的感染力。"

成功的教学模式应能让学生体会出教师对教学执着的追求，体现一种演艺技巧，体现出一种爱、一种激情。所以，注意提高教材知识的价值，巧妙地设置问题情境，有机地介绍一些前人发明、发现有关知识那艰辛、悲壮的历史过程，是值得大力提倡的。

3. 思维展开点

以往的教学中，许多一线教师对"思维的展开"重视不够，表现有二：一是以学生认识的特殊性为中心，直接让学生接受现成的结论，使学生不经思索就一下飞跃到成功的彼岸，这种抹杀知识形成过程的结论式教学是必须坚决反对的。二是片面夸大教师的作用，把应由学生独立思考和解决的难点、疑点、关键全部包办，这种教学法很可能使学生学得死气沉沉。

要有效地应用"做中学"理论，有三个方面是值得我们思考的。

首先，"学"要建立在大幅度提高学生的参与度上，教师要努力创设条件和设置各种问题情境，让学生充分地参与概念、判断、推理的形成过程，法则定律的推导过程，各种问题的解决过程。要注意充分地暴露学生学习过程的困难、障碍、错误和疑问。一般说来，学生在自主性学习过程中必然会碰到各种各样的疑难，这些疑难既是学习的障碍，又是学习的动力，但是，对这些疑难的解答，教师不能简单地把结论告诉学生，应引导学生自己去分析、去解决。

其次，"做"要建立在一种开放的情境中。①要引导学生自我设计作业、练习，对重点例题作业自编变式性练习。②要引导学生进行一题多解，对新的解法要大加表扬、鼓励，如果解法具有独特性，可以学生的名字命名，如"李三解法""王五性质"等。③要鼓励学生质疑问难，敢找老师的"岔子"，敢寻名人的"漏子"，敢钻书本的"空子"。④要鼓励学生在课内外根据书本知识写口诀，编小品。⑤要鼓励学生利用第二课堂进行野外艺术写生或进行小制作、小发明、小创造等科技活动。⑥要鼓励学生标新立异，对各学科知识进行横向的"异想天开"，形成自己的知识网络。

最后，"做"要建立在一种充满激励的情境中。要注意寻找学生思想的闪光点，培养学生的创新意识。学生在自主性思考过程中，常常会提出许多创造性的见解，这些见解如能得到及时的赞扬和鼓励，学生就会感到莫大的成功和自豪感，这些积极性的情感反过来又会增强学生的自信、自主能力，从而进一步增强他们的自主意识。

第六节　激情教育与深度学习

深度学习是学生作为主体的一种主动学习活动，深度学习的内容往往具有一定的挑战性。想在挑战前面做到主动，需要有一定的激情。

深度学习模式中的探学起疑阶段最主要的是激发人的学习欲望，而最佳办法是从激发人的精神力量开始，人的潜能一旦被激活爆发，将会出现让人意想不到的奇迹。例如，初中阶段讲授"有序数对"时，江门市景贤学校教师吕丽芳就设计了以《导航仪里的秘密》为主题的单元学习。设置了这样几个问题：你的父母开车去不熟悉的地点旅游时，如何使自己不迷路？开家长会时，如何为你所在的教学楼中每个班的座位设计一组数码，使每个家长拿到数码标签便能准确地找到自己孩子的座位？小学学过有序数对的学生顿时兴趣大增，教学设计达到了第一时间把学生吸引到课堂上的目的，激发了学生学好本节课的欲望，提振了学生学习的热情。

我们的教育对象是各具性情的鲜活的生命，唯有激情，才能使这些鲜活的生命更具灵气；唯有激情，才会有波动的韵律，才会拨动学生的智慧之弦，奏出生命的灿烂乐章；唯有激情，才会激活学生的创造欲，使学生的创造火花成燎原之势；唯有激情，才会使师生收获到创造的成果，享受创造的快乐，引领师生融入同乐的激动境界，升华生命的价值。没有激情的教育是冰冷的，它只会僵化学生的思维，冻结学生的灵气，窒息学生的创造。

如果说管理者的工作在于激发教师的工作激情，那么教师的工作便在于点燃学生学习的激情。激情教育的要旨主要体现在对"解放生命，激爆潜能；超越每刻，卓越一生"的教育理念的坚持，做到"用心、用力、用情""细致、精致、极致"。激情教育有两个方面的定义：

对教师而言，激情是指教师要用自己整个生命去拥抱教育，使自己的全部身心与教育水乳交融；激情就是教师对教育达到痴迷忘我的境界；就要有教育改革家魏书生所具有的"宗教家"的精神；激情就是教师用自己诚挚而火热的心去呵护学生的灵气，去催发学生的创造；激情就是教师用自己的智慧对学生一生负责；激情就是教师用自己的创造谱写教育的辉煌。

对学生而言，激情是指教师通过创设与落实全员激情、全方位激情、全过程激情的教育教学机制，以激发学生积极健康的情感为切入点，推动自己的教育教学工作的顺利开展和进行，以达到提高教育教学效率，实现学生全面发展的目的。

教育因激情而鲜活，理想因激情而美丽，生命因激情而精彩。读书在，激情就在；梦想在，激情就在；热爱在，激情就在；执着在，激情就在！激情在课堂中扮演着很重要的角色，它能唤醒学生的思想，激发学生的思维，同样使教者享受在熟知的领域里再次遨游，并期盼在互动中生成新知。没有激情的教不如不教，让自己和学习的人难受！

激情使教育充满情趣。只有情意融融的教育氛围，学生才会受感染、受熏陶，才会萌发创造的欲望。"感人心者，莫先乎情"，文学作品是这样，教育也是如此。学校的教育索然寡味的原因之一，就在于教育缺乏情的感染和情的触动。教育中的情是师生情感交融的真诚流露。教育一旦产生情趣，就会出现师生心有灵犀的动人情景，教育环境就会宽松和谐。

激情使快乐学习有了真正的载体。拥有了教育激情，人的生命之树就与快乐结缘，教师的笑容就会飞越在学生的心田，让学生的心扉也放飞快乐；拥有了激情，教师的心就会与学生的心紧紧贴在一起，师生真正成为知心的朋友、创造的伙伴。当然，教育中的乐趣雅而不俗，益人心智。教育中洋溢着乐趣，才会使学生真正轻松愉快地享受学习，尽兴创造。学生要达到乐学的境界，就需要教师乐教。

第四章

诱疑：好问题成就好策略

核心要点

第一节　诱疑的关键是要有一个好问题

在上课前与同学游戏、玩耍、交流等使许多学生到上课时一下子难以集中注意力，在"三学三疑"支架式深度学习教学模式中，试学诱疑环节的设计意图是第一时间把学生吸引到课堂上，但意图能否真正实现需要一个好问题或者几个好问题，那么什么是好问题呢？

好问题必须有价值，好的问题不是让学生猜答案的问题，不是答案唯一的问题，不是记忆性问题，不是只能引起回忆而不能引起思考的问题。

好的问题应该是学生感兴趣的问题，是能引发学生深入思考的问题，因此，一般应该是开放性的问题。例如："你是怎么想的？""你认为这个怎样？""你是怎么知道的？""你知道其中的原因吗？""你是否确定？""你是否还有其他问题？"

所以，在课堂实践中，评判一个教师是否优秀也可以从提问的质与量来判断。有研究者对名师（专家教师）、新教师的课堂教学进行了比较，其中有一项是对提问的研究，结果表明二者在这个方面存在显著的差异，表4-1-1是具体数据。

表4-1-1　专家教师和新教师在提问和反馈策略上的差异比较

（数据为平均一节课该行为发生的次数）

变量	专家教师	新教师
过程性提问	5.91	1.29
结果性提问	17.42	6.25
学生回答正确，教师表扬	4.26	0.32
得到正确答案后，教师提出新问题	2.93	0.25
把正确答案融入讨论之中	3.25	0.60

续 表

变量	专家教师	新教师
正确答案—无反馈	0.38	0.06
错误答案—教师提出新问题	0.41	0.07
错误答案—过程性反馈	0.28	0.09
其他学生的回答作为反馈	1.00	0.28

（杨翠蓉，《小学数学专家教师新教师教学过程中的认知比较研究》，华东师范大学博士论文，2006）

实例4-1

高三人教版物理"薄膜干涉中的色散"的试学诱疑设计

教师：同学们，日常生活中，我们常看到一些小朋友吹肥皂泡，一个个小肥皂泡从吸管中飞出，在阳光的照耀下，呈现出美丽的色彩。此时，小朋友们沉浸在欢乐和幸福之中，我们大人也常希望肥皂泡能飘浮于空中，形成一道美丽的风景。但我们常常看到肥皂泡开始时上升，随后便下降，这是为什么呢？

实例4-2

景贤学校伍翠仪老师八年级人教版数学"平方差公式"中的试学诱疑设计

教师：有一个狡猾的庄园主，把一边长为x米的正方形土地租给王大爷。有一年他对王大爷说："我把这块地的一边增加5米，另一边减少5米，继续租给你，你也没吃亏，你看如何？"王大爷一听觉得没有吃亏，就答应了。回到家后，王大爷就把这件事对邻居讲了，邻居一听，说："王大爷，您吃亏了！"王大爷非常吃惊。同学们，你能告诉王大爷这是为什么吗？

实例4-3

李老师五年级人教版语文《草原》的试学诱疑设计

李老师课前搜集了大量的草原风光图，在课堂一开始就展示给学生看，然后提出问题：通过观察发现草原有哪些特点，草原美不美，与他们平时生活的环境比较美在哪里，再顺势导入"今天我们和作家老舍一起走进内蒙古大草原，看看作者笔下的草原是什么样子的"。

这样既调动了学生认识草原的积极性，又为学生接下来的学习提供了参照物，加深了学生对草原的美好印象。

🕱 实例4-4

七年级人教版数学"有序数对"的试学诱疑设计

教师：学校准备于明天开家长会，你能否设计一个数字化方案给所有的家长，让家长可以根据手上的数字，轻松找到自己孩子的座位？注意我们这幢楼有6层，每层楼有5个班，其中一层为架空层，是活动场所，二、三层的10个班为七年级，而四、五、六三层楼为八年级，八年级有16个班。

由于"有序数对"的大部分内容在小学时已经学过，本设计中由于有楼层、年级、班级、学号、座位号、座位横竖排的位置等诸多参量可供学生进行定位设计时使用，可以很复杂，也可以很简单，最简单的方案是用（教室号，座位号）来解决的，如（203，12）为二楼203室座位为12号的座位。但也可以很复杂，如用（2，7，3，4，3）表示在二楼的七年级三班横排为4、竖排为3的座位。所以教师的这种引入是开放性的，是与生活息息相关的意义教学，隐含数学中最优化解决问题的思想。就算一些对本节课不屑一听的"天才"学生也会产生认真学一学的念头。

🕱 实例4-5

梁老师人教版七年级语文《老王》的试学诱疑设计

教师：同学们，今天我们来认识一个人，请大家把课本翻到78页，这是他的画像。

先请大家仔细观察这幅画像，思考这个人有什么特点。

学生观察，有的学生窃窃私语，低声讨论。

师：好！请大家停下来，我想听听大家的想法。有想法的同学请举手。

生1：这个人，穿的衣服皱巴巴的，生活肯定不怎么富裕。

师："不怎么富裕"不太准确，应该是相当贫困。你看，他的裤管还短了一截呢！

（学生笑）

生2：他的头发掉光了，可见他身体不好，而且很衰老。

师：是啊！风烛残年啊！

生3：他满脸皱纹，显得很疲惫，很苍老！

师：而且皱纹纵横交错，"沟壑"重重，一张十足的"苦瓜"脸，可见其生活极为贫苦。

（学生笑）

生4：他的眼睛没有眼珠，说明他看不见，是残疾人。

（生笑）

师：是"田螺眼"，你观察得很仔细。

生5：他拿瓶子的那只手皮肤皲裂，说明他很劳累。

师：大家说得很好，如果用一个字或词来概括这个人的特点，你会选择哪个字或词呢？

生6、生7：苦；不幸。

师：我记下这两个关键词。（板书：苦；不幸）我小时候很喜欢读连环画，所以只要看到文中有插图就会细看，我希望大家今后养成这个习惯——关注文中一切细微的东西，这样你就会有很多意想不到的收获。说了半天，这个人是谁啊？

生齐声答：老王。

师：为什么不称"王师傅"之类的？

生：用"老王"称呼显得亲切，没有距离感，就像我们现在喊"老爸""老妈"。

师：说得很好，特别是你举的例子很好。所以你们称我为老师，我备感温馨。

（学生大笑）

师：杨绛先生是作家兼翻译家，能这样称呼一位车夫，说明她很平易近人。今天我们就一起来谈谈杨绛笔下的老王——他是怎么命苦且不幸的。

第二节　如何设计一个好问题

设计问题能有效地激发学生的思维，充分体现学生学习的主体地位。教学中教师设疑时不能设计过于简单、学生不假思索就能回答的问题，但也不能过难，要在学生的最近发展区内设计学生能够理解和解决的问题；设计的问题应具有较大的思维空间，问题与问题之间应存在内在的联系和因果关系。这样不仅使课堂教学富有生命力，而且使学生的思维向知识的深度和广度拓展，有利于提高学生的学习能力。设计课堂问题是师生进行信息交流、教师获得教学反馈、调控教学手段的重要方法。因此，教师只有精心设计好课堂上的每个问题，明确每次提问的目的，把握好提问的时机，有层次、有步骤地向学生提出问题，才能使课堂教学收到最好的效果。

一、问题的提出要贴近学生的生活实际

学生学习是为了满足个体兴趣和需要，所以问题的提出要贴近学生的生活实际。如果课堂教学中提出的问题不能满足学生个人的主体需要，或超出学生的认知水平与实践能力，就会削弱学生在课堂上的主动性，从而导致教学效果不理想。

苏联心理学家维果茨基的"最近发展区"理论认为，太难或太易的问题都没有探究价值。教师设计的问题一定要落在学生的"最近发展区"，这样的问题才具有探究价值。因为这个空间存在于学生的现实水平和潜在水平之间，这个空间不能唾手可得，但又不能怎么跳也够不着，需要努力跳起来方可到手。人的认知水平可划分为三个层次：已知区、最近发展区和未知区。人的认知水平就是在这三个层次之间循环往复、不断转化、螺旋式上升的。课堂提问不宜停留在已知区与未知区，即不能太易或太难。问题太易，则不能激发学生的学习兴趣，浪费有限的课堂时间。如提问的很多问题非常简单，答案仅为"是不

是"或"对不对"之类的问题，虽然看起来是问题引导，但并没有发动学生的思维，实际效果并不理想，还不如教师直接讲授有效率。若问题太难，则会使学生丧失信心，使提问失去应有的价值。

实例4-6

语文人教版三年级下册《卧薪尝胆》试学诱疑实录

（上课铃响了，教师在黑板上写了个象形字"奴"）

师：同学们，见过这个象形字吗？低看头，哈着腰，看见别人来就这样。（动作）

生：守门人。

师：老师告诉大家，这个字原来指女人虽然很听话，可还是被人想打就打，想骂就骂。你们觉得她的日子过得怎么样？

生：过得很苦。

生：从来没有好日子过。

师：这样的女人在古代被称为"奴"，所以奴原指女人，后来也泛指日子过得很悲惨的人。

师：再看这样的人，这样的人和女人又不一样。

师写了"仆"字的象形字。

师：这种人头戴刑具，别人一看就知道是犯罪的人，手里捧着装屎装粪的簸箕。身后插一根羽毛，像长着尾巴，这样的人像什么？

生：像动物。

师：如果别人给你放了条尾巴，你有什么想法？

生：别人看不起我。

生：我会很仇视。

师：今天我们将要学习的《卧薪尝胆》，讲的是勾践夫妇在吴国既当奴又当仆，受尽各种屈辱的故事。

（全班肃然）

这种试学诱疑法设问精巧，看不出一丝设计的痕迹，很快便把学生吸引到课堂中，让学生快速地进入课文，使学生感同身受，产生情绪共鸣。

二、问题的设计要能给学生留下广阔的活动空间

某杂志上刊登了这样一个故事：1998年底，一个美国科学教育代表团到上海访问，希望听一堂中学的科学教育公开课。接待人员安排了一所很有名的重点中学为他们展示了一堂高一年级的物理课。任课教师是一位在全国都小有名气的特级教师。在教学过程中，教学目标明确，教学内容清晰，教学方法灵活，有理论，有实验；教学过程活跃，教师问问题，学生答问题，师生互动，气氛热烈；教师语言准确精练，教学时间安排合理。当教师说"这堂课就上到这里"的时候，下课的铃声正好响起。按照我们习惯的观念，这堂课可谓天衣无缝。随着铃声响起，教室里响起了热烈的掌声，可是听课的美国客人却面无表情。接待人员请他们谈谈感受时，他们的回答大出人们意料！他们反问：老师问问题，学生答问题，既然老师的问题学生都能够答得出来，这堂课还上它干吗？他们认为：学生总是充满好奇和疑问的，他们走进课堂的时候肯定带着满脑子的问题。我们该做的就是帮助他们分析和解决问题，在这个过程中又激发他们产生更多的问题，让他们带着对这些问题的思考走出课堂。

三、问题的设计要能拓展学生深层次的思维空间

新课程教育目标要求学生通过调查、实验、讨论、分析等一系列研究活动，在探究中获得知识技能，发展能力，培养情感，提高思维水平，成为具有创新意识、创造能力的个体。因此，老师在课堂上就要少提"是不是""对不对""是什么"等问题，而应该多提探索类和发散类的问题，让学生在自主、探究、合作式的学习活动中，拓展自己深层次的思维空间。例如，多问些"为什么""你发现了什么"等，这类问题有利于学生在感知的基础上发现问题，有利于学生提高分析问题的能力。

四、多设计有利于培养学生能力的开放性问题

能力培养是在必要的基础知识与基本技能的积累下形成的，没有脱离知识的单纯的能力，而能力培养才是我们教学的最终目的。那么，涉及事实性知识、有着明确答案的封闭性问题，指向教师预设的标准答案，仅仅是知识的简单强化。如果学习与探究仅仅停留在回答封闭性问题的水平上，那么学生运用的不过是低级的思维技能。封闭性问题应该是开放性问题设计的基础，而开放

性问题是答案不唯一或不确定，一般用"为什么？怎么样？"这样的问句，往往需要学生思考、探究、讨论、拓展思维，进行知识建构。为此，我们有必要适当地给学生提一些开放的、没有现成答案的、需要他们经历一番探索才能回答的问题。

自主探究的学习离不开设计开放性问题，在开放性问题的探讨中，学生被置于问题解决者的角度，有利于培养学生获取新知识的能力，以及分析问题、解决问题的能力。而学生的学习过程被设置于问题情境中，学生变得乐于探究，主动参与，勤于动手。

开放性问题设计有这样的特点：没有明显的"正确"答案。开放性问题没有现成的正确答案，因为问题是开放的，就意味着它提供了多种研究和讨论的路线，能够揭示学科内的争论、疑难或前景，目的在于引发讨论，提出新的问题，而不是诱导学生得出教师预期的那个答案。凡是设计得好的开放性问题都能起到激发学生思维的作用，都把逆向思维、争论等作为吸引学生投入持续研究的手段。这些问题应该是充分开放的，能够适应多种兴趣和学习风格，使学生可能得出连教师也未考虑到的独特答案和创造性方法。设计这些问题，旨在培养、发展学生的高级思维能力，并通过具体主题和学科的"透镜"引发对更深入问题的思考与探究，更多地让学生去应用、分析、综合及评价。

五、注意提问方式

不好的提问方式会把一个好问题变成一个劣质问题。相反，好的提问方式可以把一般问题变成好的问题。如同我们经常用"你吃了饭吗"来表示对一个人的关心，如果用"你不会没吃饭吧"，则有可能让听者听出你对于对方的精神状态的不满情绪。好的提问方式能激发学生思考的热情，给学生以支持，提高学生思考的深度。变个方式，我们可以把封闭性问题变成开放性问题，例如，"7是质数吗"变成"为什么7是质数而27不是质数"，"什么是昆虫"变成"为什么骆驼不是昆虫"，"苹果有哪些特点"变成"苹果与梨的区别有哪些"，"什么是朋友"变成"你如何判断一个人是你的朋友"，等等。

此外，还要注重提问策略。例如，提问后不许脱口而出，要等待3—5秒再请学生回答。其间，教师不要反复问问题，更不要插入新的问题，以免分散学生的注意力。这能够促使学生深入思考，也给思考较慢的学生以机会。

第三节　好的提问策略

学生的智慧、潜能往往如宝藏一样需要开采，需要激发。好的老师能使内向不愿表达的学生变成外向学生，口才差的学生变成演讲能手。好的教师总是有一套自己的提问办法，特别是当学生答错时，总是能鼓励、帮助到位，绝不会轻易流露出指责、轻视的神情。

好问题常常要尽可能避免单纯地从记忆层面去设计，这是浅层学习的低层学习，要尽可能从理解、应用、分析、评价、创造层面去提高提问的质量，培养学生对所学知识进行深加工的能力，收到深度学习的效果。

表4-3-1　问题的类型及提问技能

问题分类	思维技能	问题举例
记忆	识别、回忆、再认、提取	还记得上节课讲的有关单摆的特点吗？ 《波茨坦公告》的主要内容和意义是什么？
理解	解释、举例、分类、概要、推论、比较、说明	谁能用自己的话说说你对这部分内容的理解？ 关于"代偿机制"能举个例子吗？ 这个现象和我们以前学过的哪个内容相似？ 草原上如果没了鼹鼠将会发生什么？
应用	执行、实施、贯彻、使用	谁能用我们学过的"割补法"来计算这个图形的面积？ 在这种情况下"牛顿第二定律"适用吗？
分析	区分、辨别、组织、特征提取、解构、结构化	这种现象的本质特征是什么？ 为什么看起来类似的现象最后的结局却大不相同？ 为什么自行车在结冰的路上转弯易摔倒？
评价	核查、评价、判断	这是"民族主义"的观点吗？ 谁能对这个现象进行评价？
创造	假设、设计、计划、创建	如何为电信部门设计一个针对不同人群的富有吸引力的话费套餐？ 如何基于实地调研设计一个富有创造性的地区旅游广告？

实例4-7

李老师的问题策略

李老师借张老师的班上公开课，当他点一名学生回答一个概念性问题的时候，张老师立觉不妙，因为这名同学在张老师眼中就是标准的"后三分之一"学困生，看来这节公开课可能要失败了。果然，这名同学回答得结结巴巴，最终说错了。张老师顿时自责在开课前只向李老师指明了"好学生"，而没有指出哪些学生属于"地雷"。李老师却不慌不忙，请旁边的同学补救一遍，然后再叫这名"地雷"同学回答一遍，虽然还是有点结结巴巴，但明显地见到她在课堂上越来越认真仔细地听课了。李老师在小结阶段，再让这名同学负责小结这一概念，此时她竟非常流利地回答了问题，并且提到了一个要经过深层思维才能想到的命题。李老师又及时对她大加赞扬，在表扬声中她满面春风地坐下了。在这名学生以往近十年的上课中，也许一次这样成功的经历都没有体会过。李老师通过给予她信任和帮助，使她在数学学习中有了这样一次成功的体验，找到了久违的自尊、自信、自觉。

公开课结束后，在场听课的教师对李老师的评价并不高，而我却给了最高分。在我看来，大多数听课教师的负面评价忽略了这样一个问题：学习的本身应是思维的结果，能引发思考的反馈与帮助才是深入一个人内心的至尊课堂。4年后，这名众人眼中的差生在顺利地考入一流的重点大学后写信给李老师，认为初中的李老师是她的启蒙教师。

哈佛大学尼普斯坦教授经过长期研究，提出善问"十字诀"法。

这"十字诀"是：假、例、比、替、除、可、想、组、六、类。

假：就是以"假如……"的方式和学生问答学习；

例：是多举例；

比：比较知识和知识间的异同；

替：让学生多想有什么是可以替代的；

除：用"除了……还有什么"这样形公式启发；

可：可能会怎么样；

想：让学生想各种各样的情况；

组：把不同的知识组合在一起会如何；

六：就是"六何"检讨策略，即为何、何人、何时、何事、何处、如何；

类：是多和学生类推各种可能。

实例4-8

记忆类问题的提问策略

一位教师在"特殊的平行四边形"一节课中，提问道：假如平行四边形一组边垂直（如邻边），四边形的形状可能发生怎样的改变？相等时呢？想一想各种各样的情况。除了边改变，还有什么改变了（如对角线），会有怎样的改变？这些组合条件形成特殊的平行四边形会有什么特征？比较各种特殊四边形的异同点。这位教师利用"善问"十字诀，有效的提问开放了学生的思维空间，摆脱了单一的对话式问答。

实例4-9

理解类问题的提问策略

在学生具备了元素"半衰期"的知识后，数学教师可以提问："科学家能够根据某种元素的半衰期，测定几千年甚至几十万年前的古迹或化石的年代，这是如何计算出来的？"教师可提示学生："我们已经学过的指数函数能解决这个问题，同学们想一想如何计算呢？"

实例4-10

分析类问题的提问策略

生物教学中，教师问学生："为什么春天树叶长出来，到了秋天叶子又落了呢？你们能从光合作用的角度进行解释吗？"

（提示：树叶的绿色来自叶绿素，在树叶中含有大量的叶绿素，此外还包含有叶黄素、花青素、糖分等其他色素和营养成分。春夏两季叶绿素进行光合作用，并使叶子呈现绿色；夏季过后，白天缩短，天气变冷，昼夜温差变化增大，叶绿素合成受阻，并随着天气渐渐变凉而被破坏，像银杏、白杨、桂树等叶子缺少了叶绿素，只剩下叶黄素时，叶子的颜色就变成了黄色）

实例4-11

应用类问题的提问策略

化学教学中，如果学生们已经学习了"物质充分燃烧后产生二氧化碳"这个知识点，教师可以提问："同学们，在一个密闭的容器中，两根一高一低的蜡烛都在燃烧，哪一根先熄灭？为什么？"（提示：二氧化碳比空气密度大）

实例4-12

创造类问题的提问策略

物理教学中，教师可以问学生："在太空飞行器中的'失重'与一个人在月球上的重量大大减轻是一样的原理吗？"在了解失重原理的基础上，教师提问："如何在地面上制造失重现象以对航天员进行训练呢？"

第四节　问题是打开思维的钥匙

学生的思维活动是因遇到了问题需要解决而引发的，学生对遇到的问题有兴趣，才有解决的欲望，才能引起积极思维。当一个学生没有问题时，要么意味着学生已经超越了老师，问也没有用；要么意味着学生已达到了自己阶段性的顶峰，思维已经固化。在西方哲学史上有这样一个故事：维特根斯坦在英国剑桥大学哲学系先后师从于大哲学家罗素和穆尔。有一天，罗素问穆尔："谁是你最好的学生？"穆尔毫不犹疑地说："维特根斯坦。""为什么？""因为在我所有的学生中，只有他一个人在听我的课时老是露出迷茫的神色，老是有一大堆的问题。"维特根斯坦的名气后来超过了他的老师罗素。有人问他："罗素为什么落伍了？"维特根斯坦答道："因为没有问题了。"罗素没有了产生问题的动力与能力，也就走到了教学及科研的阶段性顶点。

问题以现实为基础，把历史和未来联系在一起，把已知与未知联系起来，把理论和实践联系起来，把认识与实践联系起来。人生就是一个不断发现问题和解决问题的历史过程。生活就是由一连串的问题构成的，生活史其实就是问题史。我国著名哲学家张掌然在《问题的哲学研究》一文中说："我问故我在。"说的就是这个理。波普尔提出了"科学始于问题"的著名命题，从而被学术界公认为取代了培根的"科学始于观察"的认识论命题。波普尔的论点是："我们不是从观察开始，而总是从问题开始：从实践的问题，或者从遇到问题的理论开始。"他还指出："科学应该被看成从问题到问题的进步。随着这种进步，问题的深度也在不断增加。"从实践的视角来看，其功能至少体现在以下几个方面：

1. "问题"有助于摆脱思维定式

我们常常会下意识地产生从众心理，有时候思维也很容易受他人或先人之见的影响。一个有意义或引发好奇心的"问题"的出现，往往会造成某种不确定性，使思维重新活跃起来，出现打破定式的可能。

2."问题"促使思维进入"后反省状态"

当一个人碰到自己感到困惑的问题时，他就会受到刺激，会进行反省性探究。因此，思维是从一种怀疑或混淆的"前反省状态"，进入一种满意或以对先前让自己感到怀疑和困惑的情境的控制为特征的"后反省状态"。在这种状态转换过程中，智力活动总是尝试性的，始于问题的提出，终于问题的解决。

3."问题"的解决带来"顶峰"的体验

心理学研究表明，难易适中且富有挑战性的问题足以激励学生向下一阶段发展。在实施探索为本的教育中，要求教师指导学生学会"如何发现有意义、有价值的问题，而不是简单地去寻找答案"。这种对问题的探索与思考，以及"运用交流技巧将研究结果向专家以及不熟悉该领域的听众报告"，将使学生深受鼓励，同时领略一种顶峰体验。这种体验常常由于百思不得其解和长期忍受疑惑的困扰而感受尤其强烈。贝尔纳对此有极为精辟的说明："那些没有受过未知物折磨的人，不知道什么是发现的快乐。"

4."问题"是否可以促使"顿悟"的产生？

阿基米德为了测定王冠含金的纯度，废寝忘食，苦无所得，未料在洗澡时不经意间发现了"浮力定理"。德国化学家凯库勒梦见苯分子像一条蛇咬着尾巴旋转，悟出六个碳原子苯环的概念。人们至今尚未破译"灵感""顿悟"之谜，但是不妨大胆猜测，当某一问题已不受直接注意时，潜意识在某种程度上仍然保持对问题的思索状态。精神高度集中地考虑一个问题，有时可能造成思路的堵塞或误入歧途。而一旦松弛下来，倒可能产生稍纵即逝的思想火花。其实，没有对"问题"的魂牵梦绕、锲而不舍的探究，没有"众里寻他千百度"的执着，也就不可能有"蓦然回首"时的惊喜。

"问题"之于教学有两种，一种是教师提出的问题，另一种是学生提出的问题。教师是否能提出问题，并以问题为核心引领教学的展开，反映的是教师的问题意识。而第二种，学生能否提出问题，并以问题为核心展开探究性学习，反映的是学生的问题意识。

第五节　教师如何提出好问题

一、优质的提问具有的特点

美国著名学者杰姬·阿克里·沃尔什（Jackie Acree Walsh）认为，优质的提问是可以改变课堂生态的，优质的提问要注意以下几个方面：

（1）更少地采取以教师为主导的全班教学。

（2）更少地出现学生被动学习的状态。

（3）更少地出现教师向学生的单向传授。

（4）更少地奖励或鼓励课堂沉默的行为。

（5）更少地把课堂时间用于机械的训练上。

（6）更少地一次性讲授大量的内容。

（7）更少地对事实和细节进行填鸭式记忆。

这些建议给我们一个清晰的观点，那就是，学习是思维的结果，教学提问的关键是教师是否懂得学生必须通过思考来进行学习，是否懂得怎样激发、激励和支持学生的思考。

二、课堂具体表现

但现在的课堂教学有一种通病：教师提出的问题很多，回答得也很热闹。一堂课下来，很少感受到课堂内学生静静思考问题的时间。感受到教师的课堂提问次数很多，但让学生思考的时间很少。从问题类型来看，事实性问题太多，理解性问题极少，引发深层次思考的问题几乎没有。具体表现为：

1. 形式化

有相当多的教师，十分关注提问的数量，把问题化教学当作一种"噱头"，当作一种舞台表演。通常以"是不是""好不好""对不对"为常见形式。美国教育学家杰姬·阿克里·沃尔什博士认为，问题化能够促进学生的学习，提问题总比不提问题要好，但现在没有关于问题的数量是如何影响学生学习的相关研究。他认为，问题的质量比数量更重要，经过认真准备并精心选择的少量问题比提出很多的问题更可取。

2. 表层化

大部分教师所提的问题是有关事实、回忆或者知识性的，处在比较低的认识水平上，而作为高度抽象化的数学学科，相比于其他学科，更需要问题的设计能促进数学知识的深度理解，促发学生对数学认知的迁移。但在现行的中学数学教学中，无论是教材还是教师，都过分地强调了数学课本上那些理论化的问题，学生直接接触的是书本上定义好的、参数明白易寻的问题，而不是从生活中发现和界定问题，也用不着采用各种方法去寻找解决问题的条件，只需机械地重复演练教师所教授的问题解法即可。

3. 教条化

问题的延展性及开放性不足，缺乏数学新课标所倡导的面向创新的教学问题设计。问题所面向的学生只是一些固定的优等生，教师经常会叫一些主动举手或主动回答问题的学生，而这些学生经过一段时间后，往往有固定化的趋势。即使这些经常受到关照的优秀学生，只要遇到开放性的问题，也会经常不知所措。这一点可以从每年的中考或高考数学改卷结果中看出，只要出现与研究性学习相关的题型，学生都会显得力不从心。

第六节　如何让学生提出好问题

一、学生不想提问或无问可提的原因分析

学生在课堂上的表现有部分与年龄、校风班风等因素有关。例如，开放提问环境时，小学生最愿提出各种问题，初中生就少一些，到了高中就更少了。国内有人曾对某校的初三年级学生进行了问卷调查，结果如表4-6-1所示：

表4-6-1　关于学生提问的问卷调查

序号	项目	学生比例
（1）	课堂上经常主动向老师提问	5.7%
（2）	遇到问题能自己找到解决的办法	24.3%
（3）	解决不了问题时放在一边	70.0%

任何一名在教学一线的教师从经验判断上述数据，基本上都会认为其是可信的。中学生的问题意识普遍不强，主动提问的学生所占比例较少，绝大多数学生对自己不能解决的问题抱无所谓的态度基本上是许多学校的通病，当然小学情况会乐观一点。这种现象找一些一线教师细究原因，可能会归结于学生的懒惰心理，都预期教师到时会在课堂上集体讲解，所以主动向教师提问有时显得多此一举，费时费力。具体来说，造成学生问题意识淡薄的原因有两个：

首先是学生的自身因素，无疑可问。传统的结论性教学，教师讲，学生听，学生习惯于教师给出现成的结论或答案，造成学生不善于思考，思维惰性大，问题意识淡薄或没有，不能或不善于提出问题。好奇心人皆有之，由于受传统教育影响，学生虽有一定的问题意识，但由于存在自卑紧张的心理，怕所提问题被教师和同学认为知识浅薄，怕打断教师的教学思路和计划被教师拒绝，所以学生的问题意识没有表现出来，是潜在的状态。

其次是教师因素，主要有：

（1）学生无疑可问，主要就是教师囿于传统的课堂教学模式。教师在满堂灌的教学模式下，只重视对知识结论或结果的传授与掌握，忽视对知识产生、发展过程的展示与探索，也就不符合新课程标准的要求，在只重视知识结论而轻视过程的教学环境中，要培养学生的问题意识是难以奏效的。

（2）无机会可问。教师频频发问，问题跨度小、难度低，或者教师只和个别优等生交流，大部分学生根本没有时间和机会去思考、提问。

（3）教师缺乏持之以恒的决心。要培养学生的问题意识，必须一步一步来，但有的教师把提问当作控制学生的手段之一，使学生产生反感；学生提问后得不到积极的评价，甚至使其难堪，影响其积极性；课堂纪律控制太严，学生不能积极发言；课时紧张，教师舍不得时间让学生提问；教师轻视提问题，认为考试时不考提问题；而有的教师甚至经常回答不了或回答不好学生所提的问题，因此教师自觉不自觉地压抑学生提问，也是造成学生不敢提问题的真正原因。

二、教师如何鼓励学生提问

"过去的成功是我们的财富，过去的错误也是我们的财富。"正确的东西会使人变得更加聪慧，错误的东西也会使人变得更加清醒。实践证明，反省能使人走向成熟，变得深邃，臻于完善。自我反省常常引领一个人步步深思，向自己的因循苟且与昏暗无明挑战，在克服了自我弱点之后终能攀登人生高峰。

如何引导学生提问题，是一门学问，也需要一种支架性的东西来促使我们不断地总结、提升。杰姬·阿克里·沃尔什就为我们设计了一个自我反思表，如表4-6-2所示：

表4-6-2　培养学生问题意识的自我反思表

提问行为	反思的问题
教学生怎样提出好的问题	我有意识地在教学中运用了某些活动来帮助学生成为更好的提问者了吗？ ● 我教给学生元认知技能了吗？ ● 我教给学生普遍的问题主干、问题及提示语了吗？ ● 我给学生提供了机会在教师及同伴反馈下练习如何提问了吗？ ● 我事先设计了活动让学生事先练习如何形成并提出问题了吗？

续 表

提问行为	反思的问题
鼓励学生在需要帮助来理解内容的时候提出问题	我鼓励学生在学习上寻求帮助了吗？ ●我创造了一个没有风险的环境，在这里"不知道"和犯错误被认为是学习的一部分了吗？ ●我和每个学生建立了联系，并让他们知道我随时都乐意帮忙了吗？ ●我帮助学生发展了他们作为学习者的自信了吗？ ●我关注学生内在动机的发展了吗？ ●我运用了异质合作小组，并鼓励学生从同伴身上寻求帮助了吗？
对相关的理念进行反思	我和我的学生在多大程度上认可以下观念： ●学生在困惑或好奇的时候会提出问题。 ●发散性思维是很重要的。 ●并不是所有的问题都只有唯一的答案。

三、让学生利用问题支架来减少提出问题的障碍

有许多教师有这种体验，自己所教的学生为什么就不会提问呢？或者为什么就提不出有价值的好问题呢？其实，学生的提问能力也是需要培养及训练的。教师刚开始鼓励学生自由提问的时候，其实也有很尴尬的，大多数学生无问题可提，能提的学生提出的问题大都是：刚才的练习我不会做，你讲的我没听懂，为什么我就想不到你讲的方法呢？在这种情况下，指责学生是无济于事的，学生能提出问题总比不提要好。解决问题的方式有两种：

1. 把学生的问题从粗犷引向精准

学生有时提出的问题是粗线条的，这时就需要教师进行深层次的引导，努力把话送到学生嘴边，让学生静默沉思优化自己的看法与主张。第一，提问的指向要引导学生达成感同身受，情绪共鸣的效果。第二，要结合语境来理解关键词。第三，问题注重思维的延伸性。例如：

实例4-13

《诚实与信任》中的片段

师：这个故事原来的题目不叫《诚实与信任》，叫什么呢？猜猜看，注意先说关键词再作延伸。

生：课文后面写了给车主打电话，所以我觉得是"打电话"。

生（延伸）：我觉得是"令人难忘的事情"。

师：有可能，"一件令人难忘的事"，但也不是这个题目。

生：我觉得应该是"撞坏了的车灯"。

生（延伸）"诚实比信任比金钱更重要"。

师：太长了。

生："电话里的故事"。

生（延伸1）"歉意与谢意"。

生（延伸2）"比金钱更重要的东西"。

师：再简洁一点。

生："重要的东西"。

……

2. 利用"五何"问题支架训练学生的提问能力

要引导学生学会发现并提出问题，需要教师像上述范例一样耐心并坚持长期训练。训练从易到难，从能提问开始。开始的时候，可以提供引导性的支架的帮助。过一段时间逐步熟练后，可以提供在本书第三章提到的、更有策略意义的"五何"提问支架方式，让学生进行深层次的提问训练。所谓"五何"，即指"是何、为何、如何、若何、由何"。例如，两点的距离的定义是什么？是一个几维空间里的概念？求圆锥侧面上两点的距离时，为什么要把侧面展开成平面图形？不展开能不能求？不展开时会出现什么问题？你见过的类似的求线段长的情况还有哪些？等等。

四、创设使学生敢于提问的氛围

学生的学习不太可能都在同一条起跑线上，他们往往天真、单纯、幼稚，自尊心强，容易受伤害。特别是差生，总是担心自己的问题太简单或问错了，被同学、老师取笑。有些学生不敢提问，有些学生提问的声音极小，有的学生喜欢嘲笑别人的问题。因此，课堂上教师创设一种互相尊重、理解、宽容、和谐的学习气氛极为重要。关于这一点，形成共同的问题行动指南以催化形成共同的思想信念，是十分必要的。

1. 师生共建教学信念

（1）优质的问题能帮助学生进行学习。

（2）所有学生都能对所有的问题进行回答。

（3）所有学生的回答都是值得尊重的。

（4）学生在迷茫或好奇时会提出问题。

（5）所有的学生都有思考或推理的天性。

（6）发散性思维是很重要的。

（7）并不是所有的问题都只有一个标准答案。

2. 教师行为

（1）所提出的问题要清晰、集中和有目的性。

（2）所提出的问题要包括各种认知水平。

（3）在提出问题后注意留白，即会预留给学生充分的思考时间，而不是一问就要求学生回答。

（4）每个学生都有平等回答问题的机会。

（5）允许并鼓励学生提问。

（6）注重深入探究和引导。

（7）鼓励学生与其他同伴进行互动。

（8）在学生回答问题的过程中，认真听学生回答的内容。

（9）有多样化的回答模式。

（10）给予所有回答者反馈。

（11）帮助学生正确进行回答，在必要时给予提示。

（12）保证所有学生都能听到答案。

3. 学生行为

（1）高度重视聆听别人的问题及答案。

（2）思考所有问题的答案。

（3）积极回答并大声提出问题。

（4）在符合自身认知水平的基础上回答问题。

（5）提出问题的时候给予其他同学思考的时间。

（6）在迷惑、好奇的时候勇于提出问题。

（7）不嘲笑、不讥讽别人的问题及答案。

（8）能用协商的语气与同伴探究问题及答案。

五、对问题的反馈方式建立长效机制

有些教师对学生所提的问题超出预期之外时，表现得不耐烦，太难太容易时也不耐烦，就算学生提的问题属正常范围，教师的眼神、语气、表情也看不出有什么肯定的态度。

有的人以为反馈就是表扬，其实出自爱心的帮助与扶持也是一种反馈，建立在尊重之上的表扬是最有质量、最有含金量的。没有人会否认表扬的价值，但这不应该是问题的全部。

杰姬·阿克里·沃尔什教授提出了六种反馈类型，本处结合我国一线的教学实际进行了修改，仅供教师教学时使用，反馈类型表述如表4-6-3所示：

表4-6-3　学生提问的六种反馈类型

类型	适用的情境	反馈的办法
表扬	预留给那些"超出预期之外"或者是高于识记层面问题的回答	赞扬学生正确地回答了问题。语气如"很了不起""非常正确""很有创意""你真棒"等
正面	当学生对相对简单、容易的问题提供了一个完整而正确的答案时	确定学生答案的正确性。只做肯定性称许。语气如"对""回答正确"等
修正	学生的答案不完全正确时，而且当教师给予了足够引导，学生还是不能提供正确的答案时	教师可以再叫一个学生来做补充性回答，在极少数情况下直接告诉学生答案。注意不宜肯定性称许，要让学生清楚地知道自己的答案是不完善的。语气如"你说出了自己的看法，试着找一个伙伴来补充完整""你需要从另一个侧面来完善一下你的论点""除了……还有什么？"
负面	当就简单事实进行学习而学生的答案明显错误无法找到闪光点时，告诉学生，他的答案是不正确的	表明学生的答案是不正确的。教师应立场坚定不含糊地表达出来。语气如"多谢你的回答，但你的答案是不正确的"
批评	慎用、几乎不用，不宜提倡	以批评的方式否定学生的答案，这可能会产生消极后果
忽略	慎用、几乎不用，不宜提倡	学生回答问题后不给出任何评论

有越来越多的学者认为，所有的反馈效能归根到底要看表扬的质量，质量才是重中之重，过分的表扬不但会减弱其有效性，甚至是有害的。应该注意，迄今为止，没有一个学者认为所有表扬的结果都是积极正面的。

美国理查德·凯得斯维特等人认为："表扬的质量是关注的中心。如果只是一味强调表扬的数量，表扬会达不到强化的效果，因而不能实现教师的意图。"表扬应具备以下几个要素：

（1）条件性。表扬必须具备一定的可预期性，满足了某个标准就会受到表扬。遗憾的是，许多教师是没有标准的，或者标准是不严格的，或者是随心随意的。某一天被表扬的行为，在另外一天就得不到表扬。优秀学生回答问题错了，教师也会情不自禁地表扬，导致有些学生怎么做都是对的，而有些学生怎么做都是错的。

（2）具体性。教师的表扬应是具体的，而不是空洞的；是就事论事的，而不是带总结性的、结论性的。教师所表扬的行为，是其他同学经努力后可以做到的，如表扬一个学生品德好、有爱心、聪明等，都过于抽象。

（3）可信与真诚。教师的表扬必须让学生感到是真实的，是有充分依据的，是建立在事实基础上的。同时，教师的表扬必须真诚，出自内心。口头表扬与面部表情、肢体语言必须一致，否则被表扬学生的问题感就会被强化，就有可能被同伴孤立、嘲笑。

第五章

试学：支架式深度学习的起点

📖 核心要点

第一节　尝试学习，让学生成为自己可以依靠的大树

试学就是指让学生尝试学习，是整个支架式深度学习模式的起点。试学就是通过诱疑要把学生第一时间吸引到课堂上，使学生在尝试中获得意义学习的靶向，获得能够成功的机会体验。它是一种以学习者为主体，通过主体不断挖掘自身潜力进行不断的尝试，主动获取知识，形成能力，发展潜力，并实现学习者自身发展需要的学习理念及方式。其实质是反对那种无论任务大小、无论内容巨细都由教师包干的做法。如果教师把什么都讲解清楚了，学生再进行练习、作业就是典型的浅层次学习了，试学是指先由教师提出问题，学生在旧知识的基础上自学课本，依靠自己的努力，通过尝试练习初步解决问题。试学结束后教师根据学生尝试学习中出现的困难点、痛点、易错点再组织合学思疑，最后由教师进行有针对性地对困惑全班同学的普遍问题进行精准式的导学解疑。

决定学生尝试学习能否成功的因素很多，包括学生的主体作用、教师的指导作用、课本的示范作用、旧知识的迁移作用、学生之间的互补作用、师生多向的情意作用和教学手段的辅助作用等。因此尝试学习成功了当然可贺，但失败也是可贵的，通过经历尝试—错误—再尝试—再错误从而使错误率逐渐减少、成功率不断增加的过程也是一种可贵的尝试学习。这种学习获取知识主动性、形成能力的效能往往也是最高的，是深度学习的重要表征之一。

其实说到底，成长的过程原本就是一个不断"试错"的过程。没有人天生内心强大，任何一次困难和挫折，都是最好的学习成长机会，都教会了我们怎么面对和处理问题。有一种学习只有经历了才能学到，有一种成长只有体验了才能知道。没有人想做错事，但有犯错才能有收获。

所以，尝试学习就是要不纠缠对错，专心谋求自身心智成长；就是要在自我的后悔和责备中逆行；就是要我们努力做到让自己所做的事是在当时的环境、能力、心智等条件下做出的最好选择。我们需要问自己的是：在这件事中，我收获了什么？今后如何做得更好？

关爱自己，接纳自己的不完美，不用别人的成功来绑架自己，不把对错作为自己不够好的证据，不攻击自己，像最好的朋友一样关怀有各种情绪的自己，持续成长。方法总比问题多，坚持让学生每天用一段时间来试学，来静观自己的内心，让自己成为自己可以依靠的大树。

尝试学习的理论依据，可以从哲学基础、教学论基础和心理学基础三个方面进行分析：

（1）从哲学角度看，辩证唯物主义的认识论要求重视学生在教学中的实践活动，使学生获得知识，发展思维，培养能力。尝试教学法充分发挥学生在课堂教学活动中的主体作用，一开始就要求学生进行尝试练习，把学生推到主动的地位；尝试练习中遇到困难，学生便会主动地自学课本或寻求教师的帮助，学习成为学生自身的需要。

（2）从教学论角度讲，尝试教学法符合现代教学论思想的要求，改变了传统的注入式教法，把知识传授和能力培养统一起来，引起了教学过程中一系列的变化，如从教师讲、学生听转变为在教师的指导下，学生自学、先练，教师再讲，从单纯传授知识转变为在传授知识的同时培养能力、发展智力，等等。

（3）从心理学角度讲，尝试教学运用了心理学中的迁移规律，重视学生已有的旧知识和生活经验在新知识学习中的作用，使先前的知识结构改组，结合新学得的知识，使学生形成能容纳新知识的更高一级的新知识结构。

第二节　试学目的及意义

试学不是放手，不是由学生漫无目的地乱学，没有目的的试学是放羊式的胡乱学习，是一种没有意义且不负责任的教学行为。

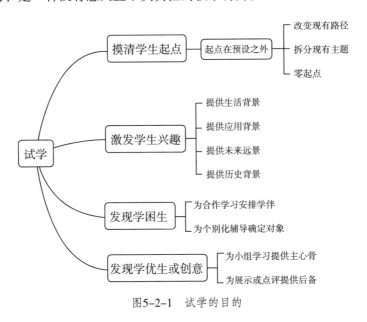

图5-2-1　试学的目的

一、试学的目的有四个

1. 摸清学生的起点

如果学生的知识起点在预设之外，那么要么改为零起点；要么拆分现有新授课的主题，原计划的一节课任务改为两节或更多节来完成；要么改变预设的授课方式，另辟蹊径达成学习目标。

2. 发现困难生

在试学阶段，教师要对全班进行无死角的监视，要进行快速的巡视，以发现在试学阶段出现学习障碍的学生，即时修改原定设计，为其在合作学习中所在的小组安排好学伴，如果无法安排合适的学伴，可以即时对小组的设置进行微调以达到目的。当然，对于特殊学生，教师也可以确定为自己在合学阶段重点辅导的对象。

3. 发现优秀学生或发现学生的创意

学生试学中，教师肯定会发现一些学生提出的问题有创意、学习进度特别快、学习的准确度特别高、学习的障碍不大，这种学生是重要的资源，是教师在合学阶段重点依靠的对象。前章说过试学阶段学生的任务是自行消灭小问题、简单问题，而合学阶段的任务是要通过小组合作学习中的互帮互助消灭一般问题，事实上，互帮互学更多的是优秀生对学困生的帮助。所以小组中有没有可匹配的优秀生可以一对一地对学困生进行帮扶，才是试学阶段教师要重点思考的问题。

4. 激发学生的兴趣

没有兴趣就没有深度学习的发生，教师可以用来激发学生的手段主要有：

（1）提供知识发生的背景，让学生了解知识发生的源头是什么，出于一个什么样的事实。如果是语文、地理等文科，人物介绍、历史背景也是知识背景中最重要的一环。

（2）提供应用背景，让学生了解在生活中有什么应用案例，有什么具体呈现。如果是数学、物理、化学等理科，就是应用题型。

（3）提供未来远景，知识的远景分析有展望未来的性质，往往能提高和丰富学生的想象力，对学生的学习兴趣有直接提振的效果。

二、试学的意义

1. 喜欢尝试是人性的本能

尝试是一种带有深度学习意义的体验，幼儿通过到处爬，来不断地试探这个世界。幼儿喜欢扔东西，拿到什么扔什么，这也是一种尝试，扔下去会不会发出声音？扔出去会不会动？小孩喜欢试探周围的世界，把玩具拆开，试探从玩具中找出哪里发出的声音。有人认为培育幼儿有两件事是最成功的，一件是学会说话，一件是学会行走，按理说这两件事是十分困难的，是人和动物的区别所在。可是家长并没有刻意去教，是幼儿在尝试中学会的。当幼儿能站立的时候，最笨的妈妈也知道要放手让他自己试着走，一步、两步，跌倒了，家长把他扶起来，重新让他试着走。看来，尝试是人的本性。尝试也应该是学生的权利，教师应该保护和尊重学生进行尝试的权利。幼儿经常会问"为什么"，提出许多稀奇古怪的问题，刚进小学后热情不减，所以在低年级仍能见到学生积极提问的生动活泼的场面，可是随着年级的升高，这种热情逐渐没有了。因为在教师一声声的训斥中，这种热情逐渐被磨灭了。在教学中，增设让学生试学这个环节，顺应了人愿意尝试的本性，合乎人的发展规律，有助于培养主动进取的创造性人格。

2. 走一步看三步，尝试是最有效率的行为

教学中设置尝试环节，会不会浪费时间？会不会影响教学进度？如果学生自学能力较差，对新的教学方法还没有适应，肯定会多花一点时间，这个代价是否付得起？这些问题是教师设置试学环节时的心理障碍，但从教学管理意义上而言，这是应用一种新教学法难免要经历的一个阶段。有些教师总是习惯于"教师讲、学生听"的传统方法，总觉得教师应该把什么都讲清楚后学生再练习才放心。这绝不是达成深度学习的有效途径。

其实对于上述问题，用一个生活中常见的例子就可以解释清楚。比如，寻找一个陌生的地点，有三种走法：第一种，不动脑筋随便跟着人走，当时虽然一切很顺利又很省力，可是离开别人的帮助，自己再去走，又不认识了。第二种，自己摸索找路，找人问路，当时虽然费时较多，也可能会走弯路，但走了一遍，不会忘记。第三种，先学会看城市地图，然后按地图的位置和路线找到目的地。第二种、第三种都是尝试学习，但深度学习意义下的尝试学习主要指第三种，起初也一样要费时一点，因为去同一个地点，可能会有几条不同的路线，这种尝试学习又有一个优选法的策略问题。但是一旦学会了第三种方法，不管去什么地方都能迅速找到最简路径。尝试学习好比是第三种走法。它不仅使学生学会知识，更重要的是在学会知识的过程中培养学生的自学能力，掌握思考方法，发展智力，具有举一反三、触类旁通的特点。有了这种能力，不要看现在慢了一点，以后就可以超过别人。一位教育家说得好："知识是可能被遗忘的，但能力不会被丢弃，它将伴随你终生。"作为一个清醒的教育工作者，不能只顾眼前省力，目光要长远一些。教师要像打仗一样，用战略的眼光看问题，要走一步看三步，不要为眼前一城一池的得失而灰心丧气。当时好像绕了弯路，实际上是避免后来走更多的弯路。当时好像放慢了脚步，事实上是为了后来走得更快。

3. 试学，是学生自己获取知识过程的保证

试学时的一个顾虑是：教师还没有教，还没有讲解，就让学生先做尝试题，对优秀生来说不会有什么问题，中差生是不是会有点难以适应？

其实中差生更需要试学，他们的学习成绩提高的幅度会更大。国内学者邱学华等进行过尝试教学法的实践，在一次关于尝试学习的学生座谈会上，学生的发言很发人深省："以前，我们听老师讲课，摸不着头脑，糊里糊涂，到做练习时发现困难，已经下课了，我们不敢再问老师。现在做尝试题，知道困难在哪里，再听老师讲就清楚了。""以前，老师要我们看课本，我们不知道从哪里看起，现在为了做尝试题，看课本特别认真，容易看得懂。""先让我们试一试，做错了也不要紧，再听老师讲，这种办法好，我们学起来很有劲。"有些教师以为中差生理解能力差，采取一味迁就的办法，把知识嚼得很烂喂给他们。越是这样，他们越是不肯动脑筋，越是觉得没有兴趣，越是无法提高学习效果。

其实，中差生也具有自尊心、好奇心、好胜心。他们对嚼得很烂、烦琐的讲解也会感到厌烦，这好比天天吃同一种菜也会倒胃口一样。学会看书，学会思考，这正是中差生最缺乏的东西。学生自己获取知识的过程，是教师讲授所无法替代的。试学能引导学生主动地自学课本，促使其进行思考，恰好能对症下药，解决中差生的根本问题。

4. 基于深度学习的试学，是提高试学成功的保障

有一个顾虑是，如果学生尝试做错了，会不会让错误先入为主？持这种观点的人认为老师还没有教，学生先做尝试题，如果做错了，这不是让错误的印象先入为主了吗？这样不就形成了负迁移吗？

这里必须分清两种性质的尝试，一种是盲目的尝试，另一种是有指导的尝试。20世纪初，美国著名心理学家桑代克曾提出"试错说"，他认为尝试错误学习可以在没有模仿的情况下进行，自己去尝试，在犯了许多错误之后，逐步纠正错误，从中学会知识和技能。这种尝试过程，多少带有一点盲目性。尝试教学并不是盲目的尝试，而是有指导的尝试。我们创造了三个条件，使学生有可能尝试成功。

第一个条件：旧知识的基础作用。一般教材对学生来说不会完全陌生，而是七分熟、三分生。这样学生可以用"七分熟"的知识作为基础，去探索尝试"三分生"的知识。

第二个条件：准备题的引导作用。尝试题并不是突然出现的，而是由准备题过渡到尝试题，准备题是旧知识，尝试题是新知识。由准备题过渡到尝试题，按心理学的观点就是产生知识的正向迁移作用。

第三个条件：课本的示范作用。学生自学课本，可以通过类比推理去解决尝试题。从实践观察来看，学生通过自学课本后，尝试题的正确率一般都在80%左右，20%左右的中差生会发生错误。但是通过学生互相讨论、教师讲解，学生能够很快发现错误，纠正错误，再对错误进行有针对性的练习，一般是能当堂解决问题的。

第三节　试学的基本过程及操作要领

　　学生试学的顺利与否，关键是诱疑能否成功。教师在课前要通过文本、视频、生活现象、背景（含语文课中的写作背景）等丰富的材料，提出主问题，出好尝试题，以问题带问题的方式，诱发出学生的学习问题。尝试题主要包括尝试阅读、尝试练习和尝试操作等形式，在科学、物理、化学等学科中，操作最好是仿真实验，以减少实验带来的危险性。学生第一次尝试结束后，要收集好学生尝试学习中碰到的问题，针对学生的困惑，让学生进行第二次尝试，尝试办法有再读教材、再研学案、以邻桌为对象或上网搜索的提问求教、动手操作等。

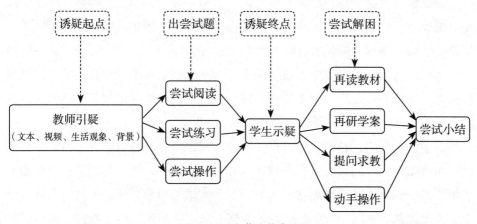

图5-3-1　试学的基本流程

具体说来，尝试学习由以下几环构成。

一、教师引疑

　　提出尝试问题。可以是口头或书面形式的，但问题必须是具有统领性、全局性的。可以是教师通过标题、视频、生活现象等引出问题，也可以是把教学目标问题化、试题化后将重点、难点、痛点、困惑点化为问题，让学生进入问题的情境之中。思维始终是由问题开始的，有了需要解决的问题才能激活学生的思维。问题是教学的基础，也是促进师生交往的核心。引疑中的问题学生可能会尝试回答，但教师不要急于评价，可以直言是否正确请学生学完本节课的知识内容后再来判断。引疑的另一个作用是对解决尝试问题所需的基础知识先进行准备练习，然后采用"以旧引新"的办法，从准备题引导出尝试题，发挥旧知识的迁移作用，为学生解决尝试题铺路架桥。

二、出示尝试题

这一步是提出问题，为学生的尝试活动提出任务，让学生进入问题情境之中。尝试题出示后，必须激发学生尝试的兴趣，激活学生的思维。可以先让学生思考并相互讨论解决方案。一开始就要求学生进行尝试练习，把学生推到主动的地位；尝试练习中遇到困难时，学生便会主动地自学课本或寻求同伴的帮助，对后续的合学及教师的导学，就形成了目的性。这种情况下学习就成了学生自身的需要。

尝试练习根据学科特点有多种形式。教师要巡视，以便及时掌握学生尝试练习的反馈信息，对学习困难的学生进行个别辅导。学生在尝试中遇到困难，可以继续阅读课本，同学之间也可互相帮助。

出示尝试题后要布置学生自学课本，为学生在尝试活动中自己解决问题提供信息。出示尝试题后，学生产生了好奇心，同时产生了解决问题的欲望，这时引导学生自学课本就成了学生切身的需要。

自学课本之前，教师有时可提一些思考问题做指导，自学课本时，学生遇到困难可以提问，同桌也可互相商量。通过自学课本，大部分学生对尝试题有了解答办法，时机已经成熟就转入下一步。尝试练习中会出现不同的答案，学生会产生疑问，这时引导学生讨论，不同看法可以争论，学生在此过程中开始尝试讲道理，之后学生需要知道自己的尝试结果是否正确，之后的合作学习及教师讲解也已成为学生的迫切需要。

提出学尝试题是尝试学习的起步，起步的好坏将会影响全局，所以编拟、设计尝试题是尝试学习的关键一步，是备课中应当着重考虑的问题。试学环节同其他教学法引入环节的区别之一，就在于有尝试题引路，这是支架式深度学习模式上课的重要标志。尝试题的作用主要有以下三个方面：

（1）让学生明确本节课学习的内容和要求。

（2）使学生产生好奇心，激发学生自学课本的兴趣。

（3）通过尝试题的试做，引发学生学习中产生更多的问题，获取学生自学课本的反馈信息。

三、学生示疑

学生要把试学中碰到的问题或产生的困惑进行整理，交给合学阶段的小组长。如果学生产生不了任何问题，要么是教师通过以问题带问题的诱疑是失败的，要么是本节课过于简单，教师不用多费口舌了，可直接跳到反思内化阶段，进一步把知识内化熟练一下即可。

四、解困尝试

学生通过再读教材、研读导学案、同伴交流、动手操作、网上搜索交流等形式尝试解决问题。同伴交流只限于同桌或邻桌间，跨位或超过两个人之间的交流要放在合学中的小组合作学习环节进行。在这一环节中，教师应快速巡视，提醒讨论交流中的学生放低音量，不要影响其他学生的独立学习。注意聆听学生讨论、交流，对学生的成功策略、成功结果及成功后的喜悦进行及时、恰当的小声量的肯定，还要根据学生的讨论适时地提出注意点或进行有针对性的练习。

如果经过学生同伴之间的讨论，部分较简单的问题得到了反馈矫正，时间充裕时可以进行第二次尝试练习，再一次进行信息反馈。这一步对学困生特别有利。第二次尝试题应与第一次不同，或稍有变化，或采用题组形式，之后以对答案的形式进行快速补充。当然，较复杂或涉及本节课主题的问题，可以留在合学阶段或导学阶段解决。

五、尝试小结

这里的小结是学生的自我小结，这是尝试学习的最后一环，也是合学的起点，学生的小结是合学中讨论交流的重要源泉。重点是学生有哪些疑问已经解决了，在与同伴的交流中是如何解决的；有哪些问题与同伴交流后还是没有解决，需要通过小组合作学习来解决。

实例5-1

小学数学"圆的面积计算"诱疑

师：前面我们认识了圆，学习了圆的周长，今天学习"圆的面积"。

师：看到这个课题后，你们会想到什么？这堂课要解决什么问题呢？

生1：这堂课我们要学习圆的面积是怎样求出来的。

生2：学习圆的面积公式。

师：你们知道圆的面积公式后，还想到了什么问题？

生3：圆的面积公式是根据什么推导出来的？

师：对！刚才这几位同学跟老师想的一样，这堂课我们要解决两个问题：

（这是尝试题，出示小黑板上的板书，学生齐读）

1. 计算圆的面积公式是什么？

2. 这个公式是怎样推导出来的？

评析：这种揭示题，设计新颖，启发学生自己提出教学要求，这样既创设了问题情境，激发了学生学习的兴趣，又使学生明确了这堂课的教学目标。

第四节　试学阶段教师的指导策略

学生的试学不是盲目的，而是在教师指导下的有目的、有步骤的试学；教师不但要在学生试学过程中进行指导，而且在学生的试学前和试学后，都必须认真指导。学生主体作用的充分发挥，也要依赖于教师的指导。学生的试学和教师的指导这两方面是相互依存、紧密联系的。只要充分发挥教师的指导作用，就会使学生的试学有法可依、有章可循进而获得成功。因此，充分发挥教师的指导作用，是保证学生试学成功的关键。教师进行试学指导的策略主要有：

一、统筹分配，相机指导

围绕学生的试学活动，教师在课堂上进行的试学指导分为三个阶段。

在学生试学前，教师要认真进行试学教学设计，规定学生试学的步骤，编拟热身题和试学题，指导学生自学教材或导学案，要设计指导语或提出自学思考提纲。

在学生试学中，教师必须巡回指导，了解学生的试学情况，特别对差生要进行个别辅导，帮助他们完成试学任务。

在学生试学后，教师可以组织学生两两讨论，启发学生试讲道理，判断试学的正误，对正确的答案进行强化，对错误的答案进行矫正。根据学生尝试练习的情况，教师针对个别学生经两两交流后仍感到困难的地方、教材关键的地方进行点拨，以确保学生系统掌握知识。对较多同学困惑的地方，留在合学或导学阶段解决。

试学指导的关键在于做到启发有方，指导有度。既不忽视教师的指导作用，又不让教师包办代替，要恰到好处。要做到如孔子所说的"不愤不启，不悱不发"，当学生遇到困难时，真正需要帮助时，教师再进行指导。这当然有一定的难度，如果能恰当地处理，真正做到"启发有方，指导有度"，这才是教学的艺术。

二、优化试学心理

面对试学问题，不同的学生其心理感受是不同的，有的学生属于冲动型，还没有细细辨明试学的问题和条件，还没有对试学方案进行初步规划就贸然采取尝试行动。对于他们，教师需要帮他们降降温，说明缺乏分析冒冒失失的危害，引导他们以更加审慎的态度展开尝试学习。有的学生属懦弱型，对教师或优秀生有强烈的依赖，总是不敢去试学，怕承担试学的风险，面对试学问题犹犹豫豫，无所适从。对于他们，教师则需要给他们鼓鼓劲，说明大胆试学虽然有风险却意味着有新的发现和突破。对于各类学生，不要只看到消极不利的一面，也应发现积极有益的东西，引导他们以更加放松的态度展开试学学习。

在学生进行试学时，教师应当努力给学生提供安全、自由的学习环境。比如，在学生小组学习讨论时，教师要走下讲台，俯下身子，加入他们的讨论，认真倾听学生的发言讨论；在学生表达见解时，教师要全神贯注，凝神倾听，带着欣赏的目光，注视学生，让学生感受到：我正在认真听你说话；对学生的试学学习要保持耐心，允许他们犯错，包容和理解他们的情感和表达方式；在课堂讨论交流中，教师要注意从学生内心深处捕捉到他们情感体验的细微变化，鼓励他们"再试一试，再想一想，再说一说"，于不经意间巧妙地加以引导，给予纠正，让学生在轻松愉快中树立自信，掌握知识。

三、变化试学条件

试学学习是有难度的学习，每个学生的学习状况又是存在差异的，所以学生的试学活动不可能都进行得一帆风顺。针对不同年级的学习状况，一般有三种应对措施：

1. 增加条件

有的学生阅读课本后仍然打不开解题思路，教师可以允许他延长阅读课本的时间，或者对他的阅读给予更多的提示，帮助他掌握解决问题的关键，也可以再提供其他的辅助材料让他进行再次研读。

2. 减少条件

面对试学题，如果学生借助头脑中已有的知识经验就可以独立解决，教师可以允许学生跳过自学课本这一步。减少一定的学习步骤或撤去一些辅助措施，以促使学生展开更加自主和深入的学习活动。

3. 替换条件

如果学生借助已有的试学条件仍然无法有效解决试学题，教师除了考虑增加条件外，也可考虑用更加适宜的其他条件进行替换。

四、调控试学行为

教师要眼观八方，在个别学生处停留时间不能太长，同时眼睛要有余光对全班进行高度警戒注意。对学生在试学学习中暴露出的不当行为，教师一般要及时做出调控，防止对学生的学习活动产生更大的负面冲击。

五、指导试学方法

学习有一个方法问题，方法不对就会浪费宝贵的学习时间，影响试学学习的质量和效率。试学教学特别注重培养学生的学法思维，引导学生掌握各种学习方法。指导试学方法要做到以下五点：

1. 适时

即要在恰当的时候进行指导。在学生最需要指导时，不失时机地给予指导，可以获得最大的效益。在实际教学中，教师应注意不要介入得过早，以致阻碍了学生本可以自主发现的机会，也不要介入过晚以致让学生过久地处于无助状态甚至陷入困扰之中。

2. 适度

指导不是完全的告诉和给予，要防止不必要不应该的指导，以免剥夺了学生从试学错误和教训中学习的机会；也要防止不够充分的指导，以免学生感到手足无措。

3. 适当

即指导方法针对性要强，往往表现在教师给予学生的指导与学生期待得到的指导的一致性上，必须从学生的实际出发，做到有的放矢。因此，教师在指导时要紧紧围绕学习目标提供支持性材料，并结合学生的兴趣给予指导。

4. 适合

根据活动主题的特点和该年段学生的特点，采取恰当的方法进行指导。所谓"因材施教"，区别对待，"一把钥匙开一把锁"。

5. 适应

既关注学生的需要，尤其是心理需求，又不能由于学生在接受了指导后效果不明显或出现反复就失去耐心。

六、回应学生质疑

学生在试学活动中，对试学的目标、条件、方式方法及试学中新出现的新问题、新变化很可能产生各种疑问。这些疑问能否得到及时的解答，直接关系到学生的学习质量。显然，教师的指导也体现在对学生各种疑问的回应上，教师可以直接回答，也可以采取引导学生自问自答，或转由其他同学帮助回答，或引导大家评议等方式，当然，也可以留在合学或导学阶段再回答。不管采用哪一种方式，都一定要注意保护和鼓励学生的质疑精神。

第五节　试学阶段教师的组织策略

出示试学题是诱导学生自学课本的手段，试学练习则是检验自学的成果。试学就是为了让学生解决大部分较简单的问题。表面上看来都是学生自己的问题，但如果教师的组织不到位、不讲策略是收不到良好效果的。

一、抓准反馈信息、精准判断

搞好"试学练习"这一步的关键，在于教师要及时掌握学生的反馈信息，主要有以下几方面：

（1）学生做试学题正确与否？

（2）错在哪里？有几种错法？什么原因？

（3）学生对本节课的教材内容哪些理解了？哪些还有困难？

（4）学习有困难的学生做试学题的情况如何？困难在哪里？

因此，这一步并不是教师休息片刻的机会，而必须通过巡视等手段掌握来自学生的信息。

二、讲究练习形式

试学练习的形式，一般请几名学生（学习程度不同的学生）板演，全班同时练。板演的结果，最好是有做对（不同方法）的，也有做错的，为下一步的学生讨论提供材料。在实际教学中发现预先指名板演，有两个缺点：

（1）预先指名板演，可能会出现全做对了或全做错了的情况，得不到预想的结果；

（2）学困生可能参看优秀生的板演，产生照抄的现象。

为了避免上述缺点，可以采用两种办法：

（1）预先不指名板演，让全班学生同时开始练习，教师在桌间巡视，然后根据教学需要，选择几名学生把解题步骤抄写在小黑板（或白板纸）上，以便大家讨论。

（2）同上面的办法基本相同，但不是抄写在小黑板上，而是直接写在练习本上，教师根据教学需要挑选几本练习本，借助实物投影仪放映出来，提供给学生讨论。

三、调配练习任务

"试学练习"除了做试学题外，根据教材特点，也可选择动手操作试学、进行试学表演、试学讲解做法等练习任务。如果长时间练习，学生会产生厌学心理，要想让学生在和谐的氛围中掌握知识，必须克服这一不利因素。比如，在试学练习过程中巧妙运用多样化的题型，设计必答题、风险题、抢答题、挑战题等，以竞赛游戏化的组织形式吸引每一个学生。给全班学生按实力分组，以组长的名字命名。试学练习时以学生板演为主，板演的学生自觉积极地走上讲台，下面的组员齐心协力。这样，学生个个争先恐后，以高度的集体荣誉感和浓厚的兴趣形成了一种人人为集体添光彩的良好风气。

四、关心辅导学困生

试学练习是学生解决问题的中心一环，学生个别差异造成的矛盾尤为突出，学优生很快就完成了，学困生却遇到困难步履蹒跚，这时正是辅导学生的最好时机。当一个人最需要帮助的时候，他的态度是最虚心、最愿意听取别人意见的，这时给予他及时的帮助等于雪中送炭，他会"感激不尽"的。教师在课堂巡视中，要特别关注学困生试学练习的情况，发现他们有困难应及时给予适当的辅导。辅导的方式视情况而定，有的要耐心讲解，有的只需稍加点拨。

另外，还可发挥"兵教兵"的作用，学困生和学优生结对子，由学优生负责帮助学困生。学生之间有共同语言，对于同学的辅导更容易接受，更能听明白。

对于转化学困生，传统做法大都是"课外补课"，这种做法加重了师生课外的负担，对学困生有心理压力，他们不太愿意接受，甚至会形成逆反心理，因此收效甚微。现在采用课内及时辅导，把"课外补课"改为"课内补课"，这种策略的转变情况就大不相同了。课内补课考虑了学困生的心理感受，他非但没有压力，反而乐意接受，针对性强，补在要害上，当然效果大增。

第六章

合学思疑：支架式深度学习的生长点

核心要点

合学思疑的定义及目的

什么状态下的合学效果最好？

合作力：没有完美的个人，只有无敌的团队

合学：从学生的改变到教师的改变

怎样有效地开展合学活动

第一节　合学思疑的定义及目的

一、合学，犹如远行，独行急，众行远

合学思疑是支架式深度学习教学模式的第二个阶段，是支架式深度学习的生长点。其中的"合学"是指合作学习，是20世纪70年代兴起于美国的教学策略。它是针对学习的组织形式而言的，指学生按不同的能力、兴趣编成团队或小组，共同完成学习任务的互助性学习。

小组合作学习是目前世界上许多国家普遍采用的一种富有创意的教学理论与方略。由于其实效显著，被人们誉为近十几年来最重要和最成功的教学改革。各国的小组合作学习在其具体形式和名称上不甚一致，如欧美国家叫"合作学习"，在苏联叫"合作教育引"。我国的新课标中明确规定，动手实践、自主探索与合作交流是学习的重要方式。

合作是人类最为重要的品质，迄今为止，诺贝尔奖授予了758位科学家和18个团体，有的诺贝尔奖获得者和团体不止一次获得此奖。据调查资料，30年前诺贝尔奖获得者中，团队合作的只占10%，而现在，团队合作取得成就的比例已达60%。因为合作研究而获得诺贝尔奖的占全部获奖者的百分比在20世纪逐年上升：

1901—1925年是41%（75人）。

1926—1950年是65%（89人）。

1951—1972年是79%（122人）。

总计是68%（286人）。

美国的《化学文摘》统计化学论文作者，1910年，作者为一人的80%，二人以上的20%；1963年，作者为一人的32%，二人以上的68%。

学生是未来社会的主人，他们更需要合作的精神和合作的能力。

二、思疑：思维是灵魂的自我谈话

思维决定行为，行为决定习惯，习惯决定性格，性格决定命运，正如古希腊伟大的哲学家柏拉图（公元前427—公元前347）所说"思维是灵魂的自我谈话"。思维就是我们内心深处的思想碰撞。

人的思想是万物之因，播种一种观念就收获一种行为，播种一种行为就收获一种习惯，播种一种习惯就收获一种性格，播种一种性格就收获一种命运，说到底就是"思维决定行为"，思维实是改变命运之根本，要改变自己就要从思维开始。

学习也一样，思维无疑是学习之本。"思疑"本质上是指思维的一种状态，是指学生对试学中产生的问题进行思考、寻求问题产生原因的一种思维状态。"合学"的目的是"思疑"。在试学阶段学生通过独立思考自行解决试学中产生的简单问题后，合学思疑阶段的任务就是通过有效的合作学习，互帮互学，集中集体智慧用学生最能接受的方式解决教学目标中的较难问题。

合学思疑的目的是，使每一个学生被他人关注，让学生人人参与，提高学生的课堂参与度。在集体智慧中互帮互学，取长补短，避免课堂中学生精力的流失，通过"兵帮兵、兵练兵、兵强兵"的途径提高课堂学习效率。

合作思疑的关键是，要让学生"沉静思考，自由交流，自主合作，有序展示"。如果在没有老师的引导下，能质疑，能点评，能总结，能创新，这样的课堂就是富有生机、灵动的课堂。学生合作自由、互动积极，展示自信了，行为优雅了，参与快乐了，学习自主了，成绩自然就提高了。合作学习的非智力目标为：①让学生学会搜集资料；②让学生学会表达观点；③让学生学会讨论问题；④让学生学会合作进步；⑤让学生学会处理关系；⑥让学生学会承担责任；⑦让学生学会友好争议。

实例6-1

教学《颐和园》的合学思疑

在讲授《颐和园》这一课时，游老师的教学过程如下：

［试学诱疑］课前布置学生试着学《颐和园》一文，把生词查好拼音，反复读熟。还要在网上或书籍中查找资料与《颐和园》一文进行对比，找出并记

录下一些学习过程中形成的个人困惑，需要注意的是有些困惑很浅显，多看两遍资料自己就会了，这样的问题就要在记录中剔除。

[合学思疑] 一上课，游老师要求以小组为单位，交流一下同学们所记录的困惑，小组中学生可以解决的就立刻在小组内解决；大家都不会的或者大家似懂非懂的困惑记录上交。有些困惑是几个人都有的，作为重复性的只能提交一个。

上课时，游老师打开电脑，点击教学光碟，鼓励学生上台给大家当"导游"，领着老师、同学们游览颐和园。在老师的声声鼓励和同学们的掌声中，廖同学大胆地走上台，利用电脑，展示颐和园的画面，并利用自己课前查阅资料所掌握的有关颐和园的知识给同学们讲解。稚嫩、童趣的话语，优美的颐和园画面，构成了一幅绝妙的课堂风景。学生的学习热情更加高涨；到了允许各小组提问的环节，大家踊跃发言，提出自己的疑问，表达各自的观点。

有的学生问："我们组有问题想请问小导游，长廊为什么会有'画廊'之称呢？"

廖同学像模像样地说："这个问题我能帮你解答。因为长廊的横槛、栏杆上都画有各式各样的画，所以有'画廊'之称。"

有的学生问："我们小组想知道，作者在写长廊时，为什么要写长廊两旁的花木，昆明湖上吹来的风呢？"

小导游对此一一做了回答，个别学生举手做了补充。

[导学解疑] 游老师从提问学生的表情看到了他们对这些回答不是很满意。于是，游老师站出来范读了第三自然段的内容，然后让学生齐读。

这时，提问的学生马上举手说："我明白了，作者写长廊两旁的花木和从昆明湖上吹来的风是为了衬托长廊更美。"游老师肯定了他的回答，并表扬了他敢疑、敢问、乐学、好学的精神。接着，游老师鼓励学生继续提问。话音刚落，学生们的小手高举，问题越来越有难度。

有的问："万寿山上有哪些建筑物？""游船、画舫在湖上轻轻滑过，几乎不留一点痕迹，为什么用滑冰的'滑'，而不用划船的'划'呢？"……学生们的一个个问题和一次次争论，把一节课推向了高潮，学生的学习兴趣盎然，课堂气氛活跃。

就这样，在课堂上，游老师大胆放手让学生试学、互学，必要时教师导学，鼓励他们发表不同见解，让学生自主地揣摩文章的语言和内容，老师只是适时地进行引导、点拨；改变了以往"抱着走""喂着吃""捆着学"的做法，让学生主动参与学习全过程，还给学生自主学习的空间，教师只充当"导演"的角色，学生才是"主角"。这样，学生的创新潜能就在不知不觉中被挖掘了出来。

第二节 什么状态下的合学效果最好

支架式教学要成为深度学习，就必须引入合作学习的要素，实现学生再创造式地学习，以帮助每个学生有效地学习，使他们得到尽可能的充分发展。从弗赖登塔尔的观点看来，学生充分、即时的发展，是建立在下列十种情况下的：

1. 当学生有兴趣时，他们学得最好

兴趣是最好的老师，兴趣是成功的基石，兴趣是攻破重重难关的金刚钻。我们应该全方位地激发学生的学习兴趣，培养学生积极的学习兴趣。

2. 当学生的身心处于最佳状态时，他们学得最好

良好的心态好比龙宫的"定海针"。从生理学角度说，稳定、良好的心态是促成健康、快乐成长的重要因素。教师要有调整、稳定学生心态的特殊能力。

3. 当教学内容能够用多种形式呈现时，他们学得最好

只有通过丰富的直观图像、悦耳的声音（包括音乐）、闪亮的文字等动态的描述，才能让学生加深印象，也恰好满足了学生的学习欲望，恰如其分地刺激了学生大脑皮层的兴奋点，从而增加了记忆的长度和强度。

4. 当学生遭遇理智的挑战时，他们学得最好

学生心目中的偶像，包括身边的榜样、受人崇敬的榜样，如果在他们心灵产生共鸣和思维共振时，他们内心的澄明与视界才最敞亮，会激发他们奋发向上，不折不挠，勇往直前。

5. 当学生发现知识的个人意义时，他们学得最好

教师要善于让学生体现知识的个人意义，也即体验"成功感"和"趋利意义"，他们尝到了知识的甜头，就会自主学习、广泛学习、探究学习。

6. 当学生能自由参与探索与创新时，他们学得最好

杜威说，"做中学"。确实是"听来的容易忘，看到的不易记，只有动手做才能学得会"（肖川，2001）。陶行知主张"教学做合一"。教学活动要源于学生的生活实际，不能脱离现实生活，即不能要求学生死记硬背，片面地追求考试成绩。

7. 当学生被鼓舞和信任做重要事情时，他们学得最好

激励让学生得到了老师的肯定，信任让学生看到了希望，并增加了勇气，学生会发挥其潜能出色地完成各项任务，包括学习任务。

8. 当学生有更高的期许时，他们学得最好

如果学生明确了学习目的和目标，养成了良好的学习习惯，树立了远大的理想，再加上他们体会了知识的重大意义，他们会增强自信心，奋斗目标就越高，其学习潜力就越大。

9.当学生能够学以致用时，他们学得最好

只有当学生把学到的知识运用到实际生活或解决实际问题时，才能在运用知识的过程中更好地掌握知识、丰富知识并探索新知识。

10. 当学生对教师充满信任和热爱时，他们学得最好

学生对教师的信任来自教师的自身条件——教师有源头活水、广泛的兴趣爱好和对工作的热忱等；学生对教师的热爱源于教师对学生无微不至的关怀，这是教师热爱学生的反射。教师能以爱施教，那么学生一定会更爱教师。有了爱，没有达不到的目的。

实例6-2

李老师的修炼

李老师发现，他们班的学困生及性格内向的学生上数学课进入合作阶段时总是心不在焉，看来只有解决他们的合学状态问题，才可能谈得上大幅度提高班级合作学习的效能问题。李老师认真地研究并反复背诵了"表扬学生100条"，从改变自己不喜欢表扬人的性格开始，见人就点头微笑，逢人就夸三分。过了一个多月，李老师觉得可以在教学中试试自己一个多月的"修炼"成果了。在组内合作交流的时候，李老师的新做法是：鼓励学困生开口说话，只要他们尽自己的力量完成组长安排的合作任务，或者能简单地说出自己的看法，就让他的组员及时做出积极正面的评价："你说得不错，为我们小组增添了光彩，你真棒！"同时李老师也会给出自己的评价，如"你的发言很清晰""你的声音很洪亮""看得出你认真地动了脑筋""老师为你感到高兴""老师给你点一个赞"等。此外，李老师上课前放了一张备忘录以反复提醒自己，课堂巡视、课堂随时批改学生作业时要常关注这些学困生及内向生，教学的全过程要用温和、微笑、慈爱的眼光有侧重地关注这些学生。

要特别关注这些学困生在组内讨论交流时的表现，要特意靠近这些学生身边指导他们思考、表达，并给予肯定和鼓励性的评价："你今天表现得不错呀！你不但完成了组长交给你的任务，还说出了自己的看法，真了不起！加油！"

还有在汇报员面向全班进行小组展示汇报后，李老师会引导这些学生站起来评价："你能评价一下汇报员的表现吗？"再由语言表达能力强的学生来评价："我觉得汇报员汇报得很到位，刚才评价的同学听得很仔细，评价得很真诚，我要向他们学习！"一个学期后，李老师这个班的班风、学风及学业成绩有了突飞猛进的变化，受到了学校领导的大力表扬，并在全校做了经验介绍。

教师的最高境界是哲学境界，教师要不停地修炼自己，把自己的专业成长融入学生的生命成长中。

第三节　合作力：没有完美的个人，只有无敌的团队

　　合作是指多个不同的个体为了实现共同目标（共同利益）而自愿地结合在一起，通过相互之间的配合和协调（包括言语和行为）来实现共同目标，最终个人利益也获得满足的一种社会交往活动。合作力是指围绕某一学习或工作目标组建的合作团队中的个体与其他人的协调、协作能力。没有完美的个人，只有无敌的团队。失败的团队中是走不出成功人士的，只有团队中的每个成员充分发挥自己的合作力，取长补短，相互协作，才能造就一个好的团队。

　　世界上的植物中，最雄伟的当属美国加州的红杉。它的高度大约为90米，相当于30层楼那么高。一般来讲，越是高大的植物，它的根应该扎得越深，因为根扎得不深的高大植物，一般都是非常脆弱的，只要一阵大风，就能把它连根拔起。然而，尽管红杉的根只是浅浅地浮在地表，可是红杉生长得很好，这是为什么呢？原来，红杉并不是独立地长在一处，红杉总是一片一片地生长，长成红杉林。大片红杉的根都是彼此紧密相连，一株连着一株的。因此，不管自然界中多大的飓风，都无法撼动几千株根部紧密相连的红杉林。这就是合作的力量，每棵树的合作力汇集在一起就天下无敌。

　　人的成功也一样。仅靠自身的力量是不够的，因为任何人的力量都是有限的，在飓风面前不值得一提。但当我们依靠一个团队时，我们的力量将会变得非常强大。在今天，可以说无论是学习还是工作，都无法脱离其他人对个体的支持，这是一个团队的时代。如果一个人没有团队意识，没有合作态度，个人的计划再详细，个人的能力再雄厚，也难以圆满实现预期目标。

📇 实例6-3

微软公司在美国以特殊的团队精神著称，像当年Windows 2000的研发，微软公司就有超过3000名软件工程师和测试人员参与，写出了5000万行代码。试想一下，如果员工没有一种很强的团队意识，那么这项工程根本不可能完成。微软公司让数以百计的雇员成了百万富翁，可是，他们中的许多人在取得了经济独立之后，却选择继续留在微软公司工作。那么，是什么使这些百万富翁（甚至包括亿万富翁）在生活非常富足的情况下还能如此卖命地工作呢？答案只有一个，那就是：只有在微软公司这个团队中，他们才可能变得如此强大。比尔·盖茨是这样解释的：这种企业文化营造了一种氛围，在这种氛围中，开拓性思维不断涌现，员工的潜能得以充分发挥。微软公司所形成的氛围是，你不但拥有整个公司的全部资源，同时拥有一个能使自己大显身手、发挥重要作用的平台。每个人都有自己的主见，而能使这些主见变成现实的则是微软公司这个团队。

一、让每个人的角色都很重要是提高合作力的关键

团队精神不是集体主义，不是泯灭个性，扼杀独立思考。一个好的团队，应该鼓励和正确引导员工个人能力的最大发挥。团队成员个人能力的最大发挥，其实是个人英雄主义的最好体现。个人英雄主义在工作中往往表现为个性的彰显，更包含有创造性的工作，以及勇于面对压力和敢于承担责任的勇气。团队若能给团队成员提供一个充分施展、表现自己才能的机会，那么，这将会为团队带来永不枯竭的创新能力！诚然，团队精神的核心在于协同合作，强调团队合力，注重整体优势，远离个人英雄主义，但追求趋同的结果必然导致团队成员的个性创造和个性发挥被扭曲和湮没，而没有个性，就意味着没有创造，这样的团队只有简单复制功能，而不具备持续创新能力。团队不仅仅是人的集合，更是能量的结合与爆发，要使团队的每个成员喜欢自己的团队，喜欢自己的角色，并在自己的角色上充分地展现自己的个性特质。

📇 实例6-4

一开始进行合作学习，李老师发现，学生不熟悉这种学习模式，合作学习积极性不高，其主要原因是小组长的角色过于突出，光环过于彰显，导致人人

都想当小组的组长，可是小组长只有一个，当不到小组长自己就不凑合，只好看别人的热闹了。这样一来，课堂秩序和学习效率都受到了一定的影响。在学校组织的深度学习教学模式培训中，李老师有了新的想法，觉得现在的学习小组分工太机械化，不符合学生的心理特点，难以激发学生的合作意识和竞争意识。如果把小组划分设计成联合国的形式，结果会怎么样呢？学生们用自己喜欢的国家名字为小组命名，而内部分工也将国家的职责分工与合作学习实际相结合，根据学生在小组中的实际分工情况，把小组长任命为元首，小组发言人任命为外交官，负责收发作业检查计分等学生称为总理，小组内的记录员称为书记，负责针对其他小组发言进行质疑的称为记者。这样一来，学生们顿觉新奇有趣，并且每个人身上都有了显赫的职务，自我效能感大大提升，参与的积极性大大提高，都纷纷表示要为了"国家的荣誉"而战，甚至最后还出现了国家与国家之间的联盟，资源共享，一起学习讨论。

这样一来，李老师不小心成了"联合国主席"，李老师顺势设计了联合国各级督导：有书法督导，负责学生的每周书法评价；有读书督导，负责每天早午读及课间自由阅读情况的记录表彰工作；有通关督导，负责统计哪些团队已经完成了本周的学习任务；有统计督导，负责统计课堂检测成绩，以便于加分；有作业督导，负责每天向总理收取作业检查表，根据各组的作业检查情况抽查及加分；有联合国法庭，负责查处如早读做作业、考试舞弊、违纪违规等不正当行为并进行宣判或抗诉工作。

一开始，李老师每周都会根据得分将班级里的8个国家进行排名（每个国家6人，班级人数48人），取前三名发放奖励。李老师考虑到现在的学生对廉价的笔、本子已经失去了兴趣，物质奖励容易将学生的学习动机塑造成外部动机，不利于学习兴趣的培养和学习能力的养成。于是将奖励改为精神与物质相结合，就是优胜小组可以去校图书馆借自己喜欢的书看，时间为一周。所谓书非借不能读，这不但是借的书，还是有成绩有荣誉才能借来的书，不仅激发了学生们继续努力学习，还拓展了阅读量，一举两得。

大概半个学期后，李老师发现有些学生对这种奖励方式也失去了兴趣，一了解才知道，原来有的小组非常努力，虽然与学期初比有了较大进步，但从未进过前三名。奖励就像挂在驴子前面的胡萝卜，可望而不可即，合作学习的热情也慢慢冷了下来。怎么办？李老师增加了一种奖励方法，即通关奖励法。排名不在前三名的国家，只要通关督导检查发现已完成本周的学习任务，也可以去借老师指定的书目，既与得分高的团队奖励有所区别，又兼顾了对学生的过程性评价。

实行合作学习一年多，在李老师和其他老师的帮助下，这个班的合作学习已经渐入佳境，学生们爱读书、爱学习，甚至回家带动家长进行亲子共读，实现了意义更广的"合作学习"。李老师感受到合作学习只要动起来，到后来已经不再是教师组织学生进行合作学习，而是学生的发展推动着教师继续进行合作学习。给学生一缕春风，他们会带来姹紫嫣红，这话真是一点没错。

二、让每个团队成员都得到欣赏是提高合作力的精髓

很多时候，同处于一个团队中的工作伙伴常常会乱设"敌人"，尤其是大家因某事而分出了高低时，落在后面的人的心里就会很容易酸溜溜的。所以，每个人都要先把心态摆正，用客观的目光去看看"假想敌"到底有没有长处，哪怕是一点点比自己好的地方都是值得学习的。欣赏同一个团队的每个成员，就是在为团队增加助力；改掉自身的缺点，就是在消灭团队的弱点。欣赏就是主动发现团队成员的积极品质，尤其是你的"敌人"，然后向他们学习这些品质，并努力克服和改正自身的缺点与消极品质。这是培养团队合作能力的第一步。三人行，必有我师。每个人身上都会有闪光点，都值得我们去挖掘并学习。要想成功地融入团队之中，善于发现每个工作伙伴的优点，是走近他们身边、走进他们之中的第一步。适度的谦虚并不会让人失去自信，只会让人正视自己的短处，看到他人的长处，从而赢得众人的喜爱。每个人都可能觉得自己在某方面比其他人强，但更应该将自己的注意力放在他人的强项上。因为团队中的任何一位成员，都可能是某个领域的专家。所以，我们必须保持足够的谦虚，这种压力会促使自己在团队中不断进步，并真正看清自己的肤浅、缺憾和无知。总之，团队的效率在于每个成员配合的默契，而这种默契来自团队成员的互相欣赏和熟悉——欣赏长处、熟悉短处，最主要的是扬长避短。如果达不到这种默契，团队合作就不可能真正成功，团队成员的个人前途也将变得渺茫。

三、敢于沟通、勤于沟通、善于沟通是合作力的生命力所在

从古至今，国人一直将"少说话，多做事""沉默是金"奉为行为准则，固执地认为埋头苦干才是事业走向辉煌的制胜法宝，却忽略了一个人身在团队

之中，良好的沟通是一种必备的能力。作为团队，成员间的沟通能力是保持团队有效沟通和旺盛生命力的必要条件；作为个体，要想在团队中获得成功，沟通是最基本的要求。沟通是团队成员获得职位、有效管理、工作成功、事业有成的必备技能之一。在很多人的头脑中，不能容忍另类思维的存在。于是，在追寻真理的过程中，我们不断重复着"瞎子摸象"的游戏，也许你摸到了"墙"，我摸到了"绳子"，他摸到了"柱子"……每个人都抱着固有的思维不放，顽固地坚持着自己的意见，不管这个意见是否全面、具体。沟通能力在团队工作中是非常重要的，现代社会是个开放的社会，当我们有了好想法、好建议时，要尽快让别人了解、让上级采纳，为团队做贡献。否则，不论多么新奇的观点和重要的想法，如果不能让更多的人理解和分享，那就几乎等于没有。持续的沟通，是使团队成员能够更好地发扬团队精神的最重要的能力。团队成员唯有从自身做起，秉持对话精神，有方法、有层次地对同事发表意见并探讨问题，汇集经验和知识，才能凝聚团队共识，激发自身和团队的力量。

第四节　合学：从学生的改变到教师的改变

随着新课改不断地推进及学生核心素养的提出，转变学生的学习方式，改变以往被动的、单一的接受式的学习，积极倡导具有"自主、合作、探究"特征的学习方式成为一种趋势。近几年国内"小组合作学习"的实践主要是以小组为基本形式，通过教师指导小组成员展开合作的形式来展开。

培养学生的自主学习和行为习惯，培养学生发现问题、提出问题的能力，启发学生养成与同学合作、在合作中陈述自己意见的习惯，充分发挥小组群体的积极功能，提高小组每个成员的学习动力和良好行为习惯的养成等方面，都取得了非常了不起的成绩。

当然，也不是没有问题，如只有"小组"而没有"合作"；学生的参与度不均衡；学生自己顾自己，没有团队意识使合作学习流于形式等。但这些问题并不是不可克服，这些情况的出现主要是细节问题没有处理好，学生的合作力培训没有跟上而已，总的来说还是利远远大于弊。主要体现为以下几个方面：

一、小组合作学习可以增强学生的自我管理能力

1. 小组合作学习让学生学会关心自己

教育家苏霍姆林斯基说过："只有能够激发学生去进行自我教育，才是真正的教育。"每个学生都是有上进心的，自己能参与到小组建设中，看到自己的名字写在小组表格中，为自己的小组讨论组名、组歌、组徽、组规等，在课上课下的表现都能在表格中以加分、减分的形式表现出来，他们也会为自己受表扬而欢欣鼓舞，为自己挨批评而伤心难过。慢慢地，学生们都开始注意自己的一言一行、一举一动。这样有利于发掘每个学生多方面的潜能，帮助学生认识自我、关心自我，充分发挥评价的教育功能。

2. 小组合作学习能够改变学生的课堂行为习惯

随着小组合作意识的不断增强，每个小组成员为了不拖小组的后腿，都会自觉遵守课堂秩序，认真完成老师布置的各项任务，积极参与到小组合作的行动中。通过老师的引导，学生会有目的地学习、有目的地参与、有目的地锻炼、有目的地发展。每个学生每节课都有收获，每天都有提高，学生良好的课堂行为习惯就慢慢地养成了。

3. 小组合作学习有利于增强学生的自信心和成就感

在长时间的小组合作中，如果学生在小组中处于劣势，他就会千方百计地改变自己的学习态度、方法和生活行为习惯，会慢慢适应学习和生活环境，知道如何自主学习，遵守校纪班规。久而久之，学生学习兴趣、学习方式方法、自主合作学习的习惯、良好的生活习惯就会慢慢养成。这些有利于学生建立竞争意识，树立自信心、成就感，加强自我管理、自我约束和鞭策，使他们以后更容易适应社会工作中的奖罚制度。

4. 小组合作学习可以增强学生的竞争意识

当今的社会是竞争的社会，所以适当地让学生进行公正、公平的竞争，是十分有必要的。自展开班级小组合作学习后，班中的学生都暗暗地较上了劲儿，每天的小组评价榜上，总要互相看一看哪个小组的分数高，哪个小组被评为最佳小组，哪个人被评为展示之星、点评之星，还有谁的分数高，谁能够用自己的分数换得更多的表扬。就这样，表现本来就不错的学生表现得更好了，有一些小毛病的学生也开始进步了。班级中逐渐形成了互相帮助、你追我赶的和谐、生动活泼的氛围。

二、小组合作学习有利于增强学生的团队意识

我们经常会提到"团队"这个词，我们也应该让学生体会到这一词语的含义。每天通过各小组之间总分的对比后，得到优胜小组标志的小组成员总是兴奋不已，没有得到的小组也会分析自己存在的不足，帮助得分少的同学，大家共同努力、共同进步，团队意识就这样培养起来了。学生们有了小组团结合作的精神后，对班集体也就关心起来了，大团队的意识自然也就培养起来了。

1. 小组合作学习促进小组成员之间的学习

由于对小组合作学习的评价许多时候是以小组为单位进行的，这种捆绑

式的评价模式，组员都会以组荣我荣的心态，为小组的荣誉尽自己最大的努力。这样自然就会产生互帮互学、互补互进的学习热情，以及相应的生活行为习惯。这是在传统的课堂教学和班级管理模式中很难看到的一种学习氛围和班级风貌，通过评价更能激发学生的学习动力和文明习惯的养成，使其切实成为学习和小组的主人。

2. 小组合作学习能够增进学生间的友谊，促进交流分享

通过对小组活动评价后，学生与学生之间就可以展开沟通与交流，过滤出精华，提高学生的学习能力和行为习惯能力，让每个学生都参与到学习和其他活动中，让学生养成独立思考的习惯，养成互帮互助的习惯，从而形成和谐融洽的学习和生活氛围。合作使学生由旁观者变成了参与者，在组织对话和操练中每个学生都能表达出自己的主张看法，有效的小组合作学习可以在小组成员间形成开放、包容的氛围，使小组成员间相互激励，相互促进；当一个人不能解决问题时，合作不仅有助于更快地解决问题，还能培养学生的合作精神，激发学生的学习兴趣，促进学生之间的共同进步，增进学生之间的友谊。

3. 小组合作学习能够培养学生的团体精神，锻炼其心理素质

小组合作学习突出了集思广益的教学思想，让学生体验到合作学习的快乐，提高了学生的实践能力，激发了学生的求知欲望，使学生对学习充满热情。通过评价后，更能激发学生建立互帮互学的师生关系，使课堂充满热情和快乐。每个人都有分工，每一个适合探讨的问题，所有的学生都参与进来，都有独立思考的机会，合作学习真正能启发自己，帮助别人。在小组合作学习中学生养成了关注同伴，为同伴之喜而喜、为同伴之忧而忧的良好的人际交往心态；学会了在合作中学习，在合作中评价并促成了全班同学合作。

4. 唤醒学生的主体意识，感悟集体的伟大力量

在不断的小组合作学习中，学生不仅要为自己的学习和行为习惯负责，而且要为本小组的荣誉负责。因此，每个学生都要尽自己的最大努力去学习和完成各项活动任务。小组合作学习是学生之间互教互学、彼此交流信息的过程，也是互爱互助、情感交流的过程。人际交往、交流就更具多维性和交互性。学生正处于自我意识形成和发展阶段，学生的自我意识主要通过他人对自己看法的内化和与他人进行比较、判断的过程而逐渐形成。小组合作中学习活动的任务分担与成果共享、相互交流与相互评价，使学生能体验到一种被他人接受、信任和认同的情感，这就为学生社会化程度的提高、交际能力的培养、自我意识的发展提供了充分的条件。

5. 合理的小组合作学习促进班集体成长

在过去的班级评价中，我们的评价对象往往是学生个体，而且有评价就有对比，无形中加大了学生的竞争压力，甚至可能使行为习惯较差的学生产生破罐子破摔的心理，从而给班级管理增加难度。如何通过评价激发他们的进取意识又能够营造互助氛围，增强他们的团队意识？结合学校的课堂教学改革可尝试将教学中的小组合作学习扩展到德育管理中，进行德育性的集体评价，以集体荣誉捆绑个人，促进个人与集体的双成长。关于这一点，在后续的多维评价中有详细说明。

三、小组合作学习有利于提高教师的教学和班级的管理效率

1. 小组合作学习有利于教师教学方式和班级管理模式的改变

通过小组合作学习，学生学习和参与活动的主动性与积极性增强了，参与度提高了，由过去的"要我学和要我参加活动"的被动局面转变为今天的"我要学""我乐学""我愿意参加"人人参与班级管理的局面，使学生成为主体，教师成为主导。

2. 小组合作学习有利于教学的多边互助，使每个学生都获得平等参与的机会

小组合作学习，增加了学生与学生、学生与老师之间的交流机会，学生获得的表现机会要比传统的教学方法多得多。同时，应注重学生主动参与知识的形成过程，使他们动手动脑，团结协作，取长补短，共同进步。

3. 小组合作学习有利于教师因材施教，分层次教学

通过小组合作学习，教师能够很好地了解每个学生的学习情况，弥补了教师由于班级大而不能照顾到每个学生的不足。教师会根据学生的情况，对学生进行分层次教学和布置练习，实行学生教学生，学生检查学生，实现了每个学生都能获得成功的体验及实践和发展的目的。

总之，评价是整个教学和班级管理过程中一个不可分割的重要部分，有什么样的评价机制就可能产生什么样的学习热情和管理方式。为此，小组合作的评价要发挥教师的主导作用，更要注重学生在评价中的主体作用，也不能忽视小组合作学习的借鉴作用。因此，要让评价发挥它的多重功能，注重小组合作学习中的评价。班级小组的评价还有许多需要我们去探讨、去研究的东西，

只要我们始终发挥班级小组合作学习的优势，尽量避免班级小组合作学习中的不利因素，班级小组的评价这种形式就一定会在教学中发挥出更大的作用。因此，研究和掌握有关合作学习评价的理论与方法，对小组合作学习有重大的理论和实践意义。

第五节　怎样有效地开展合学活动

合学包括对学及群学活动，对学即指两人一组的互帮互学活动，而群学是指通常意义上的小组合作学习活动。教师经常开展的"开火车"游戏活动也是群学的一种。

一、小组合作学习的分组办法

分组原理：人人有事做，事事有人做，时时有事做。

建组原则：组内异质，组间同质。建组方法如下：

1. 学生分层

每学期开学初，班主任根据学生的学习能力（综合考试成绩、日常学习态度、行为表现、发展潜力等多方面因素，以学习成绩为主），依总成绩，将全班学生分成均等的A、B、C三层。

2. 成员搭配

以小组（6人）为基本单元组成学习共同体。班主任先从A层学生中两两选出，分布到不同的小组（每组的两名学生优势学科尽量不冲突），B、C层学生比照以上方法分组，然后给6人编号（如第四组一号学生可编为4·1、4–1等）、排座位。应注意男女生搭配、城乡生搭配、同寝成员搭配、性格外向与内向者搭配及学科平衡发展等。一个学习小组确定后，不是一成不变的，必要的时候可以根据具体情况加以调整。

二、小组合作学习中成员的角色设置

1. 学习小组长的选拔与职责

（1）定位：助手、学习能手、学习榜样。

（2）方法：组长成绩不一定是最好的，但要能尽到组长的职责。选择学习小组长时应当充分考虑学生的意愿，采用自荐和民主选举的方式，应尽量避免由教师指定。

图6-5-1　小组长的选拔标准

（3）选拔标准：①态度积极，率先垂范；②学习习惯好，学习能力强；③乐于助人，负责任；④组织管理能力强；⑤集体荣誉感强。

（4）职责：①组织好每节课的课堂探学、合学、展示、评价、编题等；②负责小组作业收交；③帮助学困生完成各项学习任务，检查每天学习的落实，实现"兵教兵"；④监督各项班规的遵守情况；⑤督促学科组长记录好每天的《积分记录》。

2. 小组中其他组员的角色

（1）学科组长：学科组长每科一名，具体负责本学科学习开展、评价、作业收交等工作。

（2）记录员：记录员的职责是将小组合作学习过程中的重要内容记录下来，包括合作学习的结论、组织讨论过程中的疑难问题、小组成员中某人遇到的学习困难及解决过程等。因此，记录员应选择学习态度好，对工作认真负责，同时笔头快的学生担任。

（3）汇报员：汇报员的职责是将本组合作学习的情况向全班或老师进行汇报，所以应选择学习成绩好、语言表达能力强的学生担任。

（4）鼓励员：最好有一个鼓励员，性格要外向活泼，专门记录本组内每个同学发言的次数、正确程度，发声为发言的同学加油，以鼓励更多的学生发言。

这样组内各成员人人有事做、事事有人做，既避免了优生以自我为中心的泛泛而谈，又避免了学困生在小组合作中的"搭车"现象，同时教师也好驾驭，使活动得以正常进行。

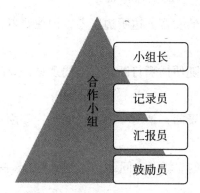

图6-5-2　小组合作学习的成员角色

三、小组学习合作规范

（一）小组命名

小组命名也是班级文化的一种，要统一配置小组标牌，支持各小组自行确定组名、组规等。除此之外，还要注意采取其他多种形式，营造浓厚的小组学习氛围，激发学生的学习热情，形成良好的竞争态势，如班规上墙、小组积分公示、优秀学生感言集萃、在教室张贴标语（如"小成功靠自己，大成功靠团队""我参与，我快乐，我展示，我精彩，我自信，我成功""课堂因我而精彩，我因课堂而成才""一分成功靠运气，十分成功靠努力，伟大成功靠激情"）等等。

（二）合作学习的五大行动规范

要遵循倾听无声、讨论小声、发言大声、质疑讨教有声的总原则。通过鼓励质疑来发展深度学习所需要的学生的批判意识，提高深度学习所提倡的培养学生思维严谨性、深刻性等学习关键能力。

1. 倾听规范

要培养学生专心倾听别人说话的习惯。教师要训练学生听人发言要专心，别人发言时不随便插嘴打断。首先，有不同意见，要耐心听别人说完后再提出。其次，要努力听懂别人的发言，边听边想，记住要点，并考虑他说的话是否符合实际，有没有道理。最后，听后能做出思考，也就是对别人所说的话做出判断，在倾听别人意见的基础上反思自己的观点。要学会站在对方的立场考虑问题，体会别人的看法和感受。具体要做到以下几点：

（1）听取发言要专心，眼睛注视对方。

（2）努力听懂别人的发言，边听边思考，记住要点，并考虑他说的话是否符合实际，有没有道理。

（3）别人发言时不随便插嘴打断，有不同意见，要耐心听别人说完后再提出来。

（4）听人发言如有疑问，请对方解释说明时，要用礼貌用语，如"是否请你"或"你是不是可以"。

（5）学会站在对方的立场考虑问题，体会别人的看法和感受。

2. 讨论规范

最重要的是所有小组成员必须无条件服从小组长安排；小组讨论时，有序发言，声音要适当，不影响其他小组学习，不讲与学习无关的内容；服从组内大多数人的意见，个人意见可保留，但应在课后再跟老师及组长私下交流。

（1）小组讨论的规则是：在独立思考后，仍有疑惑需要解决，先是一帮一，两人间进行讨论。如还有困难，再扩展为4人或5人间的讨论；如遇到较难的问题记录下来，班级讨论。

（2）小组讨论的形式有：①自由发言式，学生可以在小组中自由发言，同学们你一言我一语地各抒己见；②轮流发言式，这一方式就是小组成员围绕一个中心问题挨个发言，一人不漏；③一帮一讨论式，当部分学生在难题面前尽最大努力也不能解决，而教师又无法加以个别指导的时候就可以采用这种讨论方式。

（3）小组讨论的要求：①发言围绕讨论中心，不东拉西扯；②谈看法要有依据，能说清理由；③语言表达力求清楚明白；④别人提出疑问时，要耐心解释，态度友好。

要明确赋权于组长时时提醒组员，别人发言或展示时，要先认真、耐心倾听，然后发表自己的意见或补充。在发表自己的观点时，应先肯定对方的优点，再谈自己的看法或补充。可举出范例：

"某某同学的讲解在×××方面说得非常好，但我认为还应该补充……""某某同学的讲解非常流畅、清楚，只不过×××的观点我不是很赞同，我认为应该……"其他同学对上台展示和交流的同学应给予尊重、鼓励和赞赏。一要认真倾听；二要积极思考；三要勇于质疑；四要充分肯定。

3. 交往规范

学生在合作学习过程中的行为举止，也反映了学生的文明素养，所以在合学过程中对行为进行规范，也是提高学生核心素养的重要途径之一，是打造和谐课堂、营造深度学习环境的重要路径。行为规范的基本要求是坐正立直、秩序井然，服从组内大多数人的意见，个人意见可保留，但应于课后再跟老师和同学交换意见。具体要做到以下几点：

（1）眼与口：别人说话时，自己应如何注视对方；在恰当的地方，如何打断别人的谈话，陈述自己的观点；自己说话时又如何让别人有插话的机会；有不同见解不能统一时，如何学会保留自己的意见。学会站在对方的立场考虑问题，体会别人的看法和感受。

（2）站姿：面向大部分同学，侧身站立。尽量到台前交流，眼睛看着同学。手指大屏幕或黑板，边说边演示，指着结果说——听觉和视觉共同刺激，同学才会倾听得更认真，印象更深刻。

（3）言行：①主动、热情、耐心地帮助同学，对被帮助同学不说讽刺、嘲笑、挖苦一类的话，不伤害同学的自尊心；②帮助同学时，要向同学说清解决问题的方法；③学习上遇到困难时，可以向同学请教自己不懂不会的地方，接受帮助后，要表示感谢。

4.反思与质疑规范

教师要培养学生敢于说的勇气，要让每个学生都敢于表达自己的观点。小组讨论时，要有次序地发言，声音要轻，不影响其他小组学习。但全班发言时要大声，要训练学生说完整话，说话时要条理清晰、有逻辑性。此外，还要教育学生独立思考，敢于提出自己的大胆设想。要学会开动脑筋，提出自己的看法及理由，提出具体的行动方案和措施。具体要做到以下几点：

（1）虚心考虑别人的意见，修正和补充自己原来看法中不正确、不完善的地方。

（2）勇于承认自己的错误，肯定与自己不同甚至相反的正确看法。

（3）独立思考，敢于提出自己的大胆设想或看法。

5. 学生展示规范

展示方式可口头或书面，但要完整、简洁、规范。口头展示应声音洪亮、吐字清晰。展示要突出重难点、规律方法及疑难问题。有一题多解的情况，鼓励其他小组积极展示。每个点评学生结束时都要征询其他学生的意见，如问："同学们还有什么补充或有不明白的地方吗？"

（1）展示中的表达要求

① 对组内的合学结果或疑问进行展示。各组由组长负责指定组员轮流代表小组进行展示。

② 展示前：在小组讨论中的用语为："我认为""我发现""我觉得""我的看法"……

● 完全认同别人的观点时："我同意他的意见""我和他想的一样"；

● 同意别人的部分观点时："我同意他的这一点，但是我还想补充一点……"

● 不同意别人的观点时："我还有以下问题不明白，希望得到解释……""我不同意他的观点，我认为……"

● 听人发言如有疑问，请对方解释说明时，要用礼貌用语，如"是否请你"或"你是不是可以"。

③ 过程中："我们小组讨论（探究）的结果是……""我们组认为……""我们组的观点是……""我们总结的解题思路……""应注意的问题是……""解题的方法是……""规律是……""我们的收获感悟是……""我们对这个问题还有疑问……"等。

④ 结束时："我们小组展示完毕，请问大家有什么补充或疑问？""欢迎大家对我们小组的展示进行评价""大家同意我们的观点吗？不同意的可以和我们交流""谢谢"等。

⑤ 补充质疑时："我代表我们小组来补充……""我们小组有更好的方法……""我们小组有疑问/我有一个疑问……""我们组对××组的说法有补充；我们同意××组的意见，但我们的理由和他们组不一样，我们认为……""我们不同意××组的意见……""请问××，你们这样算的理由是什么？"

（2）到讲台展示的要求

① 走上讲台边画边讲；借助物品仪器演示说明。如在小黑板上展示，应先写上自己的号码，然后再写出展示的内容。同时，注意展示时要大方、自信，小组代表上讲台讲解时，应该站在黑板侧边，面部侧向同学，不能背对着同学挡住同学的视线，以便教师随时指导、纠正。

② 语言规范："同学们好，下面我代表××组展示（点评）第×题……""我

的展示（点评）结束了，请问大家听明白了吗（是否还有别的意见）？"

③ 要求仪态大方，口齿清楚，声音洪亮，尽量脱稿。点评应认可优点，指出不足，补充完整，找出新方法，提出疑问。

④ 鼓掌：当有同学在全班展示时，其他同学一定要认真倾听，展示结束后，其他同学一律有节奏地热烈鼓掌。

（三）合学思疑阶段的学生培训用语

（1）合作技能"八项纪律"

聆听无声要专心，注视对方动脑筋。

讨论小声尽量轻，服从集体留个性。

发言大声理充分，启发大家同思考。

质疑有声要心诚，得到帮助表谢意。

反思敢于承认错，肯定别人学着做。

帮助同学要主动，诲人不倦情谊浓。

建议之前多思考，分工合作效果好。

协调彼此求默契，交往合作争第一。

（2）小组合作学习口诀

小组讨论声音小，开口之前要想好。

别人发言认真听，意见不同我不吵。

别人不会我帮助，为组争光集体好。

无论对错要诚实，团结互助向前跑。

第七章

多维评价：支架式深度学习模式的起飞点

核心要点

多维教学评价是学生成长的起飞点

对学生学习过程的评价

对教师教学过程的评价

对学校教学管理的评价

第一节 多维教学评价是学生成长的起飞点

一、评价对学生学习思维的影响

批评和赞扬是常见的评价手段，通常情况下，批评和赞扬相比，哪一种行为更容易使人进步？其实不需要过多阐述，只要回想自己的经历，就能得到答案。马克·吐温甚至说："一句真诚的赞美就能让我多活两个月。"许多事例证明，赞美对人起的正面作用是无疑的，甚至有相当多的时候成为许多成功人士人生旅途发展的转折点。

我们常见的赞扬用语可能成了口头禅，如"你很聪明""你真棒""很好，继续努力"等，但其实真正的表扬不是体现在这些泛泛的夸奖上。这要从人的两种思维模式来看：

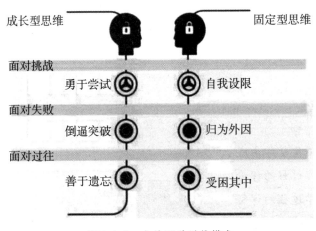

图7-1-1 人的两种思维模式

赞扬学生的天赋，而不是赞扬他的努力、策略和选择，就是在缓慢地扼杀他的成长型思维。

因为成长思维与固定思维的最大区别在于，人们在一种固定的思维模式中认为他们的智力和能力是定量的，而不是变化的。成长思维模式的人相信通过努力可以提高他们的能力。

斯坦福大学Carol Dweck教授做过一次"称赞方式与思维模式发展"的实验，最后发现：具有固定型思维模式（Fixed Mindset）的学生，认为努力和困难让他们感到自己很蠢；而具有成长型思维模式（Growth Mindset）的学生则认为努力和困难能创造新的神经元联结，能让大脑越来越聪明。成长型思维模式能使学生拥抱学习和成长，理解努力对智力成长的作用，拥有面对挫折的良好适应能力。

最重要的是，思维模式是可以被教育和培养的。那么身为教师，我们应如何培养学生的成长型思维模式呢？至少有12个维度可以考虑。

1. 表扬努力

当学生获得了好成绩时，以下两位老师的称赞方式，你认为哪一种更鼓励学生呢？

方式一：你考得真好，真棒！

方式二：你考得真好，你一定很努力吧，继续加油哦！

常常用方式一夸赞学生，学生在以后的学习中并不会追求极致，挑战自我，而往往会选择简单的任务，因为他所希望的是顺利完成，获得肯定。

而常用方式二夸赞学生，学生敢于挑战更困难的任务。相比之下，后者的成长自然比前者更快。

2. 表扬毅力

当学生尝试有挑战性的任务时，如破围棋阵局、尝试攀岩，无数次尝试无数次失败后，请记住要肯定他的耐心和毅力。

"加油，你一定可以的！"就不如"坚持就是最大的成功，表现不错，继续加油！"

后者更能够给学生以鼓励，并且不会给学生带来太大的压力导致学生半途而废，学生成功的可能性将会更高。

3. 表扬细节

当学生的能力在某种程度上得到提高，记得表扬细节，越具体越好。

例如，"××同学，你现在在书写姿势上更标准，笔画也更有力度，与之前相比取得了很大的进步！"这样的赞扬方式更能让学生注意到自己的细节，而细节往往是决定成败的关键。

4.表扬创意

学生的想象力是最丰富的，当学生的天马行空得到认可，他会更加愿意思考世界与生活。学生的创意是创造性和思维的积累。所以，当学生满心欢喜地与你分享他的创意时，一定要夸学生！

5.表扬态度

无论是学习、工作还是生活，态度决定品质。当学生完成作业后，预习明天的学习内容，你有没有夸赞过他的学习态度呢？

当学生用很积极的态度去完成任务时，不要忘了肯定他的态度。

6.表扬合作精神

再聪明的学生，在未来也不可能总是独自完成所有工作。能够很好地与同伴合作，其实就是在培养学生的交际能力、团结合作的能力。表扬学生的合作精神非常重要，当学生完成自己的小组作业时，告诉他："你们的小组齐心协力共同为了一个目标而努力，这种精神在以后的生活中要继续保持！"

7.表扬领导能力

虽然有些事情不是完全由学生自己做的，但他负责管理，他做得很好，因为他有很强的责任感和领导能力，这一点一定要表扬。要让学生知道，虽然他没有亲自参与每一步，但是他实现了它，这是一个非常重要的因素。

8.表扬勇气

表扬学生的勇气是帮助其提高自信指数的最佳时机。勇气是学生的外在表现，也是他们内心深处对自己的认识。当内向的学生开口发言时，当学生表达出与众不同的观点却又明显错误时，教师就要鼓励学生："勇敢，是人身上最可贵的品质！"我们要帮助学生拥有冒险精神，充满自信，使学生独立行走于世时，自信坦然。

9.表扬细心

细节往往在一些小事上体现，细节又体现了学生的综合性和多角度思维。上语文课时，当学生发现文体中描写的细节时，上数学课时当学生发现隐含的条件时，上英语课时当学生发现其他同学没有注意到的教师所犯的发音错误时，教师应该表扬他细心。

10.表扬信用

人背信则名不达。良好的信用是必须培养的品质，所以我们应该及时帮助学生明白诚信的重要性。

例如，当你和学生有一个约定时，你可以说："我相信你，因为你以前说的话都兑现了。""我相信你，你会找到一个好办法……"

11. 表扬谦虚

从别人那里吸取好的建议和经验，也能提高自己的能力。具有成长思维的人一般都有虚心向人学习，胜不骄败不馁的心态。当学生成功时，也不能一味地夸赞，要引导学生总结得失，让学生继续努力。

当学生失败时，要让学生学会倾听别人的建议；当学生认真倾听别人给予的建议时，一定要夸夸学生。

12. 表扬选择

学生能够很好地完成任务，有时是因为努力，但有时是因为做出了正确的选择。

表扬学生做出正确的选择，也是培养其成长思维的关键。

二、合学评价的关键是"可测、可评"

相对于个性化评价的操作，团体的评价或基于团体对其中的个体的评价要困难得多。但原理是相通的，上述12条法则依然能起到指导作用，不同的是班级授课制下的传统的评价方式难以检验学生的深度学习能力。这种评价要着眼于被评价者能力的发展，强调评价方法的多样性、评价主体的多元性，突出评价的过程性，并关注个体的差异性；这种评价还要落实于人的发展，重视集体活动中学生的主体性及评价对学生综合素质发展的建构作用。评价学生既要关注最终结果，也要重视发展过程；要坚持评价的多元化、多向化。

可以这样说，深度学习所依赖的关键能力培养的中枢环节是把"可教、可学"转化为"可测、可评"。知识和技能，认知能力的评价比较强调终结性评价。而关键能力则强调跨学科的综合能力，强调知识、技能和态度的综合，具有综合性和整体性。我们要制定相应的能力标准体系及其质量评价标准，将关键能力的过程与方法、情感态度与价值观细化为测评目标，并开发相应的评价工具，采用恰当的评价方式方法，以此改进和完善对学生原有的学业质量评价体制机制，注重学生的综合素质及其提升。基于关键能力培养的学生评价，还要注意建立以学生发展为本的评价体系。这种发展性评价立足现在、回顾过去、面向未来，不仅注重评价对象的现实表现，更重视评价对象的未来发展，重在使评价对象“增值”。发展性评价强调过去、现在与未来的连接，以及多元化评价方法的运用，体现出连续性、多样性、全面性的特点。我们要真正做到以人为本，把重视人、理解人、尊重人、爱护人、提升人、发展人的价值观念贯注于评价的全过程、全方位。

第二节　对学生学习过程的评价

　　谈到对学生的评价，我们常常会想到考试、测验，但这种结果性的评价不是学习评价唯一的方面，有许多过程性的东西其实更重要，而这些更重要的东西往往是无法用纸和笔在知识答卷上答几道题所能呈现的。教学过程不单是知识获得的过程，也是师生情感交流的过程，特别是对学生的评价，不但影响师生的感情，更影响着学生的发展。关注学生学习过程的评价，其目的在于发现和发展学生多方面的潜能，了解学生发展中的需求，帮助学生逐步认识自我、建立自信，促进学生在原有水平上进一步发展。这就要求教师既要关注学生知识与技能的理解和掌握，又要关注他们情感与态度的形成和发展；既要关注学生学习的效果，又要关注他们在学习过程中的变化和发展。好的积极的评价是学生健康成长的动力。在教学过程中用好评价，意义重大。幼儿园的小孩子常说的一句话是："老师又表扬我了。"这就是评价的力量。

一、评价总原则

1. 健全灵活多样的评价机制

　　评价机制要公开透明，评价的方式要灵活多样，可教师评价，可小组评价，也可师生互评。要在评价前制定好评价的内容、规则、分值、奖励措施、评价目的。没有健全的评价机制，对学生进行的评价则是伪评价。

2. 评价的即时性

　　即时性评价是指在特定的教学情境中，教师对学生的行为表现给予即时反馈并做出评判的活动，是一种起着反馈、激励、调控和引导等作用的定性分析，具有低起点、小目标、快反馈、易接受的特点。即时性评价往往可以扩大学生活动的参与面，指明学生探究的深化点，凸显思维的批判性，提升主动建构的生成度。

3. 评价要有针对性

在教学过程中，针对不同的学生，给予各自恰当的评价，会收到很好的效果。对学困生，更要注意他们的优秀表现，给予及时肯定的评价。

经常听到有教师喜欢这样评价学生："你的回答真精彩！""你读得真有感情！"学生的回答究竟精彩在什么地方？学生用什么办法读出了哪一种感情？没有指向性及针对性，不具体不详细，被评价者听了如同在云雾之中一般，其他听的同学也没能从中获得启示。这样缺乏针对性的评价能有多少价值呢？学生的发言在客观上存在个体差异，教师如果不加以比较、分析便简单评价，没有一个明确的是非标准，作为教师特有的引导、点拨作用就被弱化了，长期下去，就会挫伤学生思考的积极性。

4. 评价的方向应该以正面的、肯定的评价为主

正面的、肯定的评价能激发学生的学习激情，使学生建立自信，同时能增进师生感情。课堂上，要么不评价学生，要么应该是鼓励性的、带有期望性的、公开的、公正性的评价。

我们可能有过这样的感受：当我们大声批评不守纪律的学生时，学生可能会立刻安静下来，但当我们以后再大声批评时，学生可能就不再那么畏惧了，而教师必须以更大的气力来提高声音、声调，以使学生停止不遵守纪律的行为，如此一来，这种方法就会渐渐失效。所以评价还是要讲究技巧，讲究正面与肯定的方式。当然，在正面的评价中并不排除佐以警告的意涵。例如，我们如果采用在课堂上给各小组加星、扣五角星的方法的时候，当发现有一个学生不遵守纪律时，教师就可以先说明："××小组，你们有一个组员不遵守纪律了，所以整个小组要被扣除一颗五角星！"同时用目光提醒那个不遵守纪律的学生。当全班同学的目光都集中在这个学生身上时，集体的力量、舆论的力量就到位了。当然如果这个学生还是我行我素，依旧不遵守纪律，教师就可以采用点名批评的方式，并指出错在哪里。假如该学生还是不理不睬，教师也不必为批评该生而停下课来，可以在课后通过谈心、鼓励、与家长沟通等方法解决。

二、相关评价

1. 对学生个体的评价

在支架式教学法中，我们设计了小组合作学习个人学习评价表，对学生参与小组学习活动进行量化考核，使学生清晰地明白，在小组合作学习中怎么做才是对的，才是值得表扬与肯定的。但是在小组合作模式实践过程中遇到了很多问题，要防止出现有"小组"而没有"合作"现象的产生，还要防止学生的参与度不均衡、学生自己顾自己等没有团队意识的乱象，等等。

表7-2-1　小组合作学习个人学习评价表

小组					周次						
参与小组学习活动的表现	评价等级				自评	互评					
	优	良	中	差		1	2	3	4	5	6	7
1.能认真参与其他同学的合作与交流	10	8	6	4							
2.认真听取其他同学的意见	10	8	6	4							
3.能表达自己的观点和意见	10	8	6	4							
4.能与其他同学共同解决问题	10	8	6	4							
5.能与其他同学配合	10	8	6	4							
6.能明确和承担自己的分工	10	8	6	4							
7.能与同学和睦相处，具备团队意识	10	8	6	4							
8.能遵守课堂纪律	10	8	6	4							
9.重视小组合作学习活动	10	8	6	4							
10.在平时的学习中能主动帮助他人	10	8	6	4							

以每节课为单位，评出本节课的展示之星、点评之星、质疑之星、倾听模范。每节课上老师随时对各小组课堂表现进行评价，记录在黑板一侧。要注意表扬每周积分排在前五名的小组。

当然，评比也不是说只能正面激励，负面评价有时也是必需的。一些常规德育项目作为反面措施加以强化也不是不可以的。例如，①考勤：迟到，旷课，早退；②纪律：上课或读书时间讲话、分神，上课捣乱，上课睡觉，上课吃、喝东西，上课做作业，追逐，打架，起哄，破坏公物；③学习：读书时间不读书，不交作业，抄作业，借作业让别人抄，作业质量差。明显出现这些问题不可视而不见，从评比中扣1分到10分以做惩戒也是维持正常教学秩序所不可或缺的。

2. 以小组为单位的评价

把评价主体由学生个人变为对小组的评价，主要目的是使每个学生的行为都和对小组的评价挂钩，以小组的荣誉对一些学习习惯和纪律习惯较差的学生进行约束。一些行为习惯较差的学生为了小组的荣誉也会主动约束自己，同时组内的其他成员也会经常提醒他们，这样慢慢就可以实现由他律到自律的转变，同时将班主任从平常琐碎的事务性管理工作中解脱出来。这样的小组评价使团体中的每个成员都信心十足，每个成员都坚信通过自己及团队中所有人的努力能够使自己所在的团队越来越好，而众多越来越好的团队就构成了越来越好的班集体。

优秀小组标准：组员参与度高，课堂回答问题声音洪亮，展示清晰、规范、准确，表情自然，文明守纪、共同进步。

表7-2-2　小组评价表

组别	组名	精神状态（10分）	参与度（10分）	组内讨论（10分）	课堂发言（10分）	课堂展示（10分）	课堂质疑（10分）	完成任务（10分）	总评
第一组									
第二组									
第三组									
第四组									
第五组									
第六组									

表7-2-3　小组学期报表

组名	九月						十月						……	学期总评	名次
	1	2	3	4	总评	名次	5	6	7	8	总评	名次	……		
第一组													……		
第二组													……		
第三组													……		
第四组													……		
第五组													……		
第六组													……		

以周、月、学期为单位，分别评出优秀展示小组、优秀点评小组、合作楷模小组并综合评出最佳小组。同时，对优秀小组中的汇报员、点评员、记录员、小组长的个人表彰要到位。

3. 对小组合作学习中关键角色的评价

我们强调，在评选优秀小组时，对优秀小组中的汇报员、点评员、记录员、小组长的个人表彰要到位。相比较而言，由于小组合作进行得如何与小组长作用发挥得如何有着重要的关系，所以对于小组长的评价，要比汇报员、点评员、记录员的表彰更重要。评价要以激励和鼓励为主。每学期以年级组、以学校为单位根据小组在全年级的分数进行奖励，设"优秀小组、优秀小组长、先进小组长、进步小组长"等。在可能的情况下，增设"优秀汇报员、点评员、记录员"就更好了。

要考虑到小组长不是终身制而是动态的这一特点，所以在评价小组长的时候，一定要激发出学生想当小组长的欲望，要让"汇报员、点评员、记录员"都有晋升的欲望。时间周期上，最好每周、每月都评选优秀小组长。优秀的小组长有权利获得许多班级的许多优待，并且把他们的照片张贴在墙壁上。对于组长的工作平时一定要以鼓励和指导为主。如果激励措施及时得当，就完全没有必要担心小组长是不是愿意干，能不能干好。如果素质过不了关，可以从优秀的汇报员、点评员、记录员中自然晋升。当然，真的出现小组长无法履职，力不从心时，教师要多从客观上归因，要多从培训上找问题，多从方法上指导，不要上纲上线，一下子就归因于态度的问题。对此要加强培训与引导，相信了指导就可以解决其中的绝大部分问题。当教学模式无法顺利执行时，总是笼统地归为管理中的困难、竞争压力大等抽象而不具体的问题，情绪就容易变得负面了。

实例7-1

课堂学习正面评价支架

景贤小学一直把关爱学生作为教风的核心，是指每个教师都应该有一颗善良、热爱学生的心。在教育过程中，爱既是一切教育的前提，又是教育的基本方法和途径。爱的力量是无穷的。教师的爱是一种高于友爱、异于母爱的特殊的爱。真诚的师爱有时比医药的诊治更能打动学生的心灵，有利于促进学生自主学习积极性，有利于支持学生不断主动改善学习以提升自己的学习能力，从而收到意想不到的教育效果。一个没有爱心的教师就是没有职业道德的教师，也就是一个不合格的教师。爱学生是教师最基本的品质、素质、天职。教师应该怎样关爱学生呢？学会表扬学生是关键的一步。

表扬的原则：简短有力、实事求是。

1. 关于"听"方面的表扬

（1）谢谢你听得这么专心。

（2）会听的同学最聪明。

（3）老师最喜欢专心听别人发言的小朋友。

（4）你对这些内容这么感兴趣，真让我高兴。

（5）你的眼神在勇敢地告诉我，你还是没有明白，对不对（其实是在批评学生不认真听讲）？

（6）会"听"也是会学习的表现，谢谢大家认真倾听刚才这位同学的发言。

（7）倾听是分享成功的好方法，看××同学正在分享大家的快乐，我相信他已经有了很多收获！

（8）他听得可认真了，会听的孩子是会学习的孩子！

（9）××同学听得最认真，第一个举起了小手，请你回答！

（10）你讲得很有道理，如果你能把语速放慢一点，其他同学听得就更清楚了！

（11）你的表达特别清楚，让大家一听就懂！

（12）别急，再想想，你一定会说好！

（13）你听得真认真，这可是尊重他人的表现呀！

（14）你听得真仔细，耳朵真灵，这么细微的地方你都注意到了！

2. 关于"说"方面的表扬

（1）谢谢你，你说得很正确，很清楚。

（2）谢谢你，老师喜欢你这种发言大声的小孩。

（3）虽然你说得不完全正确，但我还是要感谢你的勇气。

（4）说话，是与别人交流，所以要注意仪态，身要正，不扭动，眼要正视对方。对！就是这样！人在小时候容易纠正不良习惯，经常注意哦。

（5）读得很好，听得出你是将自己的理解读出来了。特别是这一句，请再读一遍。

（6）读的时候应该分出层次。首先是通读，将句子读顺口，不认识的字借助工具书读准字音。对于这一点，我们同学的认识是清楚的，态度是重视的，做得很好。

（7）听你们的朗读是一种享受，你们不但读出了声，而且读出了情，我很感谢你们。

（8）"读书百遍，其义自见"。我请同学们再把这部分内容多读几遍，弄懂它的意思。

（9）开动你的小脑筋去想，说错了没关系，老师喜欢肯动脑筋的同学！

（10）连这些都知道，真不愧是班级小博士！

（11）你知道得真多！知识真丰富！我们大家要向你学习！

（12）你的眼睛真亮，发现了这么多问题！

（13）这种想法别具一格，令人耳目一新，请再说一遍好吗？

（14）多么好的想法啊，你真是一个会想的孩子！

（15）猜测是科学发现的前奏，你们已经迈出了精彩的一步！

（16）没关系，大声地把自己的想法说出来，我知道你能行！

（17）你真聪明！想出了这么妙的方法，真是个爱动脑筋的小朋友！

（18）你又想出新方法了，真会动脑筋，能不能讲给大家听一听？

（19）你的想法很独特，老师都佩服你！

（20）你特别爱动脑筋，常常一鸣惊人，让大家禁不住要为你鼓掌喝彩！

（21）你的发言给了我很大的启发，真谢谢你！

（22）你们的问题提得很好，很善于思考。

（23）我们同学的思想变得很敏锐，这些问题提得很好。

（24）我想××同学一定在思考，我们再给他一点时间，好吗？

（25）能提出这么有价值的问题来，真了不起！

（26）会提问的孩子，就是聪明的孩子！

（27）这个问题很有价值，我们可以共同研究一下！

（28）啊！你的课外知识真丰富，都可以做我的老师了！

（29）老师发现你不仅听得仔细，说得也很好！

（30）你很有创意，这非常可贵，请再响亮地说一遍！

（31）你表达得这么清晰流畅，真棒！

3.关于"做"方面的表扬

（1）不仅自己认真学习，还能提醒同桌同学，真是了不起！

（2）第×组的××同学可真棒！为自己这组争得一颗闪亮的星星呢！

（3）你看，很多小朋友把心里那个胆小鬼打倒，举起手来了！

（4）你们瞧，×××可是大家学习的好榜样呢！看看他是怎么做的！

（5）第四组的同学个个眼睛睁得大大的、亮亮的，我感受到了你们的认真，注意力特别集中！

（6）你坐得真端正！注意力真集中！

（7）看××同学认真的样子，老师就知道他是勤奋好学的孩子！

（8）你很像一个小老师，不仅管好了自己，而且把自己的小组也管理得很好！

（9）从上课爱吵爱闹到学会静静思考，学会暗暗努力，真为你高兴！

（10）尊重（欣赏）别人，你会得到更多人的尊重（欣赏）！

（11）要学会欣赏别人，对于×××同学的回答，我们该怎么表示？

（12）你的进步使老师感到特别高兴！

（13）你真行（真棒、真懂事、真勇敢、真细心、真有耐心、真有毅力、真是好样的）！

（14）瞧瞧，谁是火眼金睛，发现得最多、最快？

（15）你发现了这么重要的方法，老师为你感到骄傲！

（16）你真爱动脑筋，老师就喜欢你思考的样子！

（17）你的回答真是与众不同啊，很有创造性，老师特别欣赏你这点！

（18）××同学真聪明！想出了这么妙的方法，真是个爱动脑筋的同学！

（19）你的思维很独特，你能具体说说自己的想法吗？

（20）这么好的想法，为什么不大声地、自信地表达出来呢？

（21）你有自己独特的想法，真了不起！

（22）你的办法真好！考虑得真全面！

（23）你很会思考，真像一个小科学家！

（24）老师很欣赏你实事求是的态度！

（25）你的记录很有特色！

（26）他的汇报完整、精彩，是我们学习的榜样！

（27）谁愿意来为大家做个示范？展示一下自己的本领！

（28）你真聪明，用以前学过的知识解决了今天的难题！

（29）你真的很能理解人，而且能和同学合作得非常好！

（30）科学家总不忘在研究后整理好材料，看，这一组就做到了，而且做得很好！

（31）你是一个很负责的材料员，每次实验后都能把材料整理得整整齐齐！

（32）你的表现很出色，老师特别欣赏你！

（33）你这节课的表现给大家留下了深刻的印象！

（34）你今天进步真大！老师感到特别高兴！

（35）真了不起，大家都为班级里有你这么棒的同学而感到骄傲！

（36）我们今天的讨论很热烈，参与的人数也多，说得很有质量，我为你们感到骄傲！

4. 关于成果评价的表扬

（1）你真像位小科学家，有这么多重大发现！

（2）了不起的发现，再用精彩的方式介绍给大家，大家就更佩服你了！

（3）你完成得好极了，如果能帮助你的同桌，那就更好啦！

（4）你是一个很优秀的记录员，不仅把观察的内容都详细地记录下来，而且还写得非常端正、清晰！

（5）真是好样的，你的作品真的是非常出色！

（6）哇，你的作业太好了！

（7）你太厉害了！

（8）为我们的成功鼓掌！

（9）你瞧，通过努力，你成功了，祝贺你！

（10）参与是走向成功的开始，结果并不是最重要的！

（11）你的想法很有价值，请继续！

（12）这是你们合作成功的果实，老师为这份成果而欢喜！更为你们积极参与的精神而叫好！

（13）心动不如行动，让我们研究吧！

（14）你真有毅力，能坚持研究这么久！

（15）研究碰到困难，别退缩，相信自己，一定行！

（16）大家齐心协力，再加把油，胜利一定是属于你们的！

（17）坚持到底就是胜利！

（18）男子汉，再大的困难也不怕！

（19）别泄气！还有机会等着你！

（20）你敢于向困难挑战，我要向你学习！

（21）你已经很努力了，别急，自信点！

（22）只要认真细心，什么也难不倒你！

（23）你的问题难住了老师，希望你帮助老师，去查资料，共同解决这个问题，好吗？

（24）你很自信，自信是走向成功的开始！

（25）相信自己，成功就是反复试错的过程！

（26）好！小疑有小进，大疑有大进！

（27）别放弃，再试几次！坚持下去准能行！

（28）继续努力，相信自己，你会做得更好！

（29）老师很佩服你的钻劲儿！

（30）你很有创造力，离正确越来越近了。

（31）努力争取，老师相信你们是最棒的！

（32）试一试，相信自己，老师知道你能行！

（33）今天你又有了新发现，真为你高兴！

（34）你是敢于尝试的勇士，好极了！

（35）阳光总在风雨后，你会成功的。

第三节　对教师教学过程的评价

多维评价的多维二字，指的是教学评价不仅包括学的评价，也包括对教的评价。教的评价是服务于学生关键能力形成的，什么样的教有利于提高学生的关键能力，什么样的教有害于学生关键能力的形成，是对教的评价考核的依据所在。

在支架式教学模式中，我们的立足点是开展基于关键能力培养的多维评价，把对教师的教学评价分为学生学习表现评价表及教师教学情况评价表两种，对学生的学习评价在前一节中已述，要在全过程的自评、互评及师评三方面展开。

把握关键能力的观察点有：学生能否进行有效的互动，主动性、能动性如何，学生的合作能力如何。设置了会提问、会自学、会展示、会倾听、会评价、会质疑、会讨论、会总结8个观测点评估学生的认知能力及创新能力，在充分评估的基础上给出合乎逻辑的学生学业评价。

表7-3-1　学生关键能力的学习表现评价表

一级指标	二级指标	评价内容
学生的合作能力	互动	1.师生之间、生生之间能否互动交流
		2.小组活动、合作能否达到要求，能否有交互的实效性
		3.动静转换情况是否迅速
	主动	1.学生学习时是否主动积极，教师是否交出主动权
		2.能否体现学生主体地位
		3.教师是否能根据学生的问题和疑问、围绕学生的兴趣和需求生成进行组织教学
	能动	1.学生是否有探究新问题、学习新知识的动力
		2.学生是否有学习的好奇心和欲望，学生是否有想法、有行动
		3.课堂是否无"闲人"，是否都能真正进入学习状态（没有走神或不参与学习的现象）

一级指标	二级指标	评价内容
学生认知能力及创新能力的细化表现	会提问	能根据教学情境、教材内容主动提出有价值的问题
	会自学	具有良好的自学习惯与能力，能解决问题并发现新的问题
	会展示	敢于发表自己的意见，敢于尝试操作，错了也不怕，展示率高
	会倾听	能认真倾听别人的意见，能仔细观察别人的演示
	会评价	能对别人的展示情况进行客观评价，并能利用有关资料论证自己的观点
	会质疑	有问题意识，敢于向课本、教师等"权威"质疑问难，问题具有挑战性、独创性
	会讨论	小组讨论不流于形式（问题有一定的难度和价值，活动有序，能表现集体观点）
	会总结	能在反思的基础上有针对性地进行归纳总结

对教师的教的评价主要体现在问题转化能力、诊断与处理能力、及时评价能力几方面。我们认为，教师具备了这些能力就具备了初步的、基本的对学生关键能力培养的基本功。为了保障学生在一个宽松的环境中发展自己的关键能力，我们设计了课堂生成和思维发展两个维度，去测评教师对课堂文化及自身的现代教学文明程度。

表7-3-2　教师培养学生关键能力的教学情况评价表

一级指标	二级指标	评价内容
教学关键能力	问题转化能力	1.是否把教学目标及重难点转化成了问题
		2.问题的设计是否有趣、有梯度、有逻辑性
		3.教师的问题预设是否对学生学习中问题的产生起了催化作用？学生提出的问题是否对教学起了主体性的作用
	诊断与处理能力	1.对学生学习过程中形成的问题类型（简单问题、较难问题、更难问题）诊断是否科学
		2.诊断是否在全程进行？学困生是否得到了充分的帮助
		3.是否做到了把简单问题让学生自探，较难问题交小组互帮互学，更难问题交教师主导下的师生互动解决
	及时评价能力	1.学生的所有问题是否得到了回应
		2.表现好的小组及个人是否得到了表扬
		3.表现不足的小组及个人是否知道自己的不足之处？是否得到鼓励

续 表

一级指标	二级指标	评价内容
课堂文化	课堂生成	1.教师对教学素材能否进行个性化处理
		2.学生个性能否得到表现、张扬，思维是否个性化
		3.学生的才能或才华能否得到展示
		4.能否鼓励学生提出问题、表达观点、相互质疑
		5.能否给学生选择的机会
		6.是否设置差别化的作业
		7.能否呈现出个性化的教学成果
	思维发展	1.学生思维是否得到扩张、发散（核心要索）
		2.学生创造欲望能否被激发
		3.是否有创造的效果
		4.学生能否经历探究发现过程、表现出创新精神、有再生成问题或知识等

近两年的实践发现，通过使用这两张表对教师的教学进行评价，有助于引领支架式教学向着深度学习的方向不断完善，递进式前进。

第四节　对学校教学管理的评价

支架式深度学习教学模式是一套教学质量管理方案，这套方案的功能是及时、准确、可靠地获得教学过程中的有关数据信息，科学规范地进行数据的分析处理，得出客观的评价，并从以上过程中得出调整指导教学的意见。但实际运用中就怕管得太死，把模式作为教条。模式本身的意义在于让所有教师经历"入模—渗模—脱模"的过程，提供的是一个方向，教师最终的目的还是要建立起适合自己的教学风格。

入模阶段的教师，要严格按照模式的要求去执行，在执行中理解教学中从无疑到有疑的哲学境界。入模一年后，对支架式深度教学模式有了深层次的理解，对其优劣处有了明确的主张，这时教师就可以把自己的教学理解渗透于其中。再经过一年左右的磨炼，到达脱模的境界，形成教师自己独特的教学模式及教学风格。这就是支架式深度学习教学模式中"支架"二字真正的含义。

我们不主张强迫处于渗模阶段的教师一成不变地照搬教学模式，使教师变成了单纯的执行者而无须思考。要警惕这种急功近利的把操作方式简易化、标准化、高度统一化的行为，因为这本身就隐含着教育本体功能的部分丧失或者异化。行政化地推行教学模式，用一呼百应、立竿见影的方式搞教研，不可能让教师获得主动研究思考得出自己的发现和结论而带来的成功喜悦，反而会使他们感到高度的疲劳。教师的工作如果总被安排在一些固定的程序中，就失去了能动地、创造地工作的可能，就会逐渐淡化对自身建设的要求。教育这种最富创造性，最需要智慧的劳动，就会异化为工业标准件的批量生产。

教师脱模后，要给教师提供尽可能多的选择，提供尽可能多的发挥教师职业技能的机会，搭建能让教师表达思想的讲坛，少一些无奈的硬性规定，少一些不合情理的教条，全力创设一种思想开放、言论自由、讲求实效、崇尚真理、宽松和谐、求善求美的精神氛围。

鉴于以上考虑，我们建立了一套对教学管理的评价量表，以有效地推进支架式教学法落地生根，并防止教学管理部门该管的不管，不该管的却死抓烂管，使教学管理部门知道到底该管些什么，管到什么分寸。

一、关于学校教研交流与安排

学校是否形成了"走出去""请进来"的教研长效机制，特别是能否坚持不定期邀请专家学者及省市级以上的骨干教师来校做讲座指导；能否创设条件让教师有机会与专家、骨干面对面地交谈、对话，以丰富教师的品位内涵，提高教师开展有效教学研究的信心。

是否建立推门听课制度、集体备课制度、公开课示范课制度等，是否有效地开展过"示范课""观摩课""推门课""说课""评课""教改沙龙"等教科研活动。能否常态性地定期开展校本培训，针对教学中的"焦点""热点""难点""盲点""痛点"进行深入探讨。

二、关于模式论证的评价

组建支架式教学法的专家团队，就教学法的科学性、可行性进行先行论证；通过学校行政会、教研组长会议、全校会议进行研讨，对不符合本校实情的部分进一步修订，以争取共识。论证及修订结束后，选择几个班进行操作上的小范围实验，取得经验后再向全校推广，进行更大范围的实验。

三、关于学校教研内容的研究与安排

进行课题的分割与划分，做到人人有课题、个个参加教研实践，是支架式深度学习教学模式的操作要求。应坚持"教、研、训"三位一体，对教学中发现的问题及时开展教学研究加以解决，取得的经验及时通过培训落实到具体的教学实践中。

教导处应发挥职能作用，要求并监督教师每上一节课都必须附上主备人、参与集体备课教师的名单，每节课都必须经过集体备课活动才允许到班上岗；要求听课、备课活动中发现的问题要及时通过教研会议进行整改，并将整改后的经验技术带入进一步、新一轮的教学实践培训。

四、对于优秀教师的激励机制

美国管理学家贝雷尔森和斯坦尼尔将激励定义为："一切内心要争取的条件、希望、愿望、动力等构成了对人的激励，它是人类活动的一种内心状态。"激励即激发、鼓励，也就是最大限度地调动人的积极性和创造性，使每个人感到在组织内，能够"人有所用，力有所展，劳有所得，功有所赏"，自觉努力地工作，做出突出的业绩。

支架式教学法的执行者是教师，教师的素质是否优秀、业务是否精湛，直接决定着教育的质量。能否充分调动教师的积极性和潜能，是支架式教学法能否顺利推行的根本与关键。有两句话可以形容学校管理者和教职员工之间的关系，"如果校长把老师当牛马，老师偏要做人；如果校长把老师当人，老师甘愿做牛马""大海之所以成为一切河流的归宿，是因为它善于把自己放在较低的位置"。管理者要用积极的情感去感召每位老师，情到深处，努力做到"待遇留人，感情留人，事业留人"，一定能使教师在执行支架式教学法的过程中释放出无限的能量。

当然，教师的需求既有精神层面的，也有物质层面的。在现在的国情下，无论是作为一个公办教育实体还是一个民办教育实体，办学经费还是有点捉襟见肘，不太可能有很好的办法完全体现教师的付出。尽管学校在绩效考核时可以尽可能向这些优秀教师做适当的倾斜，使他们在研讨支架式教学法的理论与实践上产生一定的获得感。但在实际操作层面，还是要以精神激励为主。精神激励的办法主要包括：情感激励、正负强化激励、参与激励和培训激励。例如，可以通过评选教改积极分子、优秀科研工作者，努力激发教师在事业心、价值观和尊重方面的需求，表彰经过支架式教学法实践评价后这些优秀教师的工作成绩，使他们获得心理上的满足感，产生荣誉感。这同时也是对暂时落后的教师的一种鞭策，使他们尽快找到差距，努力改进不足，以此达到提高教学质量的目的。

表7-4-1 对学校教学管理的评价

指标	评价内容
教研氛围评价	学校是否形成了"走出去""请进来"的教研长效机制，特别是能否坚持不定期邀请专家学者及省市级以上的骨干教师来校做讲座指导；能否创设条件让教师有机会与专家、骨干面对面地交谈、对话，以丰富教师的品位内涵，提高教师开展有效教学研究的信心

续 表

指标	评价内容
教研氛围评价	是否建立推门听课制度、集体备课制度、公开课示范课制度等，是否有效地开展过"示范课""观摩课""推门课""说课""评课""教改沙龙"等教科研活动
	集体备课中能否常态性地坚持定期开展校本培训，针对教学中的"焦点""热点""难点""盲点""痛点"进行深入探讨
	对于优秀教师，学校是否形成了从物质奖励到精神奖励的激励机制
模式论证评价	组建支架式教学法的专家团队，就教学法的科学性、可行性进行先行论证
	通过学校行政会、教研组长会议、全校会议进行研讨，对不符合本校实情的部分进一步修订，以争取共识
	论证及修订结束后，选择几个班进行操作上的小范围实验，取得经验后再向全校推广，进行更大范围的实验
模式操作评价	进行课题的分割与划分，做到人人有课题，个个参加教研实践等，是支架式深度学习教学模式的操作要求
	是否坚持了"教、研、训"三位一体，使教学中发现的问题及时开展教学研究加以解决，取得的经验及时通过培训落实到具体的教学实践中
	教导处是否发挥了职能作用，要求并监督教师每上一节课都必须附上主备人、参与集体备课教师的名单，每节课都必须经过集体备课活动才允许到班上岗；要求听课、备课活动中发现的问题要及时通过教研会议进行整改及将整改后的经验技术进行进一步、新一轮的教学实践培训

第八章

精准教学：支架式深度学习的发力点

第一节　精准教学：从教师的自我改变开始

　　课堂教学本质上是精准教学，鉴于支架式深度学习模式强调的教学精准的目的在于把握引导、启迪的分寸，使教师的教学勿要出现支架教学理论中的支架过度现象这一点的考虑，使用了精准教学一词。除非特别说明，本书中所指的课堂教学与精准教学并无二致，两者不再做严格区分。

　　精准教学（Precision Teaching），是Lindsley于20世纪60年代根据Skinne的行为学习理论提出的一种教学方法。最初，精准教学触达小学教育，希望通过设计测量过程来追踪小学生的学习表现并提供数据决策支持。之后，精准教学发展为用于评估任意给定的教学方法精准性的框架。如今，精准教学已历经50余年的发展，形成了自身的一套理论方法。

　　精准教学的理论依据是Skinne的行为学习理论，Skinne是美国新行为主义心理学的创始人之一，他认为人类行为主要是由操作性反射构成的操作性行为，操作性行为是作用于环境而产生结果的行为。人类的一切行为几乎都是操作性强化的结果，人们有可能通过强化作用的影响去改变别人的反应。在学习情境中，操作性行为更有代表性，因此操作性反射在学习过程中尤为重要。

　　1954年，Skinne将这一理论引入教学，认为教学就是提出学生应达到的目标并对学习过程进行控制，辅以训练、反馈和纠正性补救等措施，形成所要求的行为，即达到目标并立即给予强化；对那些偏离目标或未达到目标的行为，则在不强化的前提下进行纠正。

　　精准教学的关键在于精准引导，不多一分，不差一厘。出于这一点考虑，我们换个名词，叫精准教学，目的在于强调我们自己要改变自己的思维，改变几百年来教师身上"传道者"的习性，弄清楚能讲清楚什么不能讲清楚什么，讲得清楚的要讲到点子上，要精讲；讲不清楚的要设法通过设置学习支架的方式去讲。关于这一点，在笔者于2018年出版的专著《数学支架教学法》中有专门叙述。虽然谈的是数学，其实也适用于其他学科的教学，本处仅以若干例子附后以做说明。

除此之外，弄清该讲什么和不该讲什么的问题也是很重要的，精准教学，讲的是对问题要害进行精准设计，教师要少讲精讲，特别注重"四讲、四不讲"。"四讲"指讲重点、难点、盲点、困惑点，"四不讲"即对学生已经知道的不讲、学生自己能学会的不讲、学生间能互帮互学解决的不讲、讲了学生也不会的不讲。还课堂于学生，调动学生积极性，落实课堂的每个细节。精准教学的教师课堂讲授的时间必须少于留给学生思考、练习讨论、交流的时间，把课堂逐步还给学生。当然这里面对教师的要求更高，尤其是教学案的开发要精准，教学案的开发对学生的自学能力、研究能力的判断要精准，对学情分析要精准，这样才有可能真正促进深度学习的真实发生。为了让学生具备充足的进行深度思考的时间与空间，教师可以将导学案提前一至两天发给学生，让学生将自学教材与思考导学案中的问题结合起来，进行深层次的、独立的思考。

巧用比喻来讲清道理，往往能收到事半功倍的效果，是一种另类的精准教学，它的精准点在于使用了类比型学习支架的方式，使原本处于学生未知区的知识，成为最近发展区中可摘的"桃子"。

实例8-1

血液循环的知识点学习中的类比型学习支架

生物教学中，教师在讲解有关血液循环的知识时，把血液比作"火车"，把血管比作"铁轨"，把心脏比作"加油站"，把身体各器官比作"停车点"。火车无论到哪里都要走铁轨，离开了铁轨，火车就寸步难行，正如血液必须在血管中流淌一样。火车行进一段时间就要到加油站加油，火车无论到哪个站点，都会有上车或下车的：地点不同，上车或下车的自然不同。血液循环岂不也是如此，它有固定的路线又遍布全身，每到身体的一个器官要么送下物质，要么带上物质，在行进的过程中心脏就是推动血液前进的动力器官。这一切看起来尽管那么复杂，但又是那么的井然有序。

血液与火车、血管与铁轨、心脏与加油站、身体器官与停车点，这一组比方非常贴切而且特别形象，打比方的对象都是学生非常熟悉的事物和现象，这切中了打比方的要义——在学生熟悉和不熟悉的内容之间建立桥梁，帮助学生更好地记忆、理解学习内容。教师要想在打比方时获得学生熟悉的素材，就要走进学生的生活，走进学生的内心，与学生多接触、多交流，了解学生的所思所想和喜怒哀乐，了解他们关心的问题和现象。

（选自王传玲，《例谈比喻在初中生物教学中的作用》，《当代教育科学》，2007年第11期）

实例8-2

物质三态下分子形态的知识点学习中的类比型学习支架

有一个化学教师在讲物质三态下分子的形态时，做了这样的比喻：固态时，分子就像城市中的居民那样，有固定的住所；液态时，分子就像草原上的牧民那样，住所随季节而迁移；气态时，分子就像金庸武侠小说中的侠客，云游于五湖四海。

实例8-3

"互感"和"自感"的知识点学习中的类比型学习支架

在讲解"互感"和"自感"现象时，教师曾给同学们讲了这样一个情景："我们都看过演员表演的悲剧场面，当剧情达到高潮时，观众被演员感动得热泪盈眶，而演员也泪流满面、泣不成声。请同学们想一下这种现象与我们本节所讲的现象有没有相似之处？"善于联想的学生很快笑道："演员与观众之间的情绪变化可看成'互感'现象，而演员又被自己所表演的剧情所感化，这可看成'自感'现象。"

实例8-4

"加速度"的知识点学习中的类比型学习支架

学生初次接触"加速度减小，速度却可能在增大"的辩证关系时，有教师形象地将此比喻成"人从出生到成年，身高的增长越来越慢，但毕竟在增长"，还可比喻成"在银行的存款，每天存款额逐渐减少，可存款总额却与日俱增"，这两个比喻形象直观，通俗易懂，可使学生对加速度与速度的关系的理解豁然开朗。

多么有趣的打比方！这样的课堂让人忍俊不禁，又让人掩卷沉思。这是教学较高的境界，就像食物不仅有营养，还让人觉得有趣，值得回味。

（选自张玉成的博客，http：//blog.sina.com.cn/s/blog_8512a7670100uf5x.html，《妙"比"生花——物理教学中比喻的有机运用例说》）

第二节 精准教学的课堂标准

一、精准教学课堂基本准则

总的来说，精准教学在常规课堂上要体现五点要求，做到五个优化，处理好五种关系，注重五个"向"。

1. 五点要求

（1）在内容上，目标定位精准。

（2）在时间上，机会把握精明。

（3）在位置上，结构安排精巧。

（4）在方法上，手段选择精致。

（5）在感受上，配合对位精确。

2. 五个优化

（1）优化教学环境。

（2）优化教学内容。

（3）优化教学结构。

（4）优化过程与方法。

（5）优化练习与作业。

3. 五种关系

（1）主体与主导的关系。

（2）内容与形式的关系。

（3）过程与方法的关系。

（4）互动与调控的关系。

（5）预设与生成的关系。

4. 五个"向"

（1）精选内容，为学生提供学习指向。

（2）把握时机，为学生厘清学习取向。

（3）适度评价，为学生形成学习导向。

（4）明确目标，为学生指明学习方向。

（5）正确引导，为学生确立学习志向。

二、具体教学标准

具体到教学实践中，要注重目标导向，结合学生实际，从学生的需求出发来设计课堂和教学，切实解决好"教什么""怎么教"和"如何实现教学设计及过程最优化"这三大问题。

1. 目标：一切基于目标，一切为了目标，一切为了达标

（1）关注教学目标，更要关注学生本身，教知识是底线，育人才是根本。

（2）教学目标的行为主体是学生，让学生参与到教学目标的制定之中，目标的制定要准确、规范、可操作。

（3）课程标准只是底线，还要综合考虑学生的实际情况、教材及学段等，做到具体、可测量、有层次。

（4）目标在动态中生成，预设是良好生成的基础。要处理好预设与生成的关系。要把"进步""学会""了解""理解""掌握""运用"这些词从含糊的、内化的词，变成外在可见的、可以观测的过程，明确描述从学生的现有水平到教学目标之间的各个分步行为，挖掘学生最真实的学习能力，精准界定学生下一等级学习目标，通过各种手段让学生按步骤最终完成所有安排的内容。

（5）教学目标表述方法要注重运用学科语言描述，要关注学生心理过程，以反映学生理解、应用、分析、欣赏、尊重等内在的心理变化，做能做的，搁置不能做的。

2. 内容

教学内容是实现教学目标的载体。为了激发学生的学习兴趣，改变传统课程内容过于扁平化的现象，在精准教学活动中，教师应根据教材和学生的实际情况，针对学生的短板知识或技能，开发数字化教学材料。学习材料的设计，应符合科学性与趣味性的原则，以问题导入，故事化层层展开，借助手机、照相机、录像机或录屏软件来实现可视化。当前，微视频、微课教学、翻转课堂、幕课的研究与应用及互动数字课本等都是很好的尝试。

3. 形式

在教学形式方面教师可根据自己的喜好与习惯，将精准教学融入现有的教学策略，如直接教学、程序教学、翻转课堂、极课教育等。当教学主要是帮助学生掌握课程的基础知识与核心技能时，适宜采用班级差异化教学；需要培养学生的综合应用能力时，则小组合作研创型学习是最好的选择；面向社交网络的广泛联通生成性的学习，则以群体互动生成性学习方式开展。

4. 结构

教学结构应该科学、合理，其设计要遵循系统性原则、发展为本原则、学科特点原则和接受性原则。其表现为三段式：一是学习目标，将内容标准具体化为学习目标。二是评价设计，作业（习惯或表现任务）。三是学与教活动的设计，导入——让学生知道要到哪里去；过程——收集学生的过程表现，解释并促进；评价——判断目标的落实，引导学生自评；逆向教学结构设计——保证学习增值。

5. 作业

作业标准：指什么是有价值、严谨的作业。学生应该能完成哪些练习题、任务或者开发哪些活动。其表现标准：学生的功课必须完成得怎么样。内容标准：学生应该知道什么，能做什么。具体归结为三点：一是课堂上的评价，怎样才算精准；（提问，课堂作业）二是怎样设计精准作业；三是怎样根据学生的不同学习水平设计分层练习。

第三节　精准教学的价值

精准教学借助了信息技术的发展，在精准把握课程标准和学生发展实际的基础上，通过精准设计目标、精选教学内容与形式、精准测量学习表现并精准应用，使整个教学过程达到可度量、可调控等精准要求，实现班级内授课的差异化教学。对一线教学而言，具有重要的应用价值。

摸清学情、尊重差异、分层学习，利用数据来进行精准导学定位，突破以往经验主义教学的含糊与低效，往"以生为本，私人定制化"方向发展的精准导学，其价值至少体现在三个方面：

1. 对于教学理论的更新和教学技术手段的现代化都有积极的影响

当代社会的发展日新月异，尤其是在移动互联时代，学校教学所处的社会环境已发生了巨大的变化；信息技术深刻地改变了人们的生活方式、状态之时，也给教学带来了新的机遇与挑战。我们所熟知的学习隐藏着全新的领域，一些全新的、能让学生更好地掌控自己的学习方式逐渐显现。精准教学就是这方面有益的尝试。

2. 简单易用且高效，利于学生学习成绩的提高

精准教学的操作并不繁杂，教师学会进行精准教学的基本原则只需接受三个小时的直接教学或阅读简短手册的方式，而普通学生一般每天花一分钟或几分钟就能学会使用标准变速图表。教学进度符合每个学生的实际情况，更具针对性与实时互动性，这些将大大提升教学的效益。一些大样本研究项目有力地证实了精准教学在提高学习成绩、节省学习时间及在严重残疾学习者方面的高效性。具体来讲，精准教学在阅读、数学教学等方面表现出了巨大的优越性。

3. 可以促进教师专业化发展

精准教学对教师的教学理念、教育技术都提出了更高的要求。教师必须更加清楚地知道教什么、怎么教，必须掌握先进的现代教育技术，每节课都要有每节课的效益，不能造成课时的浪费；通过精准教学的实践，让教师把自己的智慧和技能用在课堂教学的"刀刃"上，将极大地提升教师教学的专业水平和能力。

第四节 教学不精准问题的分析

一、教学因素

1. 教学内容的问题

（1）教学内容与教学目标的游离，教学内容的范例性不够。

（2）教学内容对学生发展的独特性重视不够。

（3）教学内容的组织缺乏大学科观。

（4）教学内容与学生学习可接受性的不一致。

2. 教学活动和过程的问题

（1）教学活动与教学目标的内在联系不够。

（2）教学方式与教学内容的匹配不够。

（3）教学活动中学生的主体地位不明确。

（4）教学过程中学生的认知路径不丰富。

（5）教学过程中教师缺乏教学艺术性。

3. 预设与生成的关系处理不当的问题

（1）预设的内容、活动不留余地。

（2）不注意观察学生在教学过程中的反应。

（3）生成的内容和活动逾越预设目标。

二、影响精准教学的外在的可能因素

影响学生学习的外在因素包括社会因素及家庭因素，社会因素集中体现在社会变革、社会风气、媒体的价值观导向，以及教育的导向等方面，还包括家庭因素。家庭作为社会的细胞，是每个人与社会接触步入人生的起点。可以说，每个人的意志品质、个性性格、礼仪道德、人生理想、求知兴趣等都是首先在"家庭"中获得熏陶与启迪的。古语曰"父母耕读子孙贤""老子偷瓜盗果，儿子杀人放火"，足见家庭教育对人耳濡目染的巨大作用。

19世纪德国教育家福禄培尔（Friedrich Froebel，1782—1852）曾说："国家命运与其说掌握在掌权者手中，倒不如说掌握在母亲手中。"家庭是孩子的第一课堂，父母是子女的第一任教师。儿童、青少年具有极强的可塑性，家庭教育对孩子起着奠基作用，对孩子的智力、体力、道德品质的发展及个性的形成产生全方位影响。就学生的学习而言，家庭环境的影响因素主要有家庭关系、父母的教育观、家庭教养方式、父母的文化水平等。当然，家庭教育对于学生学习在知识方面的影响本身是次要的，情感态度价值观是主要的。家庭环境对学生学习主要产生间接影响，也就是说，家庭环境主要通过精神氛围的熏陶与父母无言之教的感化，来影响子女的志趣、情感、认识与信念等非智力因素，从而间接地影响子女的智力发展与学业成绩的提高。如果从直接传授知识和发展智力的角度讲，那么，学校比家庭更有优势。当前，有相当一部分家长并没有正确认识家庭教育的这一功能，片面追求孩子的智力发展与学习成绩，把家庭变成"第二学校"，不仅影响了自己的工作，而且加重了孩子不必要的学习负担，影响了孩子的学习和健康成长，这是十分可怕的。相关研究表明，与影响学生学习的其他家庭因素相比，家长的职业文化素质、家长的教养方式与学生的学习成绩密切相关。

1. 家长职业、文化因素与学生学习成绩间的相关性

原上海市教科所（现为上海市教科院普教所）1991年《初中困难学生教育的研究》课题组的研究证实，父母的职业与文化程度，在学习成绩好、中、差三组学生间的差异均达到显著水平。最近几年有人做过类似的调查，同样可以印证上述结果。从被调查者家长的职业文化程度情况可知：成绩排在前50名的学生家长职业、文化程度明显比后50名学生的家长职业、文化程度要高。

（1）学历为小学、初中的家长，前50名仅占16%（父）、30%（母），而后50名却占了82%（父）、94%（母）；学历为大专以上的，前50名占了38%（父）、28%（母），而后50名只占了6%（父）、2%（母）。由此可见，家长的文化程度对学生的学习成绩具有显著性影响。其中，母亲的学历对学生学习成绩的影响要比父亲大一些。

（2）职业为工人、职员的家长，前50名只占了12%（父）、42%（母），而后50名则占了64%（父）、84%（母）；职业为专业技术、科室干部的家长，前50名占了84%（父）、58%（母），而后50名却仅占6%（父）、1%（母）。同样可知，家长的职业与学生的学习成绩也存在着显著的差异。并且，父母亲职业为专业技术或科室干部的，学生学习成绩更为优异。以上情况可以说明，家长的职业与文化程度的高低，对学生的学习成绩有着较大的影响。其因果关系是父母职业、文化及社会经济地位的不同，使父母对子女的教育期望、教养方式、家庭文化氛围、家庭成员间的相互关系方面会有较大差别，进而对学生学习的动力产生正向影响或负向干扰作用。

2. 家庭教养方式与学生学习成绩间的相互关系

通过对学习成绩的比较研究及家长座谈会中获取的有关信息可知，家庭教养方式与学生学习成绩关系密切，主要表现在以下几个方面：

（1）家长的期望

从当前我国的现实情况看，家长过分溺爱与严厉粗暴都是不良的教养方式。过分溺爱体现在父母对孩子的爱缺乏分寸，无条件地满足孩子的一切要求，这样孩子会形成压抑、意志薄弱、胆怯、迟疑、情绪稳定性差等特点，还会形成自制力差、感情脆弱、不合群、动手能力差的弱点或恶习。而这些性格特征对学习最为不利，学习好毕竟需要学生具有坚强的意志力，且敢于想象、敢于挑战困难，动手能力强。另外，严厉粗暴也不利于培养学生良好的学习品格。

期望是家长对学生取得好的学习成绩的一种预设的期待、愿望，家长若能恰如其分地表达自己对孩子的期望，就有可能给他们的学习带来动力，对他们的学习起推动和促进作用。有关研究表明，优秀学生的家长对自己孩子的学习期望要明显高于学习困难学生的家长。这两类学生家长的期望存在显著差异，而家长的这种期望效应，在学生的身上也能体现出来，因而，两类学生认为家长对自己学习成绩的期望也存在显著差异。其中，学习成绩优秀的学生认为家长对自己学习成绩期望非常高的人数最多，占96%，而学习困难的学生仅占30%。

（2）家庭成员之间的沟通

在学习优秀学生与学习困难学生中，家庭成员之间的交流也存在显著的差异，我们所说的交流是指家庭中两代人能够经常性地讲述自己的现状并能尊重他人的建议与意见。在这两类学生中，愿意把心事告诉父母的，学习优秀学生占78%，学习困难学生仅占22%。而经常把心事告诉学生的两类学生家长尽管差异不显著，但是在比重上也有一些差异，如愿意把自己的心事告诉学生的优秀学生家长占46%，而学习困难学生家长仅占20%。可以看出，学习困难的学生家庭成员之间的交流明显要少于学习成绩优秀的学生。

（3）学习困难学生的家庭人际关系欠和谐

家庭关系是家庭成员之间依自身的角色，在共同生活中形成的人际互动或联系，是家庭的本质要素在家庭人际交往中的具体表现形式，是家庭成员之间社会关系的总和。当前，中国的家庭关系主要是夫妻关系和亲子关系。夫妻间的人际关系及他们之间的合作水平在很大程度上决定了家庭的基础特征，特别是对孩子的个性会产生多方面的影响，家庭毕竟是孩子最为接近的社会环境，这种环境造就了孩子的素质和他们的性格特点。

亲子关系是家庭关系中最为稳固的关系，它一旦产生就具有稳定性。如果父母子女之间不能够相互理解与正确相处，那么往往会带来严重的后果。家庭是学会人际交往技巧的第一社会群体。在教学中，要孩子学会合作交流，有沟通反思的能力，而这些能力的养成与家庭有密切的关联。另外，亲密的亲子关系有助于培养孩子坚强的毅力、较强的独立性、积极的进取心和广博的同情心，而这些心理品质对学生的学习有着重要影响。

从所调查的两类学生来看，学习成绩优秀学生的家庭和睦程度优于学习困难的学生，认为自己家庭成员之间非常友爱的优秀生占88%，学习困难学生占46%。可以看出学习困难学生的家庭人际环境较优秀生差。在对待孩子的教育一致性问题上，两类学生家长具有较显著的差异。优秀生的家长认为夫妻之间在孩子问题上存在矛盾的占24%，学习困难学生的家长认为存在矛盾的占52%，也就是说，在教育观点和教育方式上存在分歧的，学习困难学生的父母人数更多一些。

（4）在对孩子的教育方式上的差异性

优秀学生的家长更倾向于对孩子进行表扬和鼓励，而学习困难学生的家长在这一方面相比来说做得不够。认为父母对自己经常进行表扬的优秀生占76%，学习困难的学生占12%。当学生考试成绩不理想时，对孩子安慰鼓励的优秀生家长占74%，而学习困难学生的家长仅占10%，两类学生家长的态度呈显著差异。学习困难学生的家长对孩子比较溺爱，不管孩子提什么样的要求，都尽量满足的学习困难学生的家长占72%，而优秀生的家长则占46%。任何人都有自己的优点和缺点，作为家长不仅要看到孩子身上的缺点，而且要看到孩子身上的优点，并且要学会欣赏这些优点，不断鼓励孩子，增强孩子的自信心。但是调查数据显示，学习困难学生的家长经常为自己的孩子感到自豪的仅占28%，而优秀生的家长则占78%，两类学生家长在这一问题上呈显著差异。

我们认为，在当前的中小学教育评价体系下，对学习成绩的期望很高而使学生学习成绩优异的家长有更多鼓励、欣赏孩子的行为，而学习成绩差的学生的家长则更多的是埋怨、忧虑。在学习过程中，学生都希望得到鼓励与欣赏，而学习困难的学生却难以在家庭教育中获得满足感。

第五节 精准教学的教学生态

　　教学活动系统是一个具有生命活力的生态系统，教学的生态性是教学的内在特质；教学的生态特征主要体现在生命性、整体性、开放性、动态平衡性、共生性；优良的教学生态会使教学活动井然有序，学生得以持续发展，促进教育的各因素相互依存、相互促进、协调合作，促进学生自我激励，自我成长，自我完善。从学生发展的角度看，精准教学的教学生态包括学生的自主学习权利保障、学习的自由度和学习的深刻性等，从相应的教师的专业性配置看，教师要有厚重意识，要有自己的思想主张，要有积极乐观的心态等。

一、精准教学状态下对学生的要求

　　学生自主学习是一种主动的、有目标的学习，是学生能够在教师的引导下主动明确学习目标和任务、选择适合自我的学习方法、监控自我的学习过程、评价自己的学习效果的过程，并要求做到深入联系和有深度地学习，而不是泛泛地学习。

1. 学生自主学习的权利保障

　　学生自主学习解析为四个要素：建立在自我意识发展基础上的"能学"，建立在学生具有内在动机基础上的"想学"，建立在学生掌握了一定的学习策略、学习评价基础上的"会学"，建立在学生意志努力基础上的"坚持学"。从"想学"到"学好"，需要学生具有良好的学习技能和意志品质。

　　没有良好的习惯，就不可能有学习的动力，学习的效果也就可想而知。在强调学生自主学习的情况下，良好的习惯更是实现教育目的的重要因素，甚至可以说是决定性的因素。没有良好的习惯，没有学生的学习积极性和主动性，自主学习就不能落到实处。因此，自主学习要着力培养学生认真预学的习惯、专心听课的习惯、及时复习的习惯、独立完成作业的习惯、反思和练习的习惯、观察和思考的习惯。

学生自主学习必须有四个要素：一是要有明确的学习任务和具体的要求；二是要有充分的时间保障；三是要有巡查和指导；四是要有检查和评价。

2. 学习的自由度

良好的课堂教学氛围，安全自由的师生、生生关系，能更好地激发学生学习的兴趣。只有具有浓厚的学习兴趣，才能让学生积极主动自发地学习。那么，怎样创设安全自由的学习环境呢？

一是营造舒适的文化氛围。人性化，以生为本，在充满人文关怀的教学环境中，学生和教师的心情也是放松的，其创造力也会得到激发。二是打造开放式的教学模式。在开放的学习环境中，学习者感到安全，能没有顾虑或顾虑较少地自由发表意见，提出问题，真正打开思想的闸门，积极主动地实现认识或情感上的碰撞与融合。三是缔造互相信任的师生关系。积极的师生关系是教师与学生合作的关键，是学生安全学习的基础。如果学生相信教师所做的一切都是为了师生共同的利益，那么学生在学习上的表现会更加活跃和充满期待。毫无疑问，对一名教师来说，善于为学生营造宽松愉悦的学习环境，甚至比学识渊博更重要。教师与学生交流方式恰当了，师生关系融洽了，学生上课的心理负担减轻了，学习的效率自然就会提高，学习的效果就会更好。四是倡导互相尊重的生生关系。它有助于培养学生互助合作探究的学习习惯，更有助于形成民主、平等、和谐的课堂。学生在尊重的氛围中得到了来自学习伙伴的安全感，得到了被包容和被接受的满足感，这既提高了学生自身的素质，又减轻了学生的心理负担。

学习自由主要指：

（1）学生在教师帮助下，有自愿、自觉和自我指导的学习状态或权利。

（2）学生有独自思考、理解、表达的自由，免于被作为"灌输""训练"和"宣传"的对象。

（3）学生有免于任何精神或肉体处罚，以及不公正评价或对待的自由。

（4）学生有质疑教师观点或教材观点的自由。

（5）学生有参与讲座和决策自己学习的自由等。

3. 学习的深刻性

深刻的语意是深入浅出、茅塞顿开、入木三分、要语不烦；独到是指独具慧眼、真知灼见，能够于平淡中见新奇，发人之所未发，见人之所未见，具有独创性，是一种创造性思维。学习的深刻性主要表现为思维的深刻性。思维的深刻性是思考的广度、深度、难度和严谨性水平的集中反映。

深刻性的内在和外在特征：

（1）善于透过现象从本质上理解学科对象及特征。

（2）善于运用对立统一、辩证思维的观点理解学科对象。

（3）善于思辨，严谨认真，敢于质疑问题，勇探真伪。

（4）善于对学习中的问题深入思考，执着，大胆猜想，勇于尝试创造性的学习。

发展思维深刻性应注意：

（1）追根究底，凡事要去问为什么，坚决摒弃死记硬背。

（2）积极开展问题研究，常写小论文，养成深钻细研的习惯。

二、精准教学状态下对教师的要求

教师的教学热情与教学态度是点燃教学活力的火种，是实施精准教学、提高教学效率的有力保证，更是教师教学生命得以延续的潜在动力。

教师应具备的五大智慧：第一，教师的人格智慧；第二，教师的课程智慧；第三，教师的教学智慧；第四，教师的管理智慧；第五，教师的成长智慧。

1. 教师的厚重意识

厚重是一种素养。品德积淀之厚，知识吸纳之重，是教师好教书、教好书的基本素养。教书育人德要当先。避免出现一旦职称获得，便无所事事，坐享其成，放松学习和进取，结果自己打败自己，不要领导和学生评价等现象。

教书育人要像大海善纳百川，注重知识积累，要在教育教学的实践中学。教学实践是教师认识的源泉，书本知识归根结底是对实践经验的总结，要学以致用。

厚重是一种力量。底气十足之厚，信心百倍之重，品德修养、知识水平、专业能力、情操魅力等底气和信心所形成的一种非权力影响力，是一种教师魅力，也是一种对学生的感召力、吸引力，使学生对其形成信赖感、认同感、服从感和追随感。

2. 教师要有积极乐观的心态

（1）要正确认识压力，压力会不可避免地伴随人的一生；同时压力也是一把"双刃剑"，适当的压力也有助于创造佳绩。所以面对压力的时候，教师要保持一种积极的心态，要能拿得起、放得下。面对压力，保持乐观，首先我们就要认识自己，让自己做一个敢于面对现实、迎接挑战的强者。

（2）要想保持乐观的心态，积极面对生活，就要做一个感恩的人。感恩是一种美好圣洁的情感，拥有感恩之心会让人文雅高贵起来。感恩是一种利人利己的责任，感恩是一种幸福生活方式，感恩是一种不求回报的自觉和奉献，感恩会让我们更加坦然面对人生的坎坷和不幸。我们要学会感恩，做一个能回报社会的人。

（3）在社会工作中，要能找到自己真正的心理追求。我们在确定最终职业的时候，要认真考虑这是不是自己真正想要的工作。工作的最高境界就是在从事的职业工作中感到快乐和有意义，如果我们发现自己现在所从事的教育工作并不能给自己带来快乐，那么不如趁早转行，以免误人误己。当我们选定教师作为自己的终身职业时，就要对它充满崇敬，让我们在从事的教育教学工作中得到快乐和幸福的感觉，这样才能每天都会拥有积极乐观的心态。

一个有健康生活的人，他才会有良好的体魄和积极的精神。而我们教师也只有做一名乐观幸福的教师，才可以把这份爱与责任传递给我们的学生。

3. 教师要有自己的思想主张

教学主张是名师教学的内核和品牌。缺乏教学主张，或者教学主张不鲜明、不坚定，就称不上是真正意义上的名师。无论是名师的成长还是名师的培养，主张的提出是关键，主张的研究是核心。

教学主张是名师的教学思想、教学信念。思想来自思考，优秀教师在教学实践活动中都会自觉不自觉、有意无意地对相关问题进行思考，并在此基础上产生或形成对教学的一些看法、想法、念头、观点，我们将其统称为教学思考。这些思考不乏有价值的见解，但总体而言，是相对零散、不够系统的，是相对浅层、不够深刻、不够清晰的。只有经过理性加工和自我孵化，教学思考才能提升和发展成为教学思想。教学思想是教师对教学问题的系统的、深刻的、清晰的思考和见解，它具有稳定性和统领性。稳定性意味着思想一旦形成，不容易改变；统领性指的是对教学行为的影响力，行为是由思想而生的。

教学主张是教学思想的具体化、个性化和学科化，是教学经验的提炼、概括和提升，是理论与实践、认识与情感、知识与智慧的"合金"。教学主张从整体上表现了教师理性思考的深度和教学理想追求的高度。一言以蔽之，教学主张表现了教师教学自觉的程度，也是教学是否成熟、是否优质的重要标志，同时是衡量教学风格、教学流派是否形成的重要标志。对名师个人而言，提出教学主张就是给自己树立一面旗帜。因此，提出教学主张不仅是名师个人成长的关键环节，也是名师工程培养名师的核心抓手，我们都要做一名有思想的教师。

第六节　利用信息技术提高教学的精准性

一、精准教学的应用困境

精准教学虽不失为一种有效的教学方法，但在传统教学环境下其应用并不乐观，原因如下：

1.精准教学忽略了学习行为过程与个性化发展

精准教学是通过测量获得学习行为结果，进而依据结果进行强化练习，以提升学生的学习质量，是一种典型的结果驱动型教学。这种教学方式缺乏对学习行为过程的关注，忽略了学生在这一过程中表现出来的不同个性。

2.精准教学缺乏技术支撑

精准教学在操作上以测量、记录学生的学习表现为基础，以分析频率数据为基本技术。而在信息技术普及以前，精准教学的测量、记录都采取以笔和纸为工具的手工形式进行，故数据记录采集、分析，以及图形化、可视化的工作效率不高。

3.精准教学难以适应人才培养的需求

教学目标不再全是知识点的掌握，而是强调思维方法的习得。由于探究与应用创新的性质，很难有效测量、记录学生的学习表现，因此限制了精准教学的应用与推广。

二、教学的精准性与技术应用

精准教学从其诞生之日起，就与信息技术的发展息息相关。斯金纳程序教学的方式与信息技术的结合，也就是近年来流行的电脑辅助教学（Computer Assisted Instruction，CAI），利用电脑的输入、存储、记忆、提取的优点，精准教学获得了很多操作上的便利，依靠计算机强大的计算和统计能力，在现有的教学设计各阶段才可方便地进行精准优化。一些针对特定知识或技能的软件、先进的数据库技术、网络及通信技术等工具，也为教师提供了方便、准确的分析工具，以及与学生的个性化沟通模式。在信息技术的支持下，对每个学生实现精准的关注已成为可能。

1. 利用技术进行精确的判断

信息技术在精准教学过程中的各个环节都起着重要作用。对学生知识技能短板的确定，精准数字化学习材料的开发，班级差异化教学，以及课堂与线上个性化教学的结合，都离不开信息技术的支持；尤其是在对学生的学习表现做出精确判断并及时反馈方面，如果没有信息技术提供的大数据支持，是很难迅速、准确地判定当前的教学是否能够如期完成目标，以及学生需要怎样的个性化服务的。所有工具的使用都是为了构建透明的、科学的、可更新的及时评价系统，便于学生客观、及时地了解自身学习情况，为教师下一步的教学实施提供依据。

2. 信息技术与教学的全程融合

信息技术与教学的深度融合就是把信息技术充分渗透到教学的各个环节，进行交织、融合和相互促进。信息技术的教学应用不仅表现在作为工具产品在教学中的推广，而且体现在参与教学中物质、能量和信息的转换，从而不断构建新的教学关系，逐步塑造新的教学形态。首先，教学关系生成于信息技术使用之中；其次，信息技术使用体现在教学关系中；最后，信息技术使用是其功能在教学关系中的情境化、具体化。

3. 规避技术引起的误区

规避之一：重视计算机技术的应用，忽视其他教学手段的运用。对策：当用则用，用则精准，否则不用；以合适为主，做到画龙点睛。规避之二：重视多媒体技术的应用，忽视处理技术与课程的关系。对策：技术是为课程服务的而不是相反；以课程为本，能力培养和知识学习相结合。规避之三：重视教师的"教"，忽视学生的"学"。对策：信息技术不仅用于"教"，更要用于"学"；要以人为本，处理好人与技术的关系。

实例8-5

教师在上人教版数学七年级下册"镶嵌"一节时，有点困扰的是，所涉知识点虽是生活世界中随处可见的，但由于探索规律时涉及多边形内角和及不定方程的解法，造成了说简单又不简单，说不简单又简单的混淆认识。无论用课件如何演示，都达不到一个理想的效果，而用电子书包给出大量的规则图形让学生自行选择进行密铺，如图8-6-1所示，学生把左图密铺成右图后，很容易回答如何镶嵌及能够进行镶嵌的条件等问题，并运用通过探究得出的结论在电子书包上进行简单的镶嵌设计，像这样能让学生经历从实际问题抽象出数学问题，建立数学模型来解决问题的过程是精准到位的，是常规教学无法做到的。

图8-6-1

三、大数据技术对精准教学的影响

大数据的兴起，将数据价值推向了新的高度。大数据正在改变人类的思维方式，并以前所未有的速度引发了科技、教育、经济、军事等领域的深刻变革。在大数据激发的教育变革中，以测量、记录数据为基础的精准教学必将迎来新的发展机遇。

1. 大数据使精准教学测量数据更为精准可行

教学管理系统、自主学习系统、慕课、微课及学习社交平台等的广泛应用，促进了教育数据的海量增长，并预示着教育大数据时代的来临。教育大数据使学习行为、学习状态、学习结果等教育信息成为可捕捉、可量化、可传递的数字存在，平板电脑、智能手机、各种传感器、可穿戴式设备、射频识别（Radio Frequency Identification，RFID）标签等皆可成为数据自动采集器并被应用于教学的各个环节，使智慧校园、智慧课堂即将成为现实，这使精准教学测量数据更为精准可行：一方面，大数据及其依赖的各类智能系统既可以实现学习表现自动化测量、记录及结果可视化呈现，也可以提高数据采样频率，进而提升精准教学的流畅度；另一方面，大数据的海量数据处理能力，可以让精准教学摆脱规模的束缚，实现从简单少量的小学课程拓展到所有不同类型的课程，从面向班级的实验教学拓展到面向全校的普及教学。

2. 大数据使精准教学能够兼顾学生的个性化发展

在大数据环境下，学生的学习行为过程考察和个性化发展均成为可能。这是因为，学生在学习过程中的各类行为状态都可以转化为相应的数据记录，成为学习表现的分析要素。换句话说，在传统教学环境下，精准教学过度强调学习行为结果的分析，并根据结果分析来干预学习行为；而在大数据环境下，精准学习不再完全依赖于结果分析，还要考量学习行为的过程等其他要素——通过采集学生在学习过程中产生的各类状态信息，形成反映学习情况的数据源，随后利用各种数学建模方法和大数据处理技术对数据源进行测量、分析与比较，并根据此结果对学生的学习行为及其学习表现进行评估和干预，既可以预测学生未来的学习表现趋势，也可以为个别学生量身定制更为有效的干预方法和改进措施，以保障学生的个性化发展。

3. 大数据使精准教学环境更为开放高效

大数据的多样性、异构性决定了其不隶属于某一个独立的系统组织——在教育领域，大数据是跨学科专业、跨平台、跨组织的开放跨界资源，它是各类服务于教育教学工作的信息系统集成互动的产物；学校、企业、教师、学生乃至家长和社会公众，都可成为教育大数据的生产者和应用者。在此背景下，精准教学的主体不再限于教师和学生，教师也不再是精准教学的唯一主导者，故以学生为主体、多元参与的精准教学成为可能——学生为自己量身定制教学方案、测量数据，家长快速、全面地掌握学生的学习表现数据，教育管理者根据相关数据更好地组织教育资源、制定教育改革的方向和措施，从而使精准教学无缝嵌入整个教育教学体系之中。此外，在传统教学环境下，精准教学从数据测量、记录到结果分析需要一定的时间，特别是当数据量大的时候，时间消耗很大；而大数据的实时性，使精准教学各类数据从生成到结果分析可以瞬间完成，故大大节约了时间成本。

四、大数据技术对导学解疑阶段中精准教学的作用

在传统教学环境下，教师更倾向于套用某种成熟的教学模式，而精准教学往往被视为一种教学评估策略或者某一门课程的教学方法而非教学模式，故精准教学在应用和推广时首先便遭遇了教师这种思维理念上的阻碍。大数据突破了传统教学环境的诸多制约，有利于推动教师在思维理念上接受并认可精准教学，故利用大数据构建可供教师借鉴的精准教学模式，对推动精准教学的发展、促进精准教学的应用具有重要意义。为此，本研究从教学目标确立、教学过程框架设计、教学评价与预测三个维度，构建了基于大数据的精准教学模式。

1. 精准化的教学目标确立

明确教学目标是实施教学的逻辑起点，也是检验教学成败的重要依据。据此，精准教学的首要任务便是确立精准化的教学目标。在传统教学环境下，教学目标可以是模糊的，如在计算机基础课程中，某一节课程的教学目标可以是"熟练掌握十进制、二进制的换算"，其中的"熟练掌握"便是一个模糊的程度词。但在精准教学中，必须设计精准化的教学目标，即对学生掌握的知识或技能程度必须有一个精准的解释和描述——解释的基本思想是问题的分解与细化，描述的方式即量化。也就是说，在精准教学中，每条教学目标应转化为对应的问题，每个问题则应分解、细化为可以量化描述的小问题，如"熟练掌握十进制、二进制的换算"可以转化为"3分钟之内完成1000以内的十进制、二进制互换算题5道，正确率100%"——这里的"熟练掌握"经分解、细化、量化后，既包括对知识或技能的准确掌握，也包括运用知识或技能的速度，故与精准教学的"流畅度"衡量指标完全契合。

2. 程序化的教学过程框架设计

精准教学起源于Skinne的程序教学，故程序化是精准教学的核心要素。设计程序化的教学过程框架，是保障精准教学有效实施的关键。本研究设计的程序化教学过程框架，是指基于大数据实施精准教学的流程与规则，具体包括以下几方面：

（1）建立大数据教学资源库，并实施个性化资源推荐。程序化教学的本质是一个输入输出系统，即输入教学资源、输出学生的学习结果。在传统教学环境下，由于教学资源有限、信息技术匮乏，输入输出系统以整个教学班级为基本颗粒，无法保障学生的个性化发展。针对此问题，本研究提出建立大数据教育资源库，以管理海量的数字化教学资源；同时，将输入输出系统的基本颗粒由班级细化到每个学生，利用智能推荐技术，根据学生的学习特点配置不同的优质教学资源，实施个性化教学。

（2）优化传统教学过程，融入精准练习、测量与记录。本研究充分利用大数据技术的优势，优化传统教学过程，并在此基础上，融入精准练习、测量与记录，进行精准教学，从而为下一步的教学决策和学习干预提供支持。具体来说，本研究在操作层面进行了两类尝试：①基于翻转课堂的精准辅助教学，即以微课为内容、以微信公众号为平台，进行精准教学——首先，学生实名关注微信公众号；其次，学生点击微信公众号平台上的微课资源，并进行实时互动、练习与答题；最后，后台系统自动记录学生的学习行为，形成每个学生的学习轨迹与分析结果。②基于项目导向任务驱动的精准实训教学，即以计算机基础课程练习测评系统为平台，在传统的项目导向任务驱动教学框架内，进行精准教学——首先，学生登录系统进行实训操练，每完成一个任务即可提交，否则无法进入下一任务阶段；其次，待整个项目完成后，提交至系统评分；最后，系统实时精准地记录学生登录并完成每个实训任务的时间、失分点（错误）和最终分数，形成学生的学习轨迹与错误问题域。

（3）实施精准干预。精准干预是精准教学的精髓所在。在大数据环境下，无论是微信公众号还是计算机基础课程练习测评系统，师生之间都可以实现跨越时空的沟通，且沟通记录可追溯查询。根据测量、记录呈现的学生学习行为，教师能够判断出学生能否顺利达成教学目标——若能达成，说明无问题；若不能达成，说明有问题，需要干预。具体来说，本研究在操作层面按照特殊问题和普遍问题分别进行了针对性的干预：针对个别学生的特殊问题，通过即时通信工具，进行实时点对点的干预纠正；针对反映比较多的普遍问题，则通过教学博客、微信公众号、朋友圈，予以统一干预纠正。干预是一个反复的工作，而练习、测量与记录同干预一起，构成了一个循环迭代的过程，这个循环迭代直至全部学生达到了教学目标所要求掌握的知识或技能才会终止。

3. 精准化的教学评价与预测

在传统教学环境下，教学评价或为模糊的经验判断，如通过"优""良""中""及格""差"等程度词来评价学生的学习表现；或为简单的分数判断，如通过期末考试成绩、期中考试成绩、总分、平均分等来评价学生的学习结果。而在大数据环境下，传感器技术、人脸识别技术、学习分析技术等众多先进技术的融合应用，使精准教学评价从伴随教学行为的开始到结束，并能够对尚未发生的未来进行精准预测。比如，郑怡文等提出了一种课堂大数据采集技术，该技术集成了学生坐姿测量系统、眼部识别系统和噪音识别系统，通过获取学生在课堂上的一些生存状态大数据，可以比较准确地解读、分析进而判断出学生的学习情况（如到课情况、思想集中情况、课堂活跃情况、身体疲倦情况等）；该技术具有较高的实时性，使对每个学生实施精准有效的关注成为可能。由此可见，基于大数据的精准教学评价是一种全员、全过程、全方位的实时评价。

在基于大数据的精准教学模式中，教学评价主要依赖于技术手段（包括大数据采集、教育数据挖掘、学习分析和数据可视化技术），通过各类智能教学系统自动监控、自动分析学生的学习情况，并实时反馈给需要的人；教师、学生、家长等可以根据自身的需求，查询并生成可视化的评价报告。预测则指综合分析每个学生在各个阶段的学习表现数据和其他系统数据（包括各个教育系统、评估系统、专家系统）后，形成数据决策支持系统，并对学生在未来一段时间的学习表现进行预测，进而根据预测结果提出相关的改进建议或学习对策。

五、基于大数据的精准教学反思

1. 大数据下精准教学的主体关系变化

在传统教学环境下，精准教学的实施基本是教师主导、学生参与的二元封闭系统。而在大数据环境下，教师的主导作用明显弱化，基于信息技术的先进教学平台及其产生的数据成为精准教学的重要依托；学校、企业、教师、学生乃至家长和社会公众，他们对数据的获取在理论上是对等的。因此，精准教学的实施必须打破传统教学环境下教师主导、学生从属的关系，而建立以数据为纽带，以学生为中心，有教师辅导、家长参与、社会关注的新型开放的主体关系。

2. 基于大数据的精准教学中的数据伦理问题

精准教学对学生学习行为数据的测量与记录，其本质是学习行为的数据化。尽管这些数据对于促进学生的学习有很大帮助，但不可忽视的是，数据本身并无判断能力，且数据的价值具有多元化的特点——在精准教学过程中产生的数据，其主要价值是服务于监测、评估学生的学习表现；但是，这些数据同样也可以解读出其他的信息，如学生的生理、心理特征及其可能存在的缺陷等。显然，数据的预测结果一方面有助于精准教学干预纠偏，另一方面也可能给学生带来消极影响，如有数据显示某一学生在阅读方面存在重大障碍，这一结果就会打击这个学生的自信，从而对这个学生的学习干预乃至未来发展起反作用。怎样确保这些附带各类个性特征的数据被正确使用而避免陷入伦理困境，是当前大数据精准教学需要考虑的一个难题。

3. 基于大数据的精准教学中的安全保障问题

精准教学将每个学生的学习情况予以精准记录，而这些精准记录的数据涉及诸多隐私问题。在当前开放互联的大数据环境下，银行、医院、电商平台等遭受黑客攻击、用户数据泄露的事件时有发生。精准教学理论源于行为主义心理学，其测量记录的数据在某种程度上反映了学生的行为心理，一旦泄露并被不法分子利用，其后果不堪设想。因此，在大数据环境下能否有效保护学生的个人隐私和学习数据安全，是精准教学在应用、推广中急需解决的一个重要问题。目前，已有很多研究者从技术、制度和心理等多个角度，对基于大数据的精准教学安全问题进行了研讨。

以云计算、数据挖掘和移动互联为支撑的大数据技术，给教育教学带来了颠覆性影响。精准教学自诞生以来，便与程序、数据密不可分。在传统教学环境下，囿于技术条件，精准教学的理论研究与实际应用不容乐观。而在大数据环境下，学生学习行为的自动测量、自动记录、高效分析与精准预测均已成为现实，使精准教学突破了传统教学环境下的操作困境，为下一步的应用、推广提供了强有力的支持。需要强调的是，基于大数据的精准教学模式在教学实践中的应用，不仅需要大数据的技术支持，更需要有与之相应的思维理念的跟进。

第七节　精准导学工具：支架式教学

斯金纳的学习理论把人的学习同动物的学习等同看待，将其过于简单化地归结为机械的操作条件反射，没有认识到人类学习的意识特点，不关注学生的智力活动和独立思考，这些局限性也在一定程度上被带到了精准教学中。

（1）教与学可以实现真正的"精准"吗？其支持的条件是什么？精准教学的"精准"有赖于可观察与可测量到的行为，那么，学生学习背后复杂的情感态度、道德规范等，是否都"可数"呢？要使课堂教学实现真正的精准，还需要基于学生最近发展区理论的支架教学法的辅助才行。

（2）对不同的学科、不同的学生来说，精准教学的效果是否一样高效？已有的研究结果仅仅表明，精准教学是一种补救学生学业技能不足的精准策略，难以在学生的关键能力的形成、核心素养的培养上有较大作为。这一点，正是一贯强调通过跨学科设置学习支架的支架教学法能够有所作为的地方。

（3）离开信息技术的支持，精准教学还能实施吗？信息技术只是提高教学精准性的手段之一，有时借助于支架教学，精准教学有所作为的空间会更大。

一、支架式教学的定义

有人把支架教学法比作两个人在打乒乓球，你推我挡，学习者作为新手，正在努力尝试。教师是教练，是陪练者，他有时需要把球挡回去，有时需要在技术上对学习者进行指导，有时甚至叫暂停，让学习者休息。这种打乒乓球的"游戏"既是一种训练模式，也是一种训练策略。其实支架教学法也是一样，是一种讲究谋略的范式。

目前，研究者们对什么是支架式教学在性质判断上还存在不同的观点。有的研究者认为支架式教学是一种教学模式，有的认为它是一种教学思想，有的则认为是一种教学策略。随着时间的推移，现在越来越趋同于认为它既是一种教学策略，也是一种教学模式。从策略上来讲，它体现了建构主义关于教与学的理念，十分强调教学活动中教师的支持、引导、协助作用。从模式上讲，支架式教学是建构主义的教学模式之一，给出了教师大致的可操作性范式。

支架式教学首先表现为一种教学策略。

关于教学策略，欧共体"远距离教育与训练项目"（DGXIII）的有关文件做了详尽的阐述："支架式教学应当为学习者提供并建构对知识理解的一种概念框架。"这种框架是为发展学习者对问题的进一步理解所需要的，为此，事先要把复杂的学习任务加以分解，以便把学习者的理解逐步引向深入。

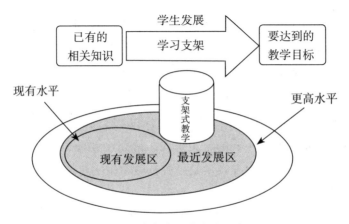

图8-7-1　支架式教学的作用过程

迪克森（Dickson，Chard&Simmons，1993）等也提出过，支架式教学是系统有序的，包含了提示性的内容、材料、任务及相应的教师为改善教学所提供支持的过程。罗森赛恩（Barak Dosenshine &Carla Meister，1992）等认为，支架式教学是教师或更有能力的同伴为帮助学习者解决独自不能解决的问题，也即帮助学习者跨越当前水平和目标之间的距离而提供帮助、支持的过程。伍德等认为，支架式教学是一种新手在更有能力的他人帮助下解决问题、完成任务或达到他们在没有支持的情况下不能达到的目标的过程。斯南文（Slavin，1994）指出，支架式教学是教师引导教学的进行，使儿童掌握、建构和内化所学的知识技能，从而使他们进行更高水平的认识活动的过程。

国内许多学者比较认同的是，支架式教学是指教师引导教学的进行，使学习者掌握、建构和内化所学的知识技能，从而使他们进行更高水平的认知活动。简言之，是通过支架（教师的帮助）把管理学习的任务逐渐由教师转移给学习者自己，最后撤去支架。在实施支架式教学时，可以先由教师将学习者引入一定的"问题情境"，并提供可能获得的工具；然后由教师为学习者确立目标，用以引发情境的各种可能性，让学习者进行探索尝试。这种目标可能是开放的，但教师会对探索的方向有很大影响，他可以给予启发引导，可以做演示，提供问题解决的原型，也可以给学习者以反馈等，但要逐渐增加学习者自己对问题探索的成分；最后，教师要逐步地让学习者自己去探索，由他们自己决定探索的方向，选择自己的方法，这时，不同的学习者可能会探索不同的问题。

看来，支架式教学十分强调在教师指导下的发现，强调教师指导成分要逐渐减少，最终使学习者达到独立发现的程度，将监控学习和探索的责任由以教师为主向以学习者为主转移。学习者是主动的，他要对自己的学习活动进行计划、监视、评价和调节，因此监控学习的责任不再完全由教师承担，学习者要对学习过程进行自我监控，但这需要有一个由教师监控向学习者监控转化的过程。在学习过程中，指导者必须确保能为学习者提供足够的但不过多的支持，并在减少指导者的指导和增加学习者的能力之间保持一种微妙的平衡。在支架式教学过程中，尽管刚开始教师掌握着较多控制权，但教学的最终目标是隐藏指导者的指导，使学习成为独立、自主的学习。支架式教学起到了一种临时性的、可调节的支撑作用，能帮助学习者发展新技能。在这个过程中指导者将知识的表达和示范都加以情境化，并针对学习者的情况加以指导，促进他们对知识的理解和思想的交流。

综上所述，我们可以将支架式教学界定为建构主义的一种教学策略，一种以学习者当前发展水平为基础的、系统有序的、可运用多种方法引导学习者主动建构知识技能并向更高发展水平迈进的教学策略。它包含了以下几个主要特征：

1. 它是一种方法论意义上的教学指导策略

支架式教学目的就是为学习者提供足够多的指导和帮助，以便他们能完成仅仅依靠他们自己的能力无法完成的学习目标。根据维果茨基的理论，成人先为儿童建立许多心理对话模型，并通过社会交互来控制他们的行为。然后经过一段时间的反复实践，儿童开始内化这些模型，并对自己的个体行为负责，从而产生自己的认知活动。最后这种活动成为一种隐性的、自然而然的意识行为。这方面的最好例子就是小孩学穿衣服，首先是成人帮他穿，再教他穿，最后，这个小孩就开始内化这种活动并能说出穿衣服有哪几步。因此，当教师建立模型，并以口头演示来指导学习者完成这一过程，学习者就会逐渐地获取这种能力。对任何一种学习活动来说，支架式教学的目的就是使学习者能够独立自主地学习。这种教学开始于师生之间的一种公开的对话交流，然后随着这种对话逐渐地消失，直至对话和认知活动的内化。这并不意味着学习者只是简单模仿教师，因为每个学习者都可以发展他们自己解决问题的行为方式。因此，教师的职责就是为学习者提供一定的条件，让他们有机会建构他们自己的理解，使用策略来整合那些精准的基本元素并加以充分利用。教师的作用就是促成这种建构过程，从而确保策略的关键元素和学习者的理解的精准整合与应用。虽然维果茨基是以儿童为研究对象来建立这种理论的，但是他的理论同样适用于成人学习。因为当人们进入一个新的领域时，他原有的知识或解决方式无法帮助他解决新领域中的问题，有时甚至会起阻碍作用。因此，他需要建构解决新问题的模型，而这时就需要他人的引导和帮助，来促进对知识的理解和思考，从而进行意义的建构。

2. 它包含学习的加工过程

当允许学习者对将要学习的内容进行详细阐述和思考，并为他们提供将所学知识与先前已学知识相结合的机会时，那时的学习将是最精准的。

3. 它是一种预期教学

预期教学指的是能预测学习者能力的教学。支架式教学即假定每个学习者最终都将获得独立自主、自我调节的学习能力。而参与到这种对话交流和最终达到自主学习的程度又因学习者能力的不同而各有差异。

4. 它是一种个性化教学方法

支架式教学是一种因材施教的教学方法。为了实施这一教学原则，教师就应考虑学习者的需求、兴趣爱好和能力。因为每个学习者的能力不同，所以他们需求的"支架"程度也不一样，这就使教师需要考虑学习者能力和所提供的学习支持之间的微妙的平衡。

实例8-6

在一节"圆锥的侧面展开图"的公开课上，教师先请四人小组合作，每个组挑课前做好的1—2个圆锥来研究，研究时可以看、摸、剪……教师接着口述要求：请大家先独立思考圆锥的侧面展开图是一个什么图形？这个图形中的一些量与圆锥的半径、母线等有何关系？当自己觉得有结果时再在组内进行交流。课堂上教师观察到学生独立思考时大约用了2分钟，然后开始组内交流，又不知不觉过去了10分钟，这时教师发现本来安排6分钟的合作时间，现在时间已超过了，合作与交流活动却没有结束，无法收尾。此时，教师为了完成后面的教学任务，不得不强行停止小组交流环节。

……

思考：应该说这个教学内容是具有数学活动的价值的，但是，进行教学过程的设计时，对学生的数学活动没有系统规划，没有活动指南，这就造成了教学活动过程中无法考虑不同学生的不同需求，无法引导不同水平的学生都参与到教学活动过程中，等等。活动的表象只能是低层次的交流，甚至学生的思维还未充分打开就往往被别人简单的观点同化，造成人云亦云的现象，使学生对问题的探究总是浅尝辄止，容易挫伤优秀学生参与的积极性，浇灭优秀学生创造性学习的热情，滋生敷衍了事的不良习惯，使参与流于形式，不能真正发挥学生的主体作用。

为此，教学设计中应事先设置如下学习支架：

四人一组，一名同学负责剪，一名同学负责量，一名同学负责记录，一名同学负责协调。在进行讨论时，预习过的或者学习成绩暂时较优的请选择靠后的问题回答，学习暂时有一定困难的，请选择前面的问题回答，要求人人要发言，发言要有记录，有学生发言时，组内同学必须认真倾听，并给出补充意见。

问题支架：在看、摸、剪、量的过程中，思考下列问题，并把小组讨论的结果记录下来：

- 在保证便于复原的前提下，应该怎样剪才能把圆锥展开成平面图形？
- 展开的图形是什么图形？
- 圆锥的底面圆的边框去了哪里？圆锥的侧面去了哪里？
- 如果已知底面圆的半径r，你能求出圆锥的底面圆的周长与面积吗？
- 如果不知道底面圆的半径是多少，你需要什么量才能求出圆锥的底面圆的周长？
- 你需要什么量才能求出圆锥的侧面积？

二、把教学起点精准地锁定于学生的最近发展区中

处在最近发展区这一区域的学生，认知情况处在知与不知、会与不会、能够胜任与不能胜任之间，所以需要设置系列学习支架才能完成既定的学习任务。如图8-7-2所示，这些系列支架中的左侧第一个支架极为重要，因为它决定着教学的起点问题。教学起点，即一堂课的教学从哪里入手，在什么问题的基础上出发。教学起点要根据学生的学习起点确定，把握学生的学习认知水平和生活经验，才能克服教学过易或过难的现象发生，准确把握教学起点是提高教学效率的基础。下面就这个话题谈谈如何从学生的认知背景和生活经验出发，找准进行新知教学的起点，从而提高教学的精准性。

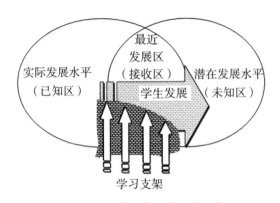

图8-7-2　学生发展的三个区域

学生学习的起点是影响学生学习新知最重要的因素。正确把握学生的学习起点，能使教学更有针对性，能使教学以教其不知、释其所疑、长其心智为目的和归宿，为真正实现精准导学奠定基础。找准学生的知识起点，就是要及时唤醒学生与新知识有关联的旧知识，把新的学习内容与学生认知结构中原有的知识系统建立实质性的联系，抓住新旧知识的连接点，找准学生的最近发展区，让学生"跳一跳"能摘到"果子"。

学生的认识起点是在教科书中还是在学生头脑的现有图式中？教科书是我们设计教学目标和判断学生知识起点的依据之一。但在处理教科书时，不能仅以教科书作为教学设计的唯一依据，而是要对学生的现有认知水平做一个充分的调查，充分掌握学生的已知、未知区，精准地确定最近发展区。要认真地关注、了解所任教学科在整个学程或者说在所有学段的内容分布，充分了解同

一教学内容在不同学段所呈现出的不同表现形式，仔细研读所任教课程各个阶段的课程标准，加强对要求呈螺旋上升部分教学内容的研究，做好教学的衔接。

实例8-7

在教学"矩形"时，在导入部分，为了设疑激趣，教师先在白板上画了一个矩形，教师问："我们以前学过矩形吗？"本以为学生都会回答："没学过！"没想到大部分学生不假思索地回答："学过！"但教师还是说："那我们再学一遍，请大家测量一下自己事先准备好的矩形的四个角是多少度，有什么特点。"教师话音刚落，测量的行为还没发生，大多数学生便回答："90度，四个角相等。"教师只好说："那测量一下四条边吧。"学生立答："对边相等。"至此，教师事先预设的课堂活动完全进行不下去了。

实例8-8

一位教师在给九年级学生讲授《用公式法解一元二次方程》的新知时，一开始教师就提出"如何解关于x的一元二次方程$x^2+px+q=0$"的问题，结果部分学生反应茫然，不知所措。接下来，教师用配方法求出了该方程的解，并进一步推导出一元二次方程的求根公式。从学生的表情看，大部分学生对教师的讲解听不懂，是什么原因使学生的思维受到了阻碍？

实例评析：

实例8-7中所展现的"矩形"内容在小学三年级就学过了，只不过那时叫长方形不叫矩形罢了。到了五年级，学生还学了长方体及正方体，所以这部分知识，学生已经相当熟悉了。而教师事先的教学设计，却把学生当作"零起点"。因此，课堂中学生基本上不加思考就能回答教师的问题也就不"意外"了。教师对学生学习起点的认识明显存在问题，有"削足适履"的嫌疑，对这些小学已学内容的初中后续教学，教师更需精心设计。其实，这节课的起点可适当提高，把重点放在引导学生分析平行四边形与矩形、直角梯形与矩形的关系上重新认识矩形，让学生认识到只有一个直角、只有两个直角的四边形是不可能为矩形的，矩形不过是平行四边形的一个角变化到90度的特殊情况而已。

实例8-8中，用公式法解一元二次方程本身是较难的新内容，教师却从含字母系数的一元二次方程入手，起点过高。可能有的教师会说，用字母代替数不是早在七年级就学过了吗？不错，七年级是学过，但字母代替数本身在数学史上就是一场革命，从数到字母是有一个过程的，初中阶段的相当部分学生未必走完了这个过程。还有当这个以字母形式存在的待定系数与未知数捆绑在一起的时候，一会儿是字母，一会儿又是未知数的，学生极易迷糊。正确的做法是，从解整数系数的一元二次方程入手，从易到难，逐步提升。

反思：

在平时的教学中，我们很多教师有过类似的经历，我们也经常追问："为什么学生面对教者精心设计的提问却无言以对？""为什么学生面对教者呈现的'精彩的画面'却视而不见呢？"但回过头来想一想，这一切能否归罪于我们的学生呢？作为教者我们自身是不是也存在一定的问题呢？而造成这种局面的根本原因又是什么呢？

其中最主要的原因就是我们教师常常依据自己对教科书的把握和对知识的理解来开展教学活动，而忽视了学生已有的知识储备和生活经历，以至于让课堂教学脱离了学生的实际需求。学生作为社会成员的一分子，他所面对的不仅仅是学校教育，同时更有家庭教育和社会教育。尤其是在信息技术高度发达的今天，学生获取信息的渠道大大地拓宽了，在某些方面，学生的信息量或技能水平甚至超过了教师。教师如果对这种形势缺乏认识、缺乏心理准备，就难免在课堂上遇到学生不买账的尴尬局面。准确锁定学生的学习起点是教学成功的前提。

三、在课堂的动态发展中把握教学起点

知识源于生活，植根于生活，没有生活的科学是没有生命的科学。新课标倡导的课堂教学就是要从学生的生活经验和已有知识出发，联系生活的教学，把生活经验与教学联系起来。实践证明，越是与学生经验联系紧密的教学，越能引起学生的求知兴趣，越能取得好的效果。认真调查了解学生的生活经验积累，是确定教学起点的重要方面。

在教学实施过程中我们也可以不断理清教学起点。在课前，我们可以采取课前问卷、学生访谈、布置一些课前作业等形式展开调研，从这些调研形式的反馈情况中了解个体学生的学习起点。在课中，用课堂观察的方法了解和修正教学起点。在课后，我们可以用课后反思的方法，重新审视教学起点，每节课结束后，我们可以将教师了解到的学生的真实学习起点情况记录下来，为今后

的教学提供翔实的资料。

　　教学起点的把握绝非静止的、一成不变的，它应该是动态的、富有变化的。教师在现实的教学中要善于分析和思考。那种置学生的需求、困惑和情绪于不顾的效率，不是真正的效率；那种多数学生只是当了一回"无聊的观众"的课，更不是真正的精准的课。因此，教师要在教学实践中，根据鲜活的"学情"做现场处理，根据课堂上表现出的现实起点做随机调控。

　　学生在课堂中出现的错误和问题，为我们把握教学起点提供了真实的"现场第一手资料"，我们应该及时抓住这些信息。同时，在整个师生教学互动的过程中教师应该善于分析判断，如观察学生对学习难度的反应，学生对教师提问的反应、学习心态等，结合学生发展的可能性，及时调整教学起点，以适应学生的现实情况和发展需求。

　　当然，学生是有差异的，学生的学习起点不尽相同，在教学实施中应该因人而异地做出相应的处理。不过有一点可以肯定，教学应该是所有学生在现有起点上的生成与发展。

👤 实例8-9

　　在七年级上册"有理数的大小比较"的教学过程中，两个负数比较大小是个难点。教师出示问题："-2与-8究竟谁大？请结合自己的生活实际来说明。"要求学生独立思考后回答。

　　生1：考试的时候，被老师扣2分比被老师扣8分的分数要高，所以-2>-8。

　　生2：-2℃比-8℃要热，所以-2>-8。

　　生3：-2楼比-8楼要高，所以-2>-8。

　　生4：欠钱，欠2元比欠8元要好，所以-2>-8。

　　生5：在数轴上右侧的数总比左侧的大，所以-2>-8。

　　生6：在考试时，扣2分总比扣8分要好，所以-2>-8。

　　生7：比平均身高低2cm比低8cm要好，所以-2>-8。

　　生8：打球时，输2个球比输8个球要好，所以-2>-8。

　　师：（教师观察到有少数学生沉默不语，或面露迷茫）很好，看来不少同学得出了-2>-8这个结论，有没有不同的看法？请大胆表达。

　　生9：我认为，如果负号表示向西，那么，-8显然比-2离原点更远，所以-2<-8。

生10：扣8分比扣2分要多，为什么不是-2<-8？

师：有两位同学勇敢地表达了不同的看法，请大家讨论一下，这两位同学的看法是否合理。

讨论一段时间后。

生11：我们组经讨论后认为，生9的说法是不对的，因为正号表示向东，表示了运动的目标与方向，所以应该是越靠近东的数是越好的，越好的数应该越大。所以，-2比-8要好，所以-2>-8。

生12：我们组讨论后认为，生10的说法是不对的，因为分数多少要看标准，比如100分满分，扣2分就是98分，扣8分就是92分，98>92。所以，扣2分的人分数比扣8分的人分数要高，所以-2>-8。

师：很好，从这两位同学的发言，我们是不是可以得出结论，比较两个负数的大小，要注意从正方向的角度、从代表标准的原点的角度来看问题。请问生9、生10同意吗？

生9生10：懂了，非常同意。

……

评述：

两个负数的大小关系，对成人的思维而言，是显而易见的，但对适龄儿童而言，可能就没这么简单了，这就要求教师创设一些动态的形式鼓励更多学生参与，在动态中把握不同学生的不同起点。上述范例中，前8名同学显然已理解了两个负数的大小关系，虽然表述上不见得很严谨、很科学，但从形式与表面上有了一定的理解，是否达到了深度理解，就难说了，如果教师就此打住，开始总结，这种没有反对声音的活动就是一种静态教学或结论式教学。教学中要创设动态环境以静等或引导反对声音的出现，是一种更为完善的做法。上例中有了随后两名同学的批判式问题，加上随后的全班讨论与交流，应该说全班学生的认识就达到了一个新的高度。

四、利用情境支架、问题支架、图式支架提高教学过程设计中的精准度

从人的成长经历来说，由于受年龄、家庭因素等限制，学生在很多情况下的表现并不是我们预想或计划中的那种理解和体验。我们要在课堂教学中重视过程性教学，并通过过程性教学发现问题，通过过程性教学丰富学生的亲身体

验，形成学生的实践意识，使学生感悟到科学的思想和方法，提高各种学习的技能。苏联著名教育实践家和教育理论家苏霍姆林斯基认为，把握学生注意力的最佳途径是形成、确立并保持情绪高涨、智力振奋的状态，使学生体验到进行脑力活动的自豪感。如果教师不去设法使学生形成这种内部状态，只会导致学生以冷漠的态度对待学生，而不动脑子的学习活动只会带来疲劳。"跳一跳，才能摘到果子"，这句话的本意是"树枝不能太高或太低"，要使学生必须跳一跳，才能摘到果子。问题是果子够不够有吸引力，学生愿不愿意跳起来，这就需要我们在教学过程的设计中多考虑以情境支架、问题支架、图式支架等方式，来丰富过程性教学的背景，让学生获取恰到好处的支撑。而这些情境支架、问题支架、图式支架有可能是教材有的，但需要教师适当加工，也有可能是教材没有的，需要教师创新，从而为学生的发展形成真正有力的生长点。

实例8-10

人教版八年级下册"平均数"一节的教学，平均数这个知识点在小学已经学过，而且在学生的生活中也常常用到，所以内容较简单易懂，类似这种情况就可以设置这样的情境：

（1）小明班同学的平均身高是140厘米，所以他的身高一定是140厘米，对吗？

（2）上明班同学的平均身高是140厘米，小强班同学的平均身高是137厘米，可以说小明一定比小强高吗？

（3）游泳池的平均水深是130厘米，小明身高140厘米，他在游泳池中学游泳，会不会有危险？为什么？

实例8-11

圆的面积教学过程设计实验性情境支架的使用

1. 复习，明确概念

首先，利用课件的演示让学生直观感知画圆留下的轨迹是条封闭的曲线；其次，在圆内填充颜色并分离，让学生明确：这条封闭的曲线长度是圆的周长；填充的部分是曲线围成的面，是圆的面积。接着，让学生摸一摸手中圆形纸片的面积和周长，亲身体验一下。

2.通过设想及"演示"以旧促新

（1）设想

师引入：我们认识了圆的面积，那么该如何计算圆的面积？该怎样发现和推导圆的面积公式呢？你能否根据以前学过的平行四边形的面积计算公式的推导过程，来设想一下怎样计算圆的面积吗？

（2）让学生讨论、交流，发表见解，然后根据学生的回答再通过课件的"演示"再现平行四边形面积公式的推导过程，使学生领会到把一个图形转化成已学过的图形，从而推导出这个图形面积的计算公式。

3.动手操作、课件演示推导公式

（1）师：请同学们认真看看老师的展示（教师拿出一块事先切成圆形的西瓜，分成四等份，摆成类似四边形的形状，如下图所示）。

（2）师：请同学们拿出准备好的学具（圆）按照老师的展示动手操作，思考一下如何把手中的圆转化成学过的平面图形。在学生动手的过程中，教师提示，请把你手中的圆分成4等份、8等份，剪开并合拼，并说出你摆出的图形像什么图形。

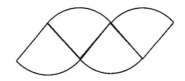

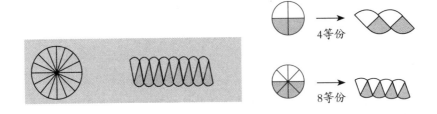

生1：分成4等份重新拼接后图形很奇怪，边不是线段，是曲线。

生2：分成8等份重新拼接后很像平行四边形，分成4等份重新拼接后图形也像个四边形。

师：再分成16等份。

学生动手，教师视情况随机演示。

生3：分成16等份重新拼接后的图形更像平行四边形了。

师：与之前的相比较，有什么发现？

生4：与之前的比较，左右更斜了。

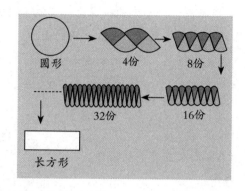

教师充分肯定学生的观察。

师：拼成的图形与分的份数有什么关系？

教师引导学生闭上眼睛想象，如果分成32等份会怎么样？64等份呢……

（电脑继续演示分成32等份的圆和64等份的圆的分割、拼合。）

生4：上下两条边越来越直，重新拼接后的图形会越来越接近于平行四边形。

生5：同时，左右两条边越来越陡，所以会越来越接近于长方形。

（3）电脑再次出示：把圆分成4、8、16、32等份的组合转化图。让学生观察、比较、讨论，充分发表自己的观察结果。

师：我们通过刚才的动手操作和电脑演示，知道了一个圆经过等分与拼接能转化成一个长方形。（在拼接的过程中，让学生再次观察。）

师：图形的什么发生了变化？什么没变？

生6：图形形状发生了变化，但面积没有变化。（教师引导并使学生明确，在拼接的过程中，图形的面积没有发生变化，该圆的面积等于拼成的长方形的面积。）

师：很好，这个长方形的长、宽与圆的什么有关系？将你的发现和同学们交流一下。

生7：这个长方形的长相当于圆周长的一半，即 $L=\pi r$；宽就是圆的半径 r。

师：打出课件让学生进一步观察比较，验证自己的观察结果。

师：谁能根据自己的观察结果，推导出圆的面积公式？（学生讨论、交流、发表见解。）

教师根据学生的发言，随之打出课件"圆的面积计算公式：$S=\pi r^2$"。

4. 实际应用

（教师逐一展示本组课件，让学生积极讨论、交流，发表各自的见解。）

题1：已知一个圆的半径是5厘米，求这个圆的面积。

题2：已知圆的直径是16厘米，圆的面积是多少？

题3：已知圆的周长是31.4厘米，圆的面积是多少？

5. 总结

（1）回顾圆面积的推导过程。

（2）讨论并得出求圆面积应具备的条件。

教学支架的应用分析：

范例8-11中通过设置切西瓜这个情境支架，第一时间把学生吸引到课堂教学中。注重设置亲身体验的环节来形成明晰正确的概念图式，因为圆的面积是在圆的周长和半径的基础上进行教学的，而周长和面积又是圆的两个基本概念，学生必须明确区分。通过比较鉴别及亲身体验，让学生摸一摸手中圆形纸片的面积和周长，进一步理解概念的内涵，从而顺利揭题"圆的面积"。在设计教学过程第二部分时，渗透了一种重要的数学思想，那就是转化的思想，引导学生抽象概括出：新的问题可以转化成旧的知识，利用旧的知识解决新的问题，从而推到将圆的面积转化成以前学过的平面图形。整个教学过程是用问题串支架的形式，使学生在教师的引导下，通过自己主动的观察、思考、交流，运用已有的经验去体验新知，把圆转化成已学过的长方形来推导出圆的面积计算公式。通过实验操作，经历公式的推导过程，不但使学生加深了对公式的理解，而且能精准地培养学生的逻辑思维能力和勇于探索的科学精神，学生在求知的过程中体会到数形结合的内在美，品尝到了成功的喜悦。

五、从单元的整体高度提高教学的精准性

在一线教师的视角里，教学设计就是课时设计，而且这种课时设计更多考虑的是如何"设置情境""导入新课""选择好题"。这种碎片化的教学设计"只见树木，不见森林"，缺乏全局展望的知识点式的设计，难以实现深度学习。没有单元设计，核心素养无法实现，课时设计也只是孤立的知识与技能的训练。

单元设计是课时教学的指引，进行教学设计时必须瞻前顾后地联系，后面的内容与现在的内容又有何联系；前瞻使当下的课时有切实的生长点，顾后使当下的课时定位更科学，立意更深远。

实例8-12

分式中的单元设计分析

初中数学人教版八年级"分式"第1课时的教学，若只从课时设计来看，就是分式的概念加上分母不为零的强化，如此设计就是以知识教学割裂学科思想，是低阶认知的教学，只有从单元设计的角度才可能触及学科本质，实现深度学习。我们做过这样的尝试：设置一个从江门到广州的汽车、动车（筹建中）的路程、速度、时间等系列问题情境，根据情境列出不同的式子，有分数、整数、单项式、多项式、分式、分式方程等。学生获得了这些式子后，在学习小组内讨论如何将它们分类，并说明分类的"理由与标准"，接着让学生在举出的近十种不同类型中选出"最有数学意义的分类"，进而类比整数和分数得到分式的概念，最后引导学生回顾整式的学习过程，进而明确分式的全章应该也要学习分式的概念、加减乘除运算、分式方程及其应用等内容。这种在单元设计基础上的课时教学具有开放性，开放的教学才会有深度；生长点是同一领域过往的学习内容，而当下及后续的学习内容在类比中又显得清晰合理，这样的学习方略的同化能促进学生元认知的发展，学生以学习活动为意识对象，对思维活动进行计划监控与调节，从而形成更高阶的认知能力。

类似于"分式"第1课时的内容难度不大，因此往往被认为只能是浅层学习，事实上数学深度学习不等同于加大学习难度，也不是只有难度大的学习内容才能开展深度学习。数学深度学习是"触及数学本质"的学习，当前的教育现状不可能大面积地进行类似于项目学习的深度学习，而在单元深度理解的基础上整合教学内容开展深度学习既是提升课堂教学品质的保障，也是落实学生数学核心素养的保障。

第九章

反思内化：支架式深度学习模式的落脚点

核心要点

反思的力量

教师的教学反思

学生的反思

第一节　反思的力量

同是执教30年的教师，经验型教师大多是将一年的教学程序重复了30遍，而反思型教师总是在批判前一年教学的基础上进行新的探索，走完不断进步的30年。30年后，前者进入了力不从心的退休养老状态，而后者却恰似意气风发的壮年，正处在大有可为的时期，正所谓"教途戎马半生，归来依旧少年"。这就是反思的力量。

自20世纪80年代以来，欧美地区的国家发起了反思的思潮，这股潮流迅速席卷全球。反思性教学既是一种教学理论，也是教学主体借助行动研究不断探究与解决自身和教学目的，以及教学工具等方面的问题，越来越多的教师逐渐将"学会教学"与"学会学习"统一起来，努力提升教学实践合理性，使自己成为学者型教师的过程，使自己的学生能更大程度地提升学习的关键能力，提升深度学习的效能，并立足教与学实际创造性地解决问题，加速师生共同发展。

这种反思性的教学追求在教学实践上可分为教师的教学反思及学生的学习反思两种。

第二节　教师的教学反思

基于诊断的深度学习模式要求我们要有全新的教育理念、全面的教育教学能力及全新的教学行为。要达成这三个"全"，引导教师进行教学反思无疑是一条捷径。

所谓教学反思，是指教师对教育教学实践的再认识、再思考，并以此来总结经验教训，进一步提高教育教学水平。通俗一点来说，教学反思就是教师从自己的教育实践中反观自己教学的得失，是对如何使自己的教学更受人欢迎、更有气场的一种研究，是一种充满自我否定的自我革命。真正的名师，就是通过反思来不断修正自己的失误，通过反思来磨砺自己的执教风格，最终凤凰涅槃，形成专业能力。

表9-2-1　江门市景贤小学教师教学问题诊断自我观察表

项目	内　容	自检✓
问题	1.所提的问题是否符合学生的年龄特点？	
	2.所提的问题是否与重难点有相关性？	
	3.所提的问题是否科学？	
	4.所提的问题中是否有一部分具有开放性？	
互动	1.提问是否公平？被提问的学生是否均衡地分布在班级中？	
	2.发出的指令是否清晰？有没有检查落实？	
	3.一个学生回答问题时，其他学生有没有在聆听？	
	4.小组讨论时，成员的任务或角色是否明确？	
	5.小组讨论对知识的理解是否必需？是否有形式主义之嫌？	
	6.互动时是否有序？有没有在打闹、过位、做小动作的学生？	
	7.互动的形式是否多样？如两两对答、开火车、游戏等。	

续 表

项目	内　容	自检✓
互动	8.举手是否不规范？抢答是否守纪？	
	9.教师是否长时间停留在某一固定的位置？（造成部分方向的学生感受受到冷落）	
举例	1.要求学生做的，教师有没有举例或示范让学生模仿？	
	2.要求学生做的，有没有让优秀学生示范？	
	3.示范或举例对学生的独立练习是否有相关性？是否有帮助？	
	4.示范的形式是否多样？（教师示范、学生示范、图片或视频示范）	
	5.教师举例或示范过程中有没有检查学生模仿的效度？学生是否跟得上？	
评价	1.检查落实过程中，教师是否有表扬与纠正？	
	2.答得好的同学是否得到了表扬？优秀答卷是否得到了表扬？	
	3.答错的问题是否得到了纠正？	
	4.回答声音响亮的同学是否得到了赞许？	
	5.回答声音小的同学是否得到了指正与鼓励？	
	6.是否有当堂小测或学生独立演练的环节？	

一、教学反思的类型与方法

反思类型有纵向反思、横向反思、个体反思和集体反思等，反思方法有行动研究法、比较法、总结法、对话法、录像法和档案袋法等。

1. 纵向反思和行动研究法

即把自己的教学实践作为一个认识对象放在历史过程中进行思考和梳理，同时不断地获取学生的反馈意见，并把它作为另一个认识对象进行分析，最后把两个具体的认识对象糅在一块儿整合思考。让教学思考、教学思想贯穿于自己的教学生涯，达到"我思故我在，我思故我新"的境界。

2. 横向反思和比较法

教学反思需要跳出自我，反思自我。所谓跳出自我就是经常开展听课交流，研究别人的教学长处。他山之石，可以攻玉。通过学习比较，找出理念上的差距，解析手段、方法上的差异，从而提升自己，达到"集众人之长，补一己之短"甚至"集众人之智，成一家之言"的境界。

3. 个体反思和总结法

把握好四个"坚持"：

（1）坚持"课后思"，一节课下来就总结思考，写好课后心得或教学日记，这对新教师非常重要。

（2）坚持"周后思"或"单元思"，也就是说，一周课下来或一个单元讲完后反思，摸着石头过河，发现问题及时纠正。

（3）坚持"月后思"，对自己一个月的教学活动进行梳理。

（4）"学期思"：期中、期末进行的质量分析，这是比较完整的阶段性分析。通过期中、期末考试，召开学生座谈会，听取意见，从而进行完整的整合思考。

除上述四个"坚持"外，也鼓励以一个学年或一届为单位的教学宏观反思，即学年思、循环教学思。

4. 集体反思和对话法

集体反思指与同事一起观察自己的、同事的教学实践，与他们就课堂教学中出现的问题进行对话、讨论，是一种互动式的活动。

教师的个人反思活动属于个体反思，由于受自身素质、观察视角、知识与经验、专业发展水平等因素的影响，其反思内容及程度均较低。为此，在教师个人反思的基础上，引入集体反思非常必要。"个人智慧不过是草间露珠，集体智慧才是长河流水。"集体反思能够有效弥补教师个人反思的不足，利用集体的智慧，共同激活每位教师的教学智慧。集体反思能够集思广益，教师在交流和碰撞中可以相互启迪，共同提高。只有把个人反思融入集体反思中，个体反思才有更广泛的价值，个体从集体反思中获得更多的收获。同时，集体反思能够在教师教育教学培训和自我完善之间建立起有效的联系，使集体培训与个人成长有效整合，共同推进教师的专业发展。

教师的集体反思注重教师间成功的分享、互帮互助和分工协助，有助于建立类似合作学习的共同体。俗话说"旁观者清，当局者迷"，以旁人的眼光来审视自己的教学实践，能使自己对问题有更明确的认识，并获得对问题解决的广泛途径。教师互相观摩彼此的教学，详细记录所看所思所想。必要时还可用摄像机将教学活动拍下来，反复观摩点评。每位教师都要发表自己的见解，提出问题及解决问题的思路。"即使出现认识上的冲突，也是一个智慧碰撞和切磋学习的机会。"最好是参加集体活动的每位观摩教师都要写教学反思，都以自己的立场观点去分析、去总结，提供给大家各自思考，然后再次共同研讨，再针对教学中普遍存在的困惑，形成一个集体性的问题解决方案，为防范下一次教学中出现类似问题提出应对策略。

注重教师之间的合作与对话是反思性教学的一个重要特征，反思不仅仅是"闭门思过"，与外界的沟通与交流也是进行教学反思的重要途径，这是由教与学的社会性本质所决定的。除了同事之间的集体反思外，还可请教育教研学者介入，提出有促进性、针对性的建议，促使教师不断反思，从而获得更新、更全面的认识。集体反思的意义如下：

（1）认识和改变自己

这种学习方法的提出本身就是在如何改变性格这个议题基础上思考的，通过对思想的追本溯源可以达到认识自我和改变自我的目的，集体反思学习最终就是要改变我们的思想、行为和性格。从无意识到有意识，从有意识到潜意识和下意识，这个过程本身就是认知、理解、学习、行动、习惯的过程。集体反思学习的方法可以实现这个过程，让优秀变成一种习惯。

（2）培养良好的思维模式

集体探讨是打破思维定式、突破思维局限的有效方法，我们每个人的思维有其局限性，这是我们的成长、教育、经验、学习等多种因素共同决定的，而且一旦拥有就会固化从而变得根深蒂固。有时候我们总是不能理解别人与自己不一样的想法，而这种不一样的想法就代表了不同的心智模式、不同的思维模式。反思学习可以修正我们的思维模式和心智模式。世界应该是多元的，也允许存在不同的声音，我们应该包容各种思想和思维。

当然，要摆脱自我意识的束缚是痛苦的，因为任何人的想法和行动难免会不自觉地笼罩在"自我意识"的阴影下。本来是要求大家把"我"置之度外的，可是跳来跳去还是跳不出"我"这个怪圈，难以进行自我主观判断，无法厘清客观事实，这种客观事实包括客观事实的人和客观事实的事，大部分人在集体反思学习时仍然夹杂着个人情感的因素和根深蒂固的观念，这是集体反思学习的严重障碍。这就要求所有参加集体反思的人，要有壮士断腕的决心，勇于革自己的命，与自己内心深处的保守和故步自封做斗争，向别人敞开心胸，以开放的姿态接纳集体思想、集体意志的洗礼。

（3）提升解决问题的能力

这种解决和分析问题的思路做法毫无疑问可以锻炼和提升我们解决问题的

工作能力，我们循着这种思路可以彻底找到问题发生的根源，以及找出预防问题的有效方法。这种方法与企业中倡导的全员持续改善的管理手法不谋而合，不论是理念还是方法，都是一脉相承的，只有集体反思学习才有更进一步的深入。

（4）升华感悟为经验的工具

反思是经验学习的工具，没有反思的经历只是经历，一时的感悟并不能保证下次经历的顺利，经历必须经过反思才能升华为经验知识。认真参加集体反思的青年教师，经过短短1至3年，就可以站稳讲台，而自以为是，听不见别人意见的教师，经过5年甚至10年，还停留在5年前或10年前，原地踏步，无法胜任独当一面的工作。

当然，集体反思对个人修养层面的作用是长期的，并非短期就能看得到效果，存在很长的"时滞"。学习的心得成果也只有经过长期的调整修正，才能变成习惯，才能在思想里生根，也才能成为教学风格、性格中的一部分。正因如此，这种反思，需要学校层面下战略决心，以保持集体反思的长效性与持续性。

二、反思历程

教师反思的过程要经历"具体经验→观察分析→抽象的重新概括→积极的验证"四个阶段。

1. 具体经验形成阶段

该阶段的任务是通过集体教研、录像回放、言行记录、课例重现等，使教师意识到自身授课过程中的问题所在。

2. 观察与分析阶段

该阶段教师将广泛收集并分析有关意见，听取众人介绍的经验，特别是众人所提的关于自己活动的信息，角色扮演，换位思考，以批判的眼光反观自身，包括自己的思想、行为，也包括自己的信念、价值观、目的、态度和情感。在获得一定的信息之后，要对它们进行分析，看驱动自己教学活动的各种思想观点到底是什么，它们与自己所倡导的理论是否一致，自己的行为与预期结果是否一致等，从而明确问题的根源所在。经过分析，教师会对问题情境形成更为明确的认识。

3. 重新概括阶段

此阶段将在观察分析的基础上，教师反思旧思想，并积极寻找新思想与新策略来解决所面临的问题，以形成新思维、新认识，概括出下一次授课需注意解决的事项或问题。

4. 积极的验证阶段

要把自己形成的新思维、新认识作为研究的假设，重新在实践中进行重复性的试验，在新的授课实践中检验自己的思维、认识。在检验中，教师可能又会遇到新的具体经验教训，从而又进入新的具体经验第一阶段，开始新的循环往复。

在以上四个环节中，反思最集中地体现在观察和分析阶段，但它只有和其他环节结合起来才会更好地发挥作用。在实际的反思活动中，以上四个环节往往前后交错，界限不甚分明。

三、反思内容

教学反思包括教学前反思、教学中反思和教学后反思。

1. 教学前反思

在教学前进行反思，能使教学成为一种自觉的实践。在以往的教学经验中，提到反思，大多数教师认为是教学后的反思，忽视或不做教学前的反思，这是以面概全的做法。教学前的反思包括：

（1）教师在教学前对已准备好的教学资源的再审视

教师在教学前对自己的教案及设计思路、教学方法的设计、教学手段的应用及学生的年龄特点、在课上可能有的反应等进行反思，不仅是教师对自己教学设计的再次查缺补漏、吸收和内化的过程，更是教师关注学生，体现教学"以学生为本"这一理念的过程。

（2）对以往经验教训的回顾与总结

通过对以往教授这一内容时的经验教训的再总结，并把这种总结与已经备好的上课资源再比对，发现问题，及时地进行课前的自觉调整，使接下来的教学内容及方法更适合学生，更符合学生的认知规律和心理特点，将更有利于强化学生的主体地位，增强教学的精准性和针对性。具体包括：

① 以往（新教师可以询问他人的以往）在教授同一内容时，哪些概念、结论和事实是关键？

② 以往在教授同一内容时，教学重难点的确定是否准确，对本次重授有何启发？

③ 以往在教授同一内容时，教学内容的深度和范围对学生是否适度？

④ 以往在教授同一内容时，所设计的活动哪些有助于达到教学目标？哪些是浪费时间的形式主义？

⑤ 以往在教授同一内容时，教学内容的呈现方式是否符合学生的年龄和心理特征？

⑥ 哪些学生需要特别关注？

⑦ 哪些条件会影响授课效果？

⑧ 以往对学生的学情分析和目标分析现在要从哪些方面修正？

⑨ 以往采用的教学模式和教学策略现在需要在哪些方面修正？

⑩ 以往对本内容在本学科、本单元、本册教材中地位的确认是否正确？

2.教学中反思

教学中反思是教师在教学过程中，对不可预料情况进行的反思，以及教师在和学生的互动中，根据学生的学习效果反馈，对教学计划进行的调整。不可预料情况发生时，教师要善于抓住有利于教学计划实施的因素，因势利导，不可让学生牵着鼻子走。要特别注意运用录音和录像技术，与观察手段一起为以后的教学后反思提供信息。

在教学中进行反思，要求教师全身心地投入教学活动中，调动各种感官捕捉反馈信息，快速、灵活地做出调整和反应。最关键的是要做到及时、自动、高质、高效。教师要时刻关注学生的学习过程，关注所使用的方法和手段及达到的效果，捕捉教学中的灵感，及时调整设计思路和方法，做到教学"活案"巧妙"增删"，灵活调控，使课堂教学效果达到最佳。重点关注以下几点：

（1）学生的参与状态

学生在课堂上主体地位的确立，是以一定的参与度做保证的，学生没有参与或参与得不够，就算不上"主体"。学生的参与状态，既要看参与的广度，又要看参与的深度。就广度而言，要看学生是否都参与到课堂教学中，是否参与了课堂教学的各个环节；就深度而言，要看学生是被动地、应付地学习，还是积极主动地探究。一切都以学生的活动为主，教师只是一个组织者、引导者与合作者。

（2）学生的交流状态

交流是培养学生合作精神的重要手段，也是以学生为主体的一种具体体现。课堂上，教师只有创设民主、平等、宽松、和谐的学习环境，才能让学生感到自己在这个环境里是安全的、融洽的、自主能动的，他才能和同学、教师进行平等的对话。开始时，可以让同桌之间互相交流，发现有的同桌没有共同语言，知识面差距过大，造成不能很好交流的后果，则可以允许前后桌之间互相交流，总之，使学生能够互相交流。

（3）学生的达成状态

在课堂上，教师要时刻关注学生有无切实掌握这些知识，并将这些新知识纳入自己原有的知识体系中融会贯通的能力。同时，还要关注学生在获得知识学习过程中是否积极主动地跟进、共鸣、投入，每个学生是否在原有基础上得到了尽可能大的进步与发展。在致力于面向全体学生的同时，教师要注意能否使"优等生""吃得饱"，让"慢生""后进生""吃得了"，真正学有所得，各得其所，从而使不同程度的学生在语文上得到不同的发展。将源于实践的知识，上升到理论，学生能比较轻松自如地在有趣的实践活动中将问题一步一步地分解，突出重点，突破难点。

3. 教学后反思

教学后反思，是指总结教学目标的合理性，反思整个教学过程和学生的配合情况。首先，注意课后自我反省，分析优点和不足。每节课结束后，都要用一定的时间进行反思：回忆这节课的教学过程，并分析教学目标是否已经达成；学生是否能积极参与教学过程。其次，还要认真写好教学后记。因为教学后记既是教师总结教学经验、摸索教学规律、改进教学方法和提高教学水平的有效手段，又是教师自我剖析、提高教学质量和深化教学改革的有效途径。

（1）教学内容方面

① 确定教学目标的适用性。

② 对教学目标所采取的教学策略做出判断。

（2）教学过程方面

① 回忆教学是怎样进行的。

② 对教学目标的反思：是否达到预期的教学效果。

③ 对教学理论的反思：是否符合教与学的基本规律。

④ 对学生的评价与反思：各类学生是否达到了预定目标。

⑤ 对执行教学计划情况的反思：改变计划的原因和方法是否有效，采用别

的活动和方法是否更有效。

⑥ 对改进措施的反思：教学计划怎样修改才会更有效。

（3）教学策略方面

① 感知环节：教师要意识到教学中存在问题与自己密切相关。

② 理解环节：教师要对自己的教学活动与倡导的理论，行为结果与期望进行比较，明确问题根源。

③ 重组环节：教师要重审教学思想，寻求新策略。

④ 验证环节：检验新思想、新策略、新方案是否更有效。

四、反思书写

反思能力是教师持续发展的一种必备素质。只有学会反思，一个人才能不断地矫正错误，不断探索和走向新的境界。从具体怎样书写教学反思的内容来看，反思内容包括记录自己成功的做法；记录自己失败、失误之处；记录自己的课堂灵感；记录从实践视角对新理论新经验的认识；记录学生方面出现的问题；记录学生学习过程中的创意；记录集体备课及评课时同行的共识；记录再教设想。

1. 写成功之处

将教学过程中达到预先设计的教学目的、引起教学共振效应的做法，课堂教学中临时应变得当的措施，层次清楚、条理分明的板书，某些教学思想方法的渗透与应用的过程，教育学、心理学中一些基本原理使用的感触，教学方法上的改革与创新等，详细得当地记录下来，供以后教学时参考使用，并可在此基础上不断地改进、完善、推陈出新，达到光辉的顶点。

实例9-1

今天我上了"圆的周长"第1课时，教学的主要片段如下：

1. 动手实践，探索圆周长和圆直径的关系。

提出猜想：猜猜圆周长跟什么有关，它们之间存在着怎样的关系呢？

生1：我知道的，圆的周长是直径的3倍多一点。

生2：我知道圆的周长是直径的3.14倍……

师问：你们都知道圆周长与直径的关系，你们是怎么知道的呢？

生若干：我预习过；我在提高班上学过；家长教的……

师：好，大家会提前预习或提前学习，学得主动积极。大家所说的结论是正确的，但是怎么证明这些结论是正确的呢？请设计出你认为最好的方案来验证你发现的结论。

2. 动手实验，探索圆周长和直径的关系。

小组合作，动手实验。

……

小学数学课程标准指出："要重视从学生的生活实践经验和已有的知识中学习数学和理解数学。"而我们在教学中，常常为了让学生能够顺利地探究，提高40分钟的效率，会主动帮助学生设计好探究方案、目标，但学生在探究前已经知道了答案。此时，如果我们继续按照原来的预设进行教学，必然会出现一些形式化的"假"探究。在"圆的周长"的教学中，学生其实通过各种途径已经知道了圆周长与直径的关系。所以，当时我并没有按照原来的预设进行教学，在新的生成性信息面前，及时地调整探究方案，改变预设的程序，使课堂进入了新的境界，引起了学生主动探究的欲望，达到主动探究的目的。

2. 写不足之处

即使是成功的课堂教学也难免有疏漏失误之处，对它们进行系统的回顾、梳理，并对其进行深刻的反思、探究和剖析，使之作为今后再教学的教训，更上一层楼。

实例9-2

我在执教"除法的初步认识"时，先把"有6个桃子，分给唐僧和孙悟空两个人，有几种分法"的问题情境导入课堂，挑选的素材虽然切合学生实际，能引起学生学习的兴趣，学生说出的分法也没有什么障碍，但我又追问："哪一种较公平？"学生这时产生了不同想法，有的说，师父教育徒弟辛苦了，师父多分1个或2个公平；有的说徒弟打妖精很累，应多分1个、2个奖励才公平；还有的说全给师父才公平，因为徒弟是神，不吃也不会饿，而师父是凡人则会饿；有的说一人3个公平。看来价值观不同，学生们对"公平"的认识也不同。整个课堂出现了无法控制的局面，当时我有点愤怒，觉得学生们故意让我难堪。现在反思起来，觉得是自己错了，学生没有错。我提出的问题不够精准，应该这样提："有6个桃子，分给唐僧和孙悟空两个人，有几种分法？这些分法中，哪一种在数学意义上更公平？"或者这样提："有6个桃子，分给唐僧和孙悟空两个人，有几种分法？这些分法中，哪一种在数学意义上更公平？"是的，课堂纪律有时不见得是德育问题，与教师的教学策略不无相关。有了这次的教训，以后，我的问题设计能力一定要以此为鉴，通过精准到位的问题设计，提高自己的课堂驾驭能力和教学效果。

3. 写教学机智

课堂教学中，随着教学内容的展开，师生的思维发展及情感交流的融洽，往往会因为一些偶发事件而产生瞬间的灵感，这些"智慧的火花"常常是不由自主、突然而至，若不及时利用课后反思去捕捉，便会因时过境迁而烟消云散，令人遗憾不已。

4. 写学生创新

在课堂教学过程中，学生是学习的主体，学生总会有"创新的火花"闪烁，教师应当充分肯定学生在课堂上的一些独特见解，这样不仅使学生的好方法、好思路得以推广，而且对学生也是一种赞赏和激励。同时，这些难能可贵的见解也是对课堂教学的补充与完善，可以拓宽教师的教学思路，提高教师的教学水平。因此，将其记录下来，可以补充今后教学的材料。

5. 写再教设计

一节课下来，静心沉思，摸索出了哪些教学规律，教法上有哪些创新，知识点上有什么发现，组织教学方面有何新招，解题的诸多误区有无突破，启迪是否得当，训练是否到位，等等。及时记下这些得失，并进行必要的归类与取舍，考虑一下再教这部分内容时应该如何做，写出再教设计，这样可以做到扬长避短、精益求精，把自己的教学水平提高到一个新的境界和高度。

6. 写协作总结

以上的反思比较局限于个人层面。集体反思过程，往往是由主持人做总结，这个过程应该拓展到每个协作反思者，这样就有可能比较好地促进每个人的个性化成长。

第三节　学生的反思

　　学生的反思是学生学会学习的重要途径，反思能促使学生从不同方面多角度观察事物，在学习中质疑问题，在解决问题时不满足常规的思考方法，这有利于学生创新思维的培养和反思能力的提高，也符合我国新课程的两个基本理念：培养学生的探究能力和创新能力。目前的教学实践中，反思这一环节还非常薄弱。长期以来，课堂教学偏重于对教学方法、教学模式的研究，在使学生大容量获取知识的同时，忽视了对学生反思意识和能力的培养与比较。

表9-3-1　学生反思的路径及相应内容

一级指标	二级指标	三级指标
反思内容	学习个性	对自身学习个性的反思
	学习态度	对自身学习态度的反思
	学习目标	对学习目标执行情况的反思
		对学习工具的反思
	学习资源	对可利用学习资源使用情况的反思
	学习内容	对How类、What类、Why类知识的反思（包括学习资源和学习工具）
反思技能	总结反思	对学习内容的总结反思
	交流讨论	与同学、老师在交流中反思
	比较反思	与其他同学的学习表现相比较
	反思日记	记反思日记
	自我评价	对自己的学习表现进行评价
反思类型	学习前反思	预习新的，回顾前面的，做计划
	学习中反思	记录不理解的内容
	学习后反思	回顾学习内容，反思学习效果
反思态度	开放心态	倾听各方意见
	全心全意	重视各种解决问题的方法
	负责任	对自己的任务有责任感

一、学生学习上的反思的内涵

人类早在古代社会就有了反思的意识。我国古代先哲孔子说过"学而不思则罔，思而不学则殆"，还有诸如"扪心自问""吾日三省吾身""反求诸己"等至理名言，这说明早在古时候人们就意识到反思的重要性。在现实的教育研究与学术讨论中，反思也是一个高频词，但是人们对反思的含义仁者见仁，智者见智，通常有以下几种见解：

1. 学习上的反思是一种心理活动

英国哲学家约翰·洛克（John Lock）在《人类理解论》中谈到，"反省"是对获得观念的心灵的反观自照。洛克所说之"反省"（我们所说的反思）是人们自觉地把心理活动作为活动对象的一种认识活动，是对思维的思维。反思的结果是得到不同于感觉得来的观念的观念，他强调的是观念的来源。这里把反思看成了一种"内省"的心理活动。

2. 学习上的反思是一种认识论方法

斯宾诺莎把自己的认识论方法称作"反思的知识"，而"反思的知识"，即"观念的观念"是认识所得的结果，它本身又是理智认识的对象。对认识结果的观念的再认识和对这种再认识之观念的再认识——这种理智向着认识深度不断推进。思维的结果是反思的对象，获得新的观念是反思的目的。

3. 学习上的反思是一种思维活动，有思考之意

杜威认为反思是"对任何信念或假定的知识形式，根据支持它的基础和它趋于达到的进一步结论而进行的坚持不懈的和仔细的考虑"，它包括"这样的一种有意识和自愿的努力"，即在证据、理性和坚实基础上建立的信念。杜威所说的"考虑"即一种反思思维活动。

4. 学习上的反思是一个过程

博伊德与费勒斯认为反思是"一个变化的理性观念的自我（与自我联系的自我和与世界联系的自我）澄清经验的意义的过程"。博伊德和费勒斯的反思突出了"自我价值"，明确了反思的对象是"自我"，反思的目的是"澄清经验的意义"，构建"自我"连续体，突出了反思的完整过程。

5. 学习上的反思是一种能力

伯莱克认为"反思是立足于自我之外地批判性地考察自己行动及情景的能力，它与思维的批判性是一致的"。

6. 学习上的反思是元认知

熊川武教授用"元认知"这个术语来代替反思这个概念。他指出，从元认知理论的角度来看，反思就是主体对自己的认知活动过程，以及活动过程中涉及的有关事物（材料、信息、思维、结果等）的特征的反向思考，通过调节，控制自身的认知过程，以达到认知的目的。尽管在不同时期和不同场合人们理解和应用反思的含义不同，但对反思所思考问题的角度及反思的对象和反思的目的的认识是共同的。反思的对象是思维本身，而反思的目的是指导未来的思维活动。我认为从元认知的角度来研究反思，能比较全面透视反思的本质。而中学生反思能力是指中学生在学习过程中，把自我和学习本身作为意识的对象，不断地对自我、学习过程及思维过程进行积极、主动的计划、检查、评价、反馈、控制和调节的能力。

二、学习上的反思的品质特征

了解反思的品质特征，可以帮助我们更好地认识反思的重要性。

1. 自主性

反思是一种冷静的、主动的自我反省过程，以自悟、自学为主要获取途径，是一种良好的自我教育。这种自主性是经过长期的培养逐渐而形成的稳固不变的思维品质，它最终使思维者形成自觉而主动的思维习惯。

2. 探究性

反思的探究性是指在思维活动中为解决自己发现的疑点或问题，消除和清除这种困惑而进行探索与研究的思维品质。反思不仅仅"回忆"或"回答"已有的"心理活动"，而且要找到其中的"问题"及"答案"，也即释疑或激疑（引起更大的疑惑）。

3. 批判性

反思的批判性是指在思维活动中善于独立思考问题，精确检查思维过程，不盲从、不迷信、不唯上，而有根据地做出肯定接受或否定质疑的品质。反思型思维者对呈现在面前的任何思想、观念或知识都持批判的态度。对各种对立的主张、观点进行权衡以寻求证据，这将有助于解决疑问和消除困惑。

4. 深刻性

反思的深刻性表现在能透过表面现象和外部联系，揭露事物的本质，进而深入地思考问题。反思的深刻程度取决于思维批判的彻底程度，批判越彻底，反思就越深刻，就越能领悟事物的本质。

5. 创造性（Creativity）

创造性是指从无知到知沿着"问题"展开的思维的创新品质，是思维批判的结果，是反思思维的更高层次。在反思型思维者身上主要表现为，善于提出问题，并发表自己的独到见解。

6. 调控性

反思思维不仅强调对知识与思维结果的反思，更重视对知识形成过程与思维过程的反思，因而对思维进程具有方向和策略的调控作用。

7. 持续性

反思是一个永不间断、循环往复且又不断升华的思维过程，每次反思既是终点，又是新一轮反思的起点。

8. 执着性

执着性是一种情感特质，它与反思共始终，是每一反思过程中表现突出的品质之一。在学校教育教学中，执着性促使参与主体的意向不局限于特定的教学情境和学科，而是贯穿于全部教学活动。

9. 开放性

开放性，又称广阔性，是指能从众多的知识领域和多方面的知识出发来解决问题，是思路开阔而全面的品质，它是一种认知特质。在教学领域，这意味着一种追求并构建机动策略的意向。有这种意向的教师和学生敢于冒险，不机械地接受或拒绝教学假说或业已形成的有关真理性知识或观念。相反，他们会根据自己的经验分析，并将其与自己已有的知识或观念做比较。他们乐于把问题看成有多重情境性答案的问题。

10. 责任心

责任心则是一种伦理道德特质，促进思维者不仅思考行动的短期结果，而且考虑行动的长期结果。

（一）反思能力的构元

反思能力是一种涉及批判性思维、选择（决策）和自我管理等相关方面的综合性能力，它是自我调节能力和元认知能力的重要表现。在钟志贤教授的一篇论文中，他根据反思过程中不同的性质与作用，把反思能力的构元分为反思意识、反思技能和反思毅力。

（1）反思意识：指个体对反思的作用有正确的认识，并能在学习中自觉地运用反思以提高学习效果。反思不仅能使学习者及时诊断活动过程的状态，检视和改正错误，优化已有认识，提高各方面的合理性水平，而且能培养习惯化的反思行为。

（2）反思技能：反思不是简单的回顾和一般的分析，而是从新的层次、新的角度看到现实的不足。良好的反思能力包括以下系列反思技能：

① 经验技能，主要指学生借助经验的直觉性反思能力。

② 分析技能，主要用于解释描述性资料。

③ 评价技能，主要用于对探究结果的意义做出判断。

④ 策略技能，决定学习者怎样制定和实施行动计划及如何进行反思性分析。

⑤ 实践技能，帮助学习者把对实践、目的、手段等方面的分析与其结果统一起来。

⑥ 交往技能，通过广泛讨论反思所得加深对知识的理解。

⑦ 反思毅力：反思在一定程度上是自我"揭短"和诱发"痛苦"的行为。缺乏毅力者，即使反思技能很强，反思也难以顺利进行。反思的毅力不仅体现在学生反思的"持续性"、战胜困难、忍受痛苦等方面的"韧劲"上，而且表现在"督促"自己始终关注自身学习的不合理性并敢于向别人"解释"自己的不合理性上。反思能力的这三方面因素是相互联系、彼此作用的。意识决定技能的形成，毅力决定技能的执行，形成和执行的结果反过来又强化意识、技能和毅力，三者之间是一个互动的循环过程。

（二）中学生反思能力发展的一般特征

一般说来，中学生已经不再像小学生那样对教师和家长的要求百依百顺，他们逐步学会用分析批判的眼光来看待周围的一切，他们不断地提高自身独立思考能力，不满足于课本或教师现成的结论，敢于大胆地发表自己的意见，喜欢怀疑、争论、辩驳和提出一些新奇的想法。初中生和高中生的批判性是有区别的，尽管初中生开始能够有意识地调节、支配、检查和论证自己的思维过程，使他们在学习和生活上有更大的独立性和自觉性，然而他们思维的批判性还是极不成熟的，容易产生片面性和表面性。他们在运算过程中虽能自觉地检查和发现错误并进行纠正，但是不善于发现错误而且不能及时地调整解题步骤和方法；运算的正确率较高，但不能正确地选取中间结论和有用条件；在推理过程中虽能精细地估计数学材料，但推理的目的性不强；善于发现错误，但容易受错误的引诱，容易产生错觉，反思的目的性不强，不能够自觉地反思、调节、控制自己的思维。在正常情况下，高中生思维的批判性就比较强，他们在考虑问题时不肯盲从，喜欢探求事物表面现象的根本原因；他们在提出争论的观点时，往往要求具有一定的说服力和逻辑论证。然而由于反思的意识不强，反思的技能不高，反思的方法缺乏，他们的理解带有很大的片面性和主观性，容易产生死抠教条和形式的毛病。反思能力属于认知活动的一种监控能力，它的发展受到许多因素的制约，因此系统研究较晚。林崇德教授的研究表明，从初中二年级开始，学生的抽象逻辑思维开始由经验型水平向理论型水平转化，直到高中二年级，这种转化才初步形成。这个转化过程是离不开反省思维的，因为抽象逻辑思维本身便是一种反省的思维。学生只有在对抽象概括的数学材料的学习过程中不断地反思自己的思维过程、调整思维的方法、纠正思考的错误，才能顺利实现这一过程，而在这一过程中反思的能力也就逐渐地成熟起来。学生的反思能力的发展要经历以下几个发展阶段：不随意地、自然地反思；被动地反思；主动地反思；自觉地反思。

（1）不随意地、自然地反思：认知主体对认知活动无意识地监控、调节。反思的目的性极为不强。

（2）被动地反思：主体对认知活动中出现的困惑问题被迫进行反思。

（3）主动地反思：认知主体对认知活动主动地、有意识地监控调节。

（4）自觉地反思：认知主体对认知活动过程的监控达到了不假思索、油然而生的境界，即达到了"自我意识"阶段，高中生虽然普遍具有了反思的意识，有了一定的反思能力，但是反思能力的发展很不平衡，造成这种状况的因素是比较多的，一方面由于反思能力的发展受到其他能力的限制，另一方面反思能力是一种较高层次的认识活动，其发展本身也比较迟，还与学生的认知风格、学生对反思的知识和技巧的掌握情况及教师的有意识培养等分不开。调查表明，高中学生反思能力的水平主要处于第二个层次，而达到第三、第四个层次的学生数较少。

（三）中小学生反思能力问卷设计

1.我在平时的学习中有预习的习惯。（　　）

A.与我很不相符　　　　　　　　B.有一点符合我

C.比较符合我　　　　　　　　　D.很符合我

2.学习新的知识之前我会回顾前面学习的相关内容。（　　）

A.与我很不相符　　　　　　　　B.有一点符合我

C. 比较符合我 　　　　　　　　　D. 很符合我

3. 我有做学习计划的习惯，并有对自己的计划适时地进行调整的习惯。（　）

A. 与我很不相符 　　　　　　　　B. 有一点符合我

C. 比较符合我 　　　　　　　　　D. 很符合我

4. 我能针对不同阶段的学习任务，因地制宜地采取相应的学习方法。（　）

A. 与我很不相符 　　　　　　　　B. 有一点符合我

C. 比较符合我 　　　　　　　　　D. 很符合我

5. 听课时，我往往把不理解的问题或联想起来的问题记下，以便课后进一步思考。（　）

A. 与我很不相符 　　　　　　　　B. 有一点符合我

C. 比较符合我 　　　　　　　　　D. 很符合我

6. 我每天晚上睡觉前，会想想今天学了些什么，学的效果如何。（　）

A. 与我很不相符 　　　　　　　　B. 有一点符合我

C. 比较符合我 　　　　　　　　　D. 很符合我

7. 每隔一段时间，我会对自己的学习做一评价。（　）

A. 与我很不相符 　　　　　　　　B. 有一点符合我

C. 比较符合我 　　　　　　　　　D. 很符合我

8. 一旦出现学习效果欠佳的情况，我能及时找出原因，并采取相应的改进措施。（　）

A. 与我很不相符 　　　　　　　　B. 有一点符合我

C. 比较符合我 　　　　　　　　　D. 很符合我

9. 我经常跟部分同学、老师讨论学习方面的问题，并记录从讨论中得到的启示。（　）

A. 与我很不相符 　　　　　　　　B. 有一点符合我

C. 比较符合我 　　　　　　　　　D. 很符合我

10. 我会把自己的学习表现与其他同学的学习表现相比较，从中获得启示，改进自己的学习表现。（　）

A. 与我很不相符 　　　　　　　　B. 有一点符合我

C. 比较符合我 　　　　　　　　　D. 很符合我

11. 当我将某一问题解答完后，如果时间充足我会再用其他尽可能多的方法

去解决它。（　）

  A. 与我很不相符   B. 有一点符合我

  C. 比较符合我   D. 很符合我

  12. 当我完成一项很费心力的作业或练习后，我感到的是解脱而不是满足。

（　）

  A. 与我很不相符   B. 有一点符合我

  C. 比较符合我   D. 很符合我

  13. 无论作业还是考试，只要题目做出来就行，我很少去检查。（　）

  A. 与我很不相符   B. 有一点符合我

  C. 比较符合我   D. 很符合我

  14. 我经常想自己做某些事的理由。（　）

  A. 与我很不相符   B. 有一点符合我

  C. 比较符合我   D. 很符合我

  15. 我比较喜欢去做需要思考的事，而不愿去做不用思考的事。（　）

  A .与我很不相符   B .有一点符合我

  C .比较符合我   D .很符合我

  16. 我只在乎学习任务是否完成，我不在意它是如何做成的或者为什么这么

做。（　）

  A .与我很不相符   B .有一点符合我

  C .比较符合我   D .很符合我

  17. 我一直都试着去了解自己的能力、特点和习惯。（　）

  A. 与我很不相符   B. 有一点符合我

  C. 比较符合我   D. 很符合我

  18. 我能找出自己学习上的薄弱环节、学习中出现的错误。（　）

  A. 与我很不相符   B. 有一点符合我

  C. 比较符合我   D. 很符合我

  19. 我常常把容易混淆的知识放在一起对比，加深理解。（　）

  A. 与我很不相符   B. 有一点符合我

  C. 比较符合我   D. 很符合我

  20. 遇到不会做的题目，当老师讲过或看过答案后（　）。

  A. 我知道结果就行了，一般不想我为什么不会做

B. 我一般会想一想我为什么不会做，如果再让我做我会怎样做

（四）培养中学生反思能力应遵循的原则

1. 主体性原则

认知活动是学生自身的高级心理活动，对这个活动进行认知调控，无疑是在主体内进行的。即学生如何认识自己，如何认识自己所进行的活动是主体意识的表现。所以，学生必须学会了解自己，根据自己的特点进行调控。教师要使学生体会到反思的重要意义，教给他们基本的方法，提供必要的训练，通过反馈，不断加以矫正，从而使之强化、内化，把活动主体的能动性充分发挥出来。

2. 渐进性原则

和认知活动的发生发展规律一样，反思活动也是渐进的，从他律到自律，从单维到多维，从浅显到深入，从简单到复杂。基于此，我们对学生训练时，切勿急躁，要遵循规律，分阶段逐步实行，既要有序，又要有层，让学生在反思活动的实践中提高自我认识能力。

3. 多感官学习原则

在学生学习的过程中，应注意让学生充分利用各种感觉器官，包括视觉器官、听觉器官、触觉器官等，从多种途径进行学习。这样会大大提高学生的学习效率，并且获得良好的学习效果。许多心理学家对记忆进行过深入的研究，如特瑞奇尔（Treicheer）在研究后，对人的感官学习和记忆的关系做出这样的结论：我们的学习1%是通过味觉，1.5%是通过触觉，3.5%是通过嗅觉，11%是通过听觉，83.0%是通过视觉。在我们记忆时，仅通过听觉接受信息，那么只能记住全部信息的20%，仅通过视觉只能记住30%，如果视听并用，那么可以记住50%。因此，利用多感官学习的原则来培养学生的反思能力是必要的。

4. 激发学习动机和兴趣的原则

智慧活动中任何智慧行为的产生，都需要由非智力因素来激发和启动，同时非智力因素又是智慧活动的推动者和调节者，智慧活动的顺利完成是离不开非智力因素的参与的。狭义上讲，非智力因素主要包括动机、兴趣、情感、意志、性格等。而在这些非智力因素中，与学习过程最为密切的，应该是动机和兴趣，有强烈的学习动机和兴趣，学生就会积极参与其中，能够在学习过程中保持良好的注意力。反思在一定程度上是自我"揭短"和诱发"痛苦"的行

为，需要激发学生反思的动机和兴趣，培养学生进行反思的毅力。

实例9-3

《猫》的教学反思

语文课程标准指出，"语文教学应在师生平等对话的过程中进行""学生是语文学习的主人""教师是学习活动的组织者和引导者"。遵循这些原则，这节课我在设计上进行了一些尝试。课上以学生的活动为主，教师参与，通过师生互动、生生互动合作来完成学习任务。教完《猫》这一课后，我的最大感受是感动，我为课堂上学生的那份热情而感动。除感动之外，还反思了一下这节课的得与失。

1. 得

（1）在教学中力求体现民主性、平等性，创设了轻松愉快、民主平等的氛围，教师以引导者、合作者的身份参与到教学活动中。

（2）在教学过程中，有意识地培养学生自主学习的能力和习惯，如让学生自学课文生字词语，在读书、思考、问题讨论等多项生生合作完成的学习活动中，教师真正地站在了组织者、引导者和合作者的位置。

（3）挖掘文章的人文性，对学生进行情感的熏陶。

2. 失

（1）对教材不够熟悉，对课文的深度和广度挖掘得不够。

（2）导入介绍作者时间花费过多。

（3）没有关注到全体学生，有一部分学生一直没发言，只是当听众、观众。

（4）有的提问设计不够具体，没能把话递到学生嘴边。

（5）课上学生读书不够。学生读书不充分，讨论问题、理解问题费时费力。

这节课后我的感想也很多，课程改革中的学生在变，教师更要变，新的课程需要教师要有全新的教育理念，需要教师加强文化修养，除了本专业扎实的知识外更要有多方面的才能，不但有渊博的学识，还要有敏捷的思维和较强的应变能力，要善于捕捉学生思维的火花，因势利导，使其燃烧发光。我们教师需要认真地思考我们的教学，如何在教学中增强学生主动探究的兴趣，增强学生探究的能力，提高学生的综合能力。

通过这节课，我认识到课前备课固然重要，课后备课（回头看）更利于教师的教后反思，及时反馈教学实践的信息，提高自身教学水平，不断丰富自己的教学经验，养成思考的习惯，从反思中感悟，实践中出真知。在整个课堂教学中，尽管我一直在努力，但仍留下很多遗憾，要是再有机会教同样的内容，我想我的教案会重新改写。

实例9-4

从三教《老王》的教学反思中

《老王》一文用平淡的笔墨刻画了一个穷苦卑微但又心地善良、老实厚道的老王形象，表达了作者对老王那样的不幸者的关心、同情和尊重，语言沉静简洁，字里行间却流淌着爱的清泉，闪现着杨绛先生的人道光芒和对人生的思考。我很喜欢这篇课文，每次画上句号长舒一口气后，随之淡淡的伤感也会涌上心头。教学总是一门遗憾的艺术，最近的第三次教读更是思潮翻涌，触动了我对语文深度学习的思考。

一、明确教情摸清学情是推进深度学习的基础

一教，2012年，眉毛胡子一把抓，教材全解样样上，人云亦云随大流，没有考虑学生的难点在哪里，只是按部就班地把教学设计按照自己的预设和该有的流程走下来，学生被牵着鼻子走，一切以老师为主，我只是在带着学生走的过程里设计一些环节来帮助自己达到目的，为了完成任务而完成流程。整节课下来，感觉也许学生真正的难点和疑惑并没有解决。

二教，2016年，教学设计环节复杂，面面俱到，结果面面又不够精细，整节课领着学生疲于奔命地行走在教学环节中，每个环节都是蜻蜓点水，没有达到对学生心灵的冲击与震撼。在课堂推进的过程中，我由于对学情的把握不够到位，忽略了学生内心的情感体验经历，用自己的理解和体验代替学生的理解和体验，导致在对作者的愧怍进行品读时，难以深入，浮于表面。

三教，2020年，回想起前两次教学效果的不如意，我大胆地做出取舍，结合学生的学情和预习情况，集中一点进行研读和突破，其他的放手给学生。我将教学环节设计为：（1）感悟不幸；（2）品读善良；（3）解读愧怍。这一次终于可以让语文课堂真正做到课前的延伸和课后的拓展，让学生自己成就自己的精彩。

经历了三次教读《老王》的反思，我深刻地领悟到在语文教学中要推进深度学习，作为教师首先需要考虑清楚自己想教什么，学生实际掌握了什么。无疑，我们想教的应该是学生最需要的，一定是学生存在困惑的。学生可能在哪里理解不了，或者说感觉好像理解了却又不太明朗的地方，当老师对学生实际学的内容有了明确的意识和发现的时候，就围绕这些疑难之处创造台阶，搭桥铺路，加以分析，引导学生在思维的碰撞中解决疑难困惑，其他已经掌握的知识并不需要再过多地进行讲解。结合《老王》这篇文章来看，内容主要围绕人物形象及人物之间的情感来展开，而对人物形象这一内容，学生很容易通过阅读文本理解透彻，这并非本文的难点所在，也就无须花费太多的时间来分析，学生理解不了的恰恰是老王与杨绛一家的情感关系。

二、创造台阶，解决疑惑是成就深度学习的关键

深度学习的知识理解之"深"，强调学习过程中知识的生成性、关联性、个体性，意味着所获得的知识是一种"活性"知识，能在不同情境下灵活提取使用，解决真实生活情境下的复杂问题。

这就需要教师根据不同文体的特点，创造合适的台阶，让学生"跳一跳"就能摘到"果子"。下面以三教《老王》为例，从几个环节的处理来探究语文深度学习的推进。

（一）抓关键词，反复咀嚼

杨绛先生的散文"犹如微笑的面庞上一双盈盈的泪眼"，看似平淡无奇却含义深刻。"活命"这个词单独拿出来也许没什么感觉，即使是放在文章中，那句"老王靠着活命的只是一辆破旧的三轮车"也不能在学生的心里激起一朵浪花，但是一个"生活"和"活命"的比较，老王的生活状态似乎就已经初见端倪了。我采用了小组分工的形式，一个小组负责寻找文中体现老王真的只是在活命而不是生活的语句，另一个小组则负责寻找在这样的活命状态下的老王的精神。任务驱动下，老王的"苦"与"善"一下子就一目了然了。

还有，围绕语句的深层含义和言外之意进行挖掘："我们当然不要他减半收费"中"当然"一词写出了杨绛对老王的情谊，以及不自觉地居高临下的同情。"可是过些时老王病了，不知什么病，花钱吃了不知什么药，总不见好"一句中"不知什么病，不知什么药"写出了当时杨绛并没有尽其所能地关心老王，"总不见好"却还没有赶忙去看看老王，及时给他提供帮助。引导学生从这些细节入手，反复咀嚼，关注前后文之间的呼应，才能从这些微妙的联系中找到杨绛之所以"愧怍"的合理逻辑。

咬文嚼字，反复品读的目的是读懂文本，但是我想语文学习最终的目的还是从文本中认识世界，寻找自我，从而解决真实生活情境下的问题。

（二）情感朗读，步步深入

朗读环节紧扣行文思路，是学生的理解和教师讲解的起点，也是加深理解和深切感知的归宿。本文语言平中见奇、深刻真挚，可以引导学生品读语言，在朗读中升华学生的情感体验，让朗读在课堂的关键环节起到提升推动的作用。老王临终前送给作者一家的黄油和鸡蛋不仅价格贵，而且饱含深情厚谊。这一部分是文章的重点，课堂上，我采取多种朗读方式，让学生读出味道、读出感觉。

1. 选读评读

老王为"我"送香油鸡蛋的样子，真可以称得上是病入膏肓。请把你感触最深的人物外貌描写读出来。"开门看见老王直僵僵地镶嵌在门框里。……他简直像棺材里倒出来的，就像我想象里的僵尸，骷髅上绷着一层枯黄的干皮，打上一棍就会散成一堆白骨。"这一句用比喻夸张的手法形象地写出了老王重病在身、身体僵直的样子，也暗示了老王将不久于人世。通过朗读我们仿佛看到不久于人世的老王那羸弱的样子。

2. 分角色读

请两名学生分角色朗读"我"与老王的对话部分，注意读出"吃惊"的语气，体会"啊呀"的读法。作者没想到老王的病重，更想不通老王病得这么严重了，为什么还会到自己家里来。学生自由再读，读出吃惊。

3. 删词比较读

朗读下面三句话，试比较表达效果。

我说："老王，这么新鲜的大鸡蛋，都给我们吃？"

我笑着说："老王，这么新鲜的大鸡蛋，都给我们吃？"

我强笑说："老王，这么新鲜的大鸡蛋，都给我们吃？"

"强笑"一词，用得非常准确，自己见到老王病成那个样子，还拿东西来谢"我们"，心里有说不出的悲酸和感动。

带着你的理解，再读，读出杨绛的善解人意！

4. 追问补白读

学生边读我边追问：①老王为什么不吃呢？（学生答：老王辛辛苦苦攒下了香油和鸡蛋，不舍得吃，在他临死之前用这个来报答杨绛对自己的照顾。）

②在那个物质极其匮乏的年代，香油和鸡蛋是奢侈品，老王不知花了多少时间才积攒下这香油和鸡蛋，他不给同院的穷哥们儿，不给他的侄子，为什么要给"我们"呢？（学生答：在老王的眼中"我们"才是他的亲人。）③孟子曰："爱人者，人恒爱之；敬人者，人恒敬之。"杨绛尊重他，理解他，所以老王也是像对待亲人一样对待他们。但那时的作者一家就像患了瘟疫一般，别人唯恐避之不及，而老王非但没有落井下石，还真心相待，把在当时极其珍贵的香油和鸡蛋临死前送给作者，你们读出了一个怎样的老王？（学生答：老王是个善良的、知恩图报的，有金子般心灵的好人。）

通过多种方式的反复朗读，不难揣摩出人物的心理活动，进而体会作者的写作意图。所以，朗读就是理解的过程，朗读更是发现的过程。

（三）重现情境，消除隔膜

语文学习都是有情境的，根据著名学者王富仁先生的研究，任何一个作品都是由音、形、义、情、意、理、时、空八个要素构成的。音、形、义是语言文字的表面意义（注：这里不是指文字本身的，而是作品里的音、形、义）；音、形、义背后是情、意、理，将这些要素综合就构成了特定时空。语文学习的情境时空，既有学生熟悉的，也有相对隔膜的。如果全是学生熟悉的，没有一定的难度，不利于学习水平的提高。有些作品的语言及表达的内容与学生的生活有些距离，正是为了丰富学生的语言生活，提升学生的语言水平，也正是这些距离甚至隔膜产生了一定的学习难度，造成了学生学习的困难，然而，这些距离又必定与学生的真实生活和学生的经验世界保持着千丝万缕的关系，激活这些联系，让深度学习发生在真实的生活情境中，特别有利于学生的学习。

对关键句"那是一个幸运的人对一个不幸者的愧怍"的理解，历来是这篇文章的一个难点。"文化大革命"的大背景是学生完全隔膜的，必须补充。三教《老王》时，我选择在"不幸者"的研讨中适当地插入预先录制的微课，补充介绍杨绛先生当时的状况和一段她自己回忆"文化大革命"的文章，学生才明白原来那时候的杨绛自己也是个不幸者，那么她的这种愧怍就不同于普通意义上的愧怍了。但是要把自己的理解用文字准确表述出来对学生来说还是有些困难的。这时候，我再带着他们去看杨绛先生写在《隐身衣》里的那句话："惟有身处卑微的人，最有机缘看到世态人情的真相。"学生们似乎就更能理解杨绛先生的愧怍了。这时候几个语文功底好一些的学生也可以用自己的语言来准确表达自己对愧怍的理解了。相比于第一、第二次教读，在新课导入之后就远离阅读需要而空谈时代背景，这一次明显收到了完全不一样的效果。

时代背景等资料补充要恰当，无论在什么位置补充，都需要根据自己的教学设计来安排，在教学设计中一定要思考探究，适时恰当，学生学习难点就会迎刃而解。王宁老师有三句话概括得特别好，即"从所思所想出发，以应思应想启迪，最后以能思能想升华"。现在我们也要考虑学生所思所想、应思应想、能思能想的是什么。

（四）比较阅读，深层理解

有时课堂的精彩是不期而遇的。有位著名的教育专家说过："课堂上，一切的突发状况都是机遇！"这时候有位同学举手说："老王和祥子都是老北京的人力车夫，我觉得老王比祥子更苦！"这个说法让我惊喜不已，于是一场老王与祥子的异同比较开始了。老王身体上有缺陷而且孤苦伶仃，与祥子相比显然更苦，这么苦的老王却贫贱不移，无论身处什么境况中，依然挺直腰板做人，保持了他老实纯朴、知恩图报的善良品质，因为有了祥子的比较，老王身上闪耀的人性之美，显然就更加难能可贵了。

当时由于课堂时间有限我们并没有深入比较，课后几名有探究精神的学生却与我展开了新一轮的深入比较阅读：老王不是小说人物，而是真实生活在老北京的人力车夫，从职业上说，他就是个从旧社会踏入新社会的"祥子"。我们还给祥子编写了年表，祥子要是能活到中华人民共和国成立，也跟老王差不多年纪。由此可知，老王性格定型应该主要在中华人民共和国成立前的北京，大环境跟祥子生活的二三十年代并没有什么本质的不同。经过买车卖车的三起三落后，正直积极向上的祥子再也无法鼓起生活的勇气，他开始游戏生活，吃喝嫖赌，彻底堕落为城市的垃圾。而老王虽然没有进到蹬三轮的组织里，也是一个人单干，但他守住了道德底线，并没有失掉良善厚道的品质。在活命的边缘，老王依然对这个世界有所留恋，因为什么？因为爱与人性中的美好，他们的精神得以滋养丰满，这样的生活才是可爱的。

语文课堂上，很多时候没有比较就没有对文本更深层次的理解。本课中学生能主动发现文本之间的相关性，体现了学生的创造性思维，这一闪光点正是课堂随机生成的意外收获。这就是语文的奇迹。

由此我发现，比较阅读是进行深层次学习的有效策略。比较阅读有助于激发学生的阅读兴趣，有助于提高阅读的品质，有助于提升学生的语文综合素养，有助于培养学生辩证地认识事物的思维方式。

"理性决定深度"，阅读教学必须多一些逻辑的力量、理性的光辉。不管是同一文本内部的相关因素，还是不同文本的相关性，比较点的呈现本身就是教学情境的有效营造。在多元素的教学情境下，才更易于发展学生的高阶思维。

（五）拓展迁移，情感熏陶

在新课即将结束时，我借机拓展迁移"你知道我们身边还有哪些不幸者吗？你平时是怎样对待他们的呢？谈谈你的感受和经历"，以此来唤醒学生们对不幸者要怀有一颗爱心，相互关心，彼此尊重，用善良的心去体察人间的冷暖，那么，再悲酸的命运也会充满色彩，再艰难的岁月也会充满真情。因为生命就靠生命来温暖，世界就靠爱心来滋润。

"卑微的生命即使在尘土中，也依旧开出花来了"，从老王身上学生应该能真正明白鲁迅先生的那句"世界吻我以痛，我却报之以歌"。正如诺贝尔和平奖获得者特蕾莎修女所说的那样，"我们常常无法做伟大的事，但是我们可以用伟大的爱去做一些小事"。一节语文课其实教不了多少东西，但是可以在这一点一滴的文本品读中看到一个深邃绚烂的世界。

当学生真正读懂了这篇文章之后，我让他们从以下三方面谈谈对自己的启示，他们的回答自然是水到渠成的。

老王给你的启示：自己要活出生命的高贵，收获尊重与关心……

杨绛给你的启示：平等观念、人道主义精神、自我反省的批判精神……

老王和杨绛给你的启示：爱与被爱是一个相互治愈的过程，尊重也需要考虑对方的需求……

我想要教给学生的东西从学生口中自然地流出，这是我想要的结果，也是我追求的境界。

在《老王》的课堂里，杨绛、老王和我们就这样相遇了，每个人的灵魂在此触碰出新的火花，这就是杨绛写下《老王》这篇文章的用意所在吧！人们为什么如此怀念这位百岁老人，因为从杨绛先生身上我们可以看到许多当代人稀缺的闪光点。她有着传统知识分子的骨气，她应对困难的勇气和担当也令人折服，这些文化老人身上所拥有的精神财富正是现在的我们需要继承和创新的！于是，我顺势推荐了杨绛先生的其他作品《干校六记》《我们仨》等。

三、结语

深度学习深在知识理解、思维发展、意义获得；深度学习深在情感投入、学习方式融合。因此，语文课堂深度学习更强调个体在学习中的意义感和效能感。

课堂应是向未知方向挺进的旅程，随时都有可能发现意外的通道和美丽的风景；课堂应是点燃学生智慧的火把，而火把、火种来自一个个具有挑战性的问题，让学生走出教室的时候仍然面对问号，怀抱好奇。因此，在课堂上教师应多关注学生，多关注课堂的生成，多进行换位思考，如何引领学生积极地进行深入的思考和探究是成就深度学习的关键，让我们敏锐地发现学生的闪光点，用心帮助学生构筑属于他们自己的精彩！

（附注：作者为广东省商庆平名师工作室指导专家梁峻华）

第十章

学生学习品质修养：支架式深度学习的内驱力

核心要点

学习品质的定义及意义

专注力：专心做好一件事

意志力：启动成功的发动机

观察力：深度学习的隐形翅膀

第一节　学习品质的定义及意义

　　学习品质包括学生的专注力、意志力、观察力等，它与学习态度、学习习惯、学习能力、学习状态、学习意志息息相关，是学生非智力因素的一个方面。它直接影响学生应具备的具体关键能力能否真正达成，直接影响学生深度学习的程度。学习品质不好的学生，学习马虎、粗心大意、丢三落四、朝三暮四，这无疑是学生深度学习的大敌，也是我们顺利推进任何学习模式、成功进行任何教学改革的大敌。

实例10-1

李老师是怎样训练孩子的学习品质的

　　一次，一个朋友把8岁大的儿子轩轩交给李老师时，哭丧着脸告诉李老师，他正在读二年级的儿子语文、数学成绩加起来常常不到50分。尤其天生讨厌学语文，语文考试常考几分，好时也只考到十几分，比倒数第二还差一大截。轩轩的语文老师说轩轩天生对文字反应迟钝，语感有重大缺陷，无法学好文字类的科目，看看是否可以考虑发展孩子的体育特长，以后走特长发展之路。朋友不甘心，几年来穷尽了一切办法，请了几十个家教，花了近10万元钱，还是无法提高孩子的语文成绩及学习语文的兴趣。现在把孩子交给李老师这个在朋友圈中唯一的特级教师了，如果连李老师都没办法，就不抱任何希望了，休学算了。碍于20多年风雨同舟的朋友关系，李老师实在无法推托，权当进行一次教改实验。思考再三后，李老师决定从提升孩子的学习品质入手，强化训练孩子的专注力、忍耐力、观察力。为此，李老师买了100本连环画及50本带拼音图画的小小说（遣词造句重复率高，对小学生而言生字范围大体相同），以两个月为时限，以孩子最喜欢的打游戏为杠杆，教育路径设计及实施如下：

1. 第一、第二周每天10本的速度，用铅笔把100本连环画中认识的字圈出来。意图：在有意义的环境中复习小男孩所识不多的字，同时与不认识的字可以有一个无压力的初次见面。

2. 第三、第四周每天10本的速度，用铅笔把100本连环画中不认识的字圈出来，并猜测其意思。意图：与不认识的字在有意义的环境中再次见面。

3. 第五周每天10本的速度，把50本带拼音小小说中不认识的字圈出来，根据拼音每字读10遍，并猜测其意思。意图：撤去画面帮助，在有意义的抽象环境中与不认识的字第三次见面。

4. 第六至第八周把50本带拼音的小小说、100本连环画中不认识的字抄出来，根据拼音每字读抄各10遍，用字典查出是什么意思。意图：撤去画面、环境中的意义帮助，对不认识的字强化记忆。

每天完成任务后要把铅笔的痕迹擦掉，口头汇报过感想后就可以玩游戏，完成的速度越快，玩游戏的时间就越多，如检查有舞弊偷懒现象，则取消游戏。两周后，孩子向李老师汇报说："叔叔，许多不认识的字我认识了，但我读不出它的拼音。"李老师笑着说："这个只能算你认识它，而它不认识你。"六周后，小男孩爱上了阅读，并认识了约3000多个常用汉字。两个月后，小男孩已开始自己出钱主动购买小说、杂志看。一年后已听从建议试看四大名著，语文成绩常常排在全年级第一。升入初中后，开始读些经过翻译的外国文学名著，中考时语文116分。升入高中后，爱上了中国古代文学作品，高考时语文140多分。

虽说学海无涯，但学习品质有多高，路才能走多远。

第二节　专注力：专心做好一件事

专注力是一个人控制自身专心从事某一事情的能力。专注力包括两种情况：第一种情况是在短期内把时间、精力集中用于一件事情；第二种情况是在较长时期内把时间、精力集中用于一件事情。例如，不停地磨刀叫专注，不停地思考叫专注，在两个小时内不开小差、心无旁骛、专心致志地研读一本小说也叫专注。

实例10-2

阿基米德专心治学

古希腊著名学者阿基米德痴迷于物理学和数学研究。有一天，他到公共浴室洗澡，当他坐进澡盆发现池水溢出盆外的时候，他突然光着身子冲出浴室，边跑边嚷："找到了！找到了！"他从浴盆溢水受到启发，发现了流体力学的基本原理，从而找到了银匠在金王冠里掺银的秘密，所以他兴奋不已。

当罗马进攻叙拉古城时，阿基米德曾运用杠杆和滑轮的装置，重创罗马舰队的进攻，使叙拉古城因此推迟两年陷落。后来罗马军队终于趁守军疏忽，逾城进入叙拉古。当罗马士兵出现在阿基米德面前时，他正专心致志地坐在沙土前面画圈圈，研究几何题。他见到手持利剑的罗马士兵，对他们说："请慢点动手，让我做完这道题。"

实例10-3

牛顿把表当鸡蛋煮

牛顿的天赋并没有明显的超人之处，然而他特别勤奋学习，学习和研究都专心致志，简直到了入迷的地步。他常常一连几个星期都留在实验室里，直到实验完成。有一次，他沉迷于搞实验，竟把手表当鸡蛋放到锅里去煮。又有一次，牛顿的朋友来探望他，他把饭菜摆到桌上后，又一头钻进了实验室。这个朋友等得不耐烦了，就先吃起来，吃过后没有告辞就走了。牛顿做完实验后出来，一看桌上的盘碟，自言自语地笑道："我还以为没吃饭呢，原来已经吃过了！"说着又走进了实验室。

实例10-4

爱迪生的结婚典礼

1871年的圣诞节，发明大王爱迪生举行结婚典礼。婚礼正在进行时，爱迪生突然不见了，大家都纳闷，新郎哪里去了？原来爱迪生突然想到自己在研究的电报机，注意力一下子集中到发明上，不知不觉地跑到工厂做实验去了。一个工人发现了他，告诉他已是午夜12点了。这时爱迪生才想起来："糟糕，我还要陪客人吃晚饭呢！"

从上述三个例子可以看出，专注力对一个人的工作及学习的重要性不言而喻。有了专注力，在学习新知识时可以将精力大量投入，从而提高自己的理解力、记忆力；有了专注力，可以在从事复杂事情时将事情推进到底，如面对挡住自己前进的困难、障碍时不会畏惧、不会退缩，会不迟疑地用较长的时间来攻克难题。有了专注力，相当于汽车有了大马力发动机，可以在冰雪路上爬大坡，可以经过崎岖的长路到达终点。

关于专注力，以下两点是非常重要的。

1. 训练"把一壶水烧开"的能力

专注力对于一个人的学习极为重要，对学生毕业走向社会成为成人世界的一员更加重要，是决定一个人立业成败的关键因素之一。

正泰集团董事长南存辉说："做企业就好比烧开水，你把这壶水烧到99℃，只差1℃就开了，却突然心血来潮，觉得那壶水更好，把这边搁下不烧了，跑到那边另起炉灶，结果新的一壶没烧开，原来的那壶也凉了。"

常言道，"人挪活，树挪死"。我们并不推崇雷打不动的人生，但所谓"无雄心者常立志"，很多人之所以不能在某一领域取得成就，就在于他们静不下心，耐不住寂寞，经常改变自己的志向，结果到头来一事无成。有些人的失败源于内心的软弱，有些人的失败则源于内心的贪婪。很多人感慨，机会难得啊！其实当今社会，机会并不是什么稀缺资源。对很多人来说，机会其实很多，只是机会一多，人们就无从选择，这个也想干，那个也想做，一辈子都在追寻，一辈子都在选择，总是觉得已经到手的不是最好的，结果到最后往往连最不好的也把握不住。机会对于一个是机会就想抓住的人来说，反而是一种不利。

美国经济学家哈伯特说过，对一艘盲目航行的船来说，所有的风都是逆风。一个人不仅要有目标，还要专注于自己的目标。因为人的精力有限，试图鱼与熊掌兼得，到最后往往是鱼与熊掌皆不可得。所以每个人不仅应该知道自己应该做什么，还必须明白自己不应该做什么。有句谚语说"不要同时追逐两只兔子"，还有句俗话叫"搂草打兔子——两不耽误"，事实上，对许多国人来说，很多人搂草的时候，即使窜出一只青蛙也照打不误。抛开兔子和青蛙打不打得着不谈，这种小猫钓鱼式的工作态度，肯定影响我们的主要工作——搂草。

有这样一个小故事：一位落魄的青年，满怀忧郁地找到一位隐居的智者，诉说自己毕业多年，做过很多事情，但几年下来，依然一事无成。智者微笑着听他说完，然后指着墙角一把特大号的水壶对他说："你能不能先帮我烧壶开水？""没问题。"青年略一打量，见水壶旁边有一个小灶，唯独没有柴，便出门去找。不一会儿，青年拾了一些枯枝回来，他装满一壶水，放在灶台上，在灶内放了一些柴便点火烧了起来，可是由于壶很大，水太多，那些柴烧完了水也没开。于是他再次跑出去继续找柴，回来的时候那壶水已经冷却得差不多了。这回他学聪明了，没有急于点火，而是再次出去找了些柴，当柴准备得充足后再烧水，这样水不一会儿就烧开了。"如果没有足够的柴，你该怎样把水烧开？"智者忽然问他。青年想了一会儿，摇了摇头。智者说："如果那样，就把水壶里的水倒掉一些！"青年若有所思地点了点头。

智者接着说："你一开始踌躇满志，树立了太多的目标，就像这个大水壶装了太多的水一样，而你又没有足够的柴，所以不能把水烧开。要想把水烧开，你或者倒出一些水，或者先去准备足够的柴！"青年恍然大悟。回去后，他把自己的人生目标去掉了许多，同时利用业余时间学习各种专业知识。几年后，他的目标基本上都实现了。

俗话说："三百六十行，行行出状元。"所谓状元，无非就是"烧开了的水"。经常听一些人说："你这人怎么哪壶不开提哪壶？"其实他们应该反过来想想：你有哪壶水是开的？你哪一壶都不开，让人怎么提？对口渴的人而言，烧水的过程漫长又痛苦。

在学习中，没有人不渴望成为优等生，但许多学困生不是那种真正能够静下心来，肯把一壶水烧开、肯把冷板凳坐热的人。许多学困生是一边烧着水，一边"见异思迁"，学习10分钟，就想看会儿电视，上会儿网；做题5分钟不到就想放下，就想看答案或求助于网络及朋友；还没有放假就追问家长假期去哪里旅游；等等。许多学困生的家长也有这方面的问题，孩子在家学习时，不到半刻钟就问候一下，送点水果，送点牛奶。孩子学习正在兴头上，又担心孩子学习过于疲劳，开始逼孩子去打球、跑步等；孩子偶尔考试成绩不好，就怀疑自己的孩子是不是读书的料，成绩有进步时又嫌进步得不够大。凡此种种，都可以比喻成"这水是不是可以烧开""也许这壶水根本就不值得烧"……结果很多本可以转变的学困生，就如只需一把火就能烧开的水，往往在关键时刻被家长放弃了，殊为可惜。

做事不专心的人，永远都不可能有什么大作为。成功学中有个"一万个小时定律"，大意是说，一个人想成为某一方面的人才或专家，至少要持续不断地投入一万个小时。按每天8小时计，需要不间断地修炼5—10年，绝无例外。想成为专家，先拿出一万个小时来再说。有人会有这样的困惑，我练某些东西时间也不短了，别说一万个小时，两万个也有了，怎么还没成就？百分之百不是智力问题，而是浮躁。人心浮躁，是因为想要的太多，凡事都想抓住，也不管是不是能够抓住。世上看起来可做的事情很多，但真正能够把握住的人很少。对大多数人来说，一生做好一件事，足矣。

2. 专注的本质是沉心、静心、专心

人，不论做什么，不论求什么，都不能只看华美的目标，不顾苍白的现实，而应该像植物一样，有一条可以无限下行的根，潜心于脚下的土地，致力于大地深处的能量，待到时机成熟、春来日暖，方能冲破"瓶颈"，迎着阳光，绽放最绚烂的花，结出最厚重的果。

西方有一个这样的小故事：数年前，几个美国青年同时从美国著名学府哈佛大学毕业。学习机械专业的青年们都想进入当时如日中天的维斯卡亚机械制造公司，但维斯卡亚方面明确告诉他们，该公司从不聘用只有理论知识而无实践经验的人。其中几位青年只好本着此处不留人自有留人处的精神去了别的公司，而且直接进入了管理层。唯有一个名叫史蒂芬的青年不为所动，依旧做着进入维斯卡亚公司的美梦。他自己也清楚，这很可能永远只是个梦，但扪心反复自问，为这个梦自己是否可以付出一切，内心深处给的答案是肯定的，而目前只能等待。很快到了秋天，这天，史蒂芬在自家农场帮父亲收割向日葵时发现，由于雨水太多，好多葵花子都在向日葵的顶端发了芽。父亲见他发呆，走过来开玩笑说："这些葵花子这么迫不及待要发芽，但结果只有死路一条。想发芽开花，它们必须得钻到泥土里去才行！"父亲的玩笑话点醒了迷茫的史蒂芬。回到家后，他把自己的文凭塞进抽屉，然后再次造访维斯卡亚公司，表示自己愿不计报酬地为该公司工作，他终于如愿进入了维斯卡亚公司。在公司，史蒂芬日复一日地打扫卫生，在此过程中，他细心地观察了整个公司的生产情况。半年后，他发现公司在生产中存在一个技术性漏洞。此后，他用了将近一年时间，做出了有针对性的设计。但是当他试图就此向高层提议时，才发现自己根本就没机会见到总经理，甚至当那些存在缺陷的产品一批批被退回公司时，史蒂芬仍然没机会见到总经理。这天，史蒂芬在扫地时听到一位同事说，为了挽救危机，公司董事会正在召开紧急会议，但会议进行了6个小时还没有结果。史蒂芬强烈地意识到，自己的机会终于来了！于是他带着自己的设计敲开了会议室的门，对正在开会的总经理说："我可以用10分钟改变公司！"结果，史蒂芬不仅成功地挽救了公司危机，10年后还荣升为公司CEO，其个人财富也迅速跻身美国富豪前50名！而他那几位直接进入管理层的同学，时至今日依然做着他们那一成不变、没有前途的工作。当他们天真地向史蒂芬取经时，史蒂芬的答案令人似懂非懂："我只是把自己当成一颗种子钻进了土壤里！"

其实，学习也像史蒂芬的工作方式一样，要扎实地沉下心做枯燥、无味的基础学习与训练。在物欲横流的年代，人们的思想在转变，学生的心理也受到多方面的影响。出现的情况大概有这样几种：第一种是心理压力过重，学习处于极度紧张之中，从而引发精神过度紧张、脾气暴躁、焦虑、抑郁，很难沉得下心来学习；第二种是由于自身基础差且不重视科学的学习方法，在激烈的竞争中，觉得学习无望，对学习缺乏兴趣，厌学情绪严重，从而产生强烈的自卑感和消极懒散、意志薄弱、无心向学等情况。怎么办？

向史蒂芬学习，每天像蜜蜂一样只管耕耘不问收获，教师或家长可以为学生的"耕耘"定时间、定任务、定要求，让孩子力所能及、高效率地完成。例如，学习英语可规定学生在一定的时间内，要背诵3段话；语文课上，在一定的时间里积累几条好词佳句……学生保质保量完成后，就不要管他考了多少分、进步了多少。不但不管，还可以给予表扬或适当的奖励，让学生亲自品尝到沉下心学习不受干扰的甜头。在训练的同时，和学生一起检查，或者适当点拨有困难的学生，用自己的模范帮助来影响学生。这样坚持一段时间，学生沉下心学习的习惯就能养成。

学习上要沉下心，最忌讳浮躁、三心二意、注意力不集中。学生学习的时候，要保障学生做到"入境""入静""入心"，即做到目的明确，思想集中，心里踏实，适度紧张。一旦坐下来，必须明确先干什么，再干什么。每干一件事，就要全力以赴，不想其他，而且要保持适度的紧张感，才能提高学习的效率。要达到这样的境界，需要教师与学生共同努力，教师起好引导作用。越是年龄小的学生，越需要教师多加引导，多下功夫。

当然，让学生对学习入迷，外在因素是要使他们对学习感兴趣。感兴趣的原因无非来自两方面：一方面，教师要展现自己的人格魅力，让学生喜欢教师，喜欢上教师的课；另一方面，要用学习支架展示课程魅力、知识魅力，要让学生对所学内容和学习过程充满期待与好奇。要排除学生在生活、学习中遇到的环境困扰，如和同学发生矛盾、学习中遇到问题向别人请教不搭理、出现纷争时教师的冤枉等，这些困扰如果处理不当，会造成学生心理的压抑感，会使学生沉不下心来，无法静心、专心地学习。这就要求教师、家长要走进学生的生活、学习，及时了解他们的状态，这需要沟通。教师要善于通过面对面的交谈发现学生的心理问题，及时加以正确引导，化解矛盾，成为学生的良师益友。

👤 实例10-5

学生叶姗的专注力是怎样得到改善的

一只木桶能装多少水，是由最短的那块木板决定的，加长那块短板，就能明显提高水桶的容量。这就是著名的"短板理论"。

有个叫叶姗的学生，以粗心出名。正常上课作业中还看不出什么大问题，甚至与较优秀的同学无异，可一到考试总是会犯些"不该犯的错误"。例如，有时会把题目中的82看成28；有时辛辛苦苦算出的答案明明是正确的，从草稿纸上抄到答题纸上都会抄错；有时连乘法运算都会记错，如把$3 \times 8 = 24$误记为$3 \times 8 = 42$等。家长一般都会把这种失误性丢分归罪为"粗心大意"，并习惯从

"端正态度"的角度责备孩子。

我们在与叶姗的班主任李老师一起深入分析了叶姗的问题后一致认为，叶姗的"粗心"主要不是态度问题，而是能力问题，是大脑注意力的持久性和力度不足的问题。既然是能力不足，就不能靠批评训斥，而要靠有效的训练来解决，让"粗心"变"细心"。每次李老师跟叶姗一起分析她的现状时，都强调"短板理论"的用处，这使它很快也成为叶姗熟知的理论工具。李老师经常跟叶姗一起寻找她粗心问题上具体的"短板"，请她最喜欢的爸爸帮助一起来做些训练，有针对性地做到缺什么补什么，想方设法把"短板"加长。

我们给叶姗设计了一个提高细心程度的单项训练：抄电话号码簿。李老师让叶姗的爸爸在邮局买了本旧的全市的电话号码簿拿给叶姗，翻到某页掐着秒表让叶姗尽可能快地抄一遍，记录下时间，抄的方式是"左手指，右手抄"，每次抄一页，每次抄写的电话号码所在的页码必须是不同的。抄写结束后让叶姗自己来核对正误，记录成绩，如果全对则为100分；如果有错，错一个扣1分。叶姗首次抄写的时间为2分钟，以2分钟为标准，在抄写完全正确的前提下，每提前2秒钟则奖一分。如果叶姗的抄写总是低于100分，就训练15分钟结束，如果连续三次100分，当天的训练就可提前结束。爸爸是监督员，训练是没有奖品的，如果说有奖励的话，那就是爸爸每次都在旁边陪着她，给她掐秒表，成功了就和她一起欢呼，失败了就一起想办法改进。按照我们规定的要领，叶姗提前结束的天数越来越多，抄写失误开始大大减少。反映到学校学习与考试中，她的专注力及细心程度也大大提高了。考试中出现的粗心现象也大为减少，成绩直线上升，在小学毕业时如愿进入了某重点中学的重点班学习，并且总成绩在重点班长期名列前几名。

当初有人不赞同我们的训练方式，认为我们的设计养成了孩子对父亲的依赖心理，但我们并不认同这种观点。因为在单项训练的时候，大人担任的是"场外教练"，目的是在短时间内迅速强化某种技能，如果没有大人参与，这种训练就会显得十分枯燥，连自制力不够强的大人也不一定愿意长期坚持，更别说不到11岁的小学生了。但只要有大人的积极参与，枯燥无味的训练就变成了有趣的游戏，孩子就会一次又一次地和自己"较劲儿"，训练成绩就会一天天地提高。需要注意的是，每次训练的时间一定不能过长，以"还没玩够就结束"为最好。

第三节　意志力：启动成功的发动机

　　现今大多数中小学生是在非常顺利和受宠的环境中成长起来的，心理素质比较脆弱，适应社会的能力较差，一旦遇到挫折，哪怕在别人看来是一丁点儿小事，他也会有"黑云压城城欲摧"之感。比如，因一本书、一件学习用品、几句冷言、一点小摩擦而发生口角或拳脚相加；不合理的要求得不到满足就和家长吵闹；一次考不好，就沮丧颓废；被老师或家长批评，就离家出走；理想或目标无法实现，就悲观失望，甚至自暴自弃，不能正确对待挫折和困境，容易走向极端。

　　人生的航程不会总是一帆风顺的，会遇到各种困难和阻碍。因此，挫折在所难免，要使学生心理健康发展，就必须培养学生的意志力，提高学生的心理承受能力。而意志力最重要的体现就是勤奋二字。

一、意志力的第一要诀：吃苦就是吃补

　　酸、甜、苦、辣、咸，人生五味，苦占其一。但"南甜北咸，东辣西酸"，唯独没有喜欢吃苦的地方，非但不喜欢，人们还对吃苦特别的反感。为此，还有人专门编了个脑筋急转弯——人们最不喜欢吃的东西是什么？苦。人类是最善于趋利避害的生物，苦无疑是大害之一。但问题是，我们不喜欢吃苦，苦就不会伴随我们了吗？我们想逃避苦，苦就会放过我们吗？人生少不了苦。苦就像人生的伴娘，除非你不出生，否则你必然要受苦、吃苦。正因如此，有人干脆称人生为苦旅。其实人生未必全是苦旅。苦不过是人生五味的五分之一，吃到甜头就高兴，吃到咸、辣、酸也能勉强接受，唯独不认同苦，这不是苦的事情，而是我们的心理有问题。而心理有问题无疑也是很苦的，所以，不认同苦无异于自讨苦吃。

　　人类几千年来所干的事情无非两件——逃避苦，追求甜。人人都喜欢吃

甜头，再甜也不嫌甜；谁也不喜欢吃苦，再少的苦也是苦。如果不是为了"思甜"，人们是连"忆苦"都不愿意忆一下的。

其实，什么东西吃多了都会腻，甜也不例外。而苦则是生活的调味剂，没有苦，甜又从何体现呢？

为人父母的都知道，小孩子吃苦药时会把药吐出来。当然有些大人也是这样，这是人类的本性。然而人生就是一个五味瓶，从我们诞生的那一刻起，五味瓶即告打破，只吃甜，不吃苦，从理论上也说不通。所以明智的人不仅不会拒绝吃苦，还会以苦为乐，没苦也要找点苦吃。

春秋战国时期的越王勾践，无疑是中国历史上最会找苦吃的明星。想当年，为雪洗战败之辱，他放着锦榻不睡，睡柴草堆，放着美味不吃，吃糙米饭，还专门命人找了个猪苦胆，挂在居室中，每次吃饭、睡觉前都要尝上一尝，尝完后还大声问自己："勾践，你忘记了战败的耻辱了吗？"然后又像模像样地回答："没有，我没有忘记！"就这样，经过长期的发愤图强，吃苦受罪，他终于打败了吴国，但是之后，他就再也不睡柴草、吃糙米、尝苦胆了。因为没必要了。吃苦是为了享乐，如果吃苦换不回享乐，那还吃苦干什么？这种理念一点儿也不高明，在群众中却很有市场。古语有云："吃得苦中苦，方为人上人。"所谓人上人，简单来说就是出人头地的成功人士，这类人士自然是不必再吃苦的。如果有人成功了还在受苦，那绝不是作践自己，而是为了更大的成功。那么什么理念才称得上高明呢？

很简单，以苦为乐。被誉为清华四大导师之一的梁启超说过："患难困苦，是磨炼人格之最高学校。"其实苦远不止磨炼人格那么简单，苦也是成功的发动机。吃苦就是吃补。人们常说："三百六十行，行行出状元。"但状元只有一个，哪一行的状元都不是那么好当的。想从多如牛毛的准状元当中脱颖而出，你得有自己的绝活。任何一门绝活，都得经过艰苦的训练才能获得。有些高难度的绝活，如某些武术、杂技中的绝技，甚至要经过十几年、几十年不间断的练习才能练成。我们读武侠小说，里面动辄说某某神功练至第九重需要几十年，虽然有夸张的成分，但理论上是没有问题的。当然，我们不能动不动就拿成功、状元等说事儿。如果不懂得成功的真谛，成功就是世上最害人的东西。但即便你只想平平淡淡过一生，吃苦也一定是少不了的。家里家外、大事小情、天上地下、柴米油盐，只要你还活着，还没麻木，苦就断不了。所以，我们不仅要认可、接受人生的苦，还要学会从苦中品出些甜来。可以说，如果你能从苦中品出甜来，你便懂得了生活。从苦中品出成功来，需要努力和坚忍。而从苦中品出甜来，还需要境界。

二、意志力的第二要诀：勤奋，没有人会被汗水淹死

吃得苦中苦，方为人上人，不对自己狠一点儿，付出比别人更多的努力，你凭什么成功？况且，没有人会被自己的汗水淹死，那些英年早逝的精英，实质上是病死而不是累死的，而很多人却擅长拿他们的故事来安慰自己的不求上进。

华人首富李嘉诚曾说"别人做8个小时，我就做16个小时"。从1958年开始创业，之后20多年里，他每天都保持着16个小时以上的工作量。

李嘉诚14岁丧父，为赡养祖母、抚育弟妹，不得不忍痛离开学校，进了一家茶楼做伙计。为了早起，李嘉诚把闹钟拨快了15分钟，每天总是最早一个赶到茶楼。在干好本职工作之余，李嘉诚喜欢观察三教九流各色顾客，根据他们的外貌、言语去揣测他们的籍贯、年龄、职业、收入和性格等，然后再设法验证。就这样李嘉诚很快对茶楼每位顾客的消费习惯了如指掌，所以什么时候该给哪位客人上什么食物，提供什么服务，他都能做得恰到好处。客人非常满意，自然成了茶楼的常客。李嘉诚也因此成了茶楼加薪最快的伙计。考虑到茶楼工作出息有限，一年后，李嘉诚进了舅舅开的中南钟表公司。舅舅并不以他是自己的外甥就有所照顾。李嘉诚从学徒做起，仅用了半年，就学会了各种型号钟表的装配及修理。此外，他还负责扫地、煲茶、倒水、跑腿等，既伶俐又勤快，很快就赢得了同事们的好感。17岁时，敢于挑战的李嘉诚做了一个走街串巷的推销员，主要是推销五金厂生产的铁桶。当时公司一共有7名推销员，李嘉诚最年轻、资历最浅。另外几位是经验丰富的老手，有自己固定的客户资源。这完全是一种不在同一起跑线上的竞争，但李嘉诚不想输给任何人。他暗自给自己定下目标：3个月内，干得和别人一样出色；半年后，超过他们！并不强壮的李嘉诚每天咬着牙，背着大包四处奔波，马不停蹄地走街串巷，寻找客户。好在他做茶楼跑堂时，练就了腿功和脚力，也练就了善于察言观色的本领。在与客户交往时，他很快就能根据客户的反应判断成交的可能，并采取相应的对策。经过一段时间的努力，他的销售额在所有的推销员中遥遥领先，高达第二名的7倍！一年后，李嘉诚就做了部门经理，两年后又当上了总经理。1950年夏天，李嘉诚看准形势，离开待遇优厚的塑胶厂，用平时省吃俭用积蓄

的7000美元创立了长江塑胶厂，踌躇满志地开始了崭新的事业。

创业初期，李嘉诚身兼数职，既是老板，又是操作工、技师、设计师、推销员、采购员、会计和出纳。由于交通不便，每天一大早，李嘉诚就外出推销或采购。但他从不打的，路远就坐公交，路近就靠两条腿。中午，李嘉诚匆匆赶回工厂，先检查工人们上午的工作情况，然后和工人一道吃简单的工作餐。下午要么和工人一起工作，要么继续外出联系销路。晚上还要查资料、收集信息、记账、记录销售情况、规划产品市场区域、设计新产品的模型图、安排第二天的生产……

1981年，已经成为风云人物的李嘉诚，在香港电台电视部拍摄《杰出华人系列——李嘉诚》时，该电台记者问："李先生，您今天的成功，与运气有多大关系？"李嘉诚当时很谦虚地说那是"时势造英雄"，但是时隔17年，当他再次被香港电台采访之际，李嘉诚给出了另一个答案："那时我说得谦虚，今天我再坦白一点说，我在创业初期，几乎百分之百不靠运气，而是靠工作、靠辛苦、靠努力挣钱。你必须对你的工作、事业有兴趣，必须全身心地投入进去。"

从李嘉诚成功的例子可以看出，能力是一个人的长度；勤奋是一个人的宽度；善于抓住机遇构成一个人的高度。长度、宽度、高度的乘积，就能算出我们每个人的生命容量。对于学习，中考与高考上的机遇是均等的，大多数人的智商并没有太大的区别，勤奋可以弥补能力上的差距，所以勤奋才是学习中最重要的品质。高尔基说："天才源于勤奋。"卡基尔说："天才就是无止境刻苦勤奋的努力。"我国著名数学家华罗庚也说过："只有不畏攀登的采药者，只有不畏巨流的弄潮儿，才能登上高峰采得仙药，深入水底觅到骊珠。"这些都说明，要想学习取得成功，就离不开勤奋。

实例10-6

陈景润的意志力

1966年，屈居于6平方米小屋的陈景润，借一盏昏暗的煤油灯，伏在床板上，用一支笔耗去了几麻袋的草稿纸，居然攻克了世界著名数学难题哥德巴赫猜想中的（1+2），创造了距摘取这颗数论皇冠上的明珠（1+1）只是一步之遥的辉煌。他证明了每个大偶数都是一个素数及一个不超过两个素数的乘积之和，使他在哥德巴赫猜想的研究上居世界领先地位。这一结果被国际上誉为陈氏定理，受到广泛征引。这项工作还使他与王元、潘承洞在1978年共同获得中国自然科学奖一等奖。他研究哥德巴赫猜想和其他数论问题的成就，至今仍在世界上遥遥领先。

实例10-7

高考学霸的意志力

在2017年四川省高考理科第一名黎雨佳的学习世界里，"专心刷题"是一件充满乐趣的事情。她特别享受"刷题"的过程，"有时候很无聊，就拿两套题出来做呗"。她每个星期会制订详细的学习计划，甚至要精确到每天、每个小时。黎雨佳的教材和练习册放在书架上，几乎每页都标注了很多符号。她每个星期会写一篇周记，把当周在学习中遇到的问题及心情记录下来。她说，有时候状态不好，写周记的过程也是自我梳理的过程，所以十分有必要。很多人反对题海战术，但在她看来，没有足够的练习，没有见过足够多的题型，在考场上是没有自信的。

实例10-8

中考学霸的意志力

2011年杭州中考状元徐恩迪，她的口袋里始终揣着一本宝典，里面记着英语单词、化学方程式、物理公式等，每到吃饭排队时、等公交车时，必拿出来读读看看记记。其实，这招是从著名数学家苏步青处偷学的。苏老曾说："我的时间有限，'没有整匹布'，我挤时间的办法就是充分利用'零布头'，把1分钟2分钟的时间都利用起来，这样'零布头'也能派上用场。"

第四节　观察力：深度学习的隐形翅膀

观察力就是观察的能力，是发现事物特征的能力，是一个稳定的个性特征。它不是天生的，要靠不断地丰富知识和长期的观察训练才能形成。所谓的观察是一种有目的、有计划的知觉，是人对现实感性认识的一种主动形式。就学生的学习活动看，观察是学生认识周围世界的一条重要途径。由此可见，良好的观察力是学生成功地创造性地进行学习的必备条件，也是他们未来参加社会主义建设的必备能力。观察力的至高境界是洞察力，洞察力是指深入事物或问题的能力，是人通过表面现象精确判断出背后本质的能力。

一、细心是观察力之母

新文化运动领袖之一，曾任北京大学校长的胡适教育他的学生说："大胆的假设，小心的求证；认真的做事，严肃的做人。"

有这样一个小笑话：医学院的老教授一边做实验，一边教导他的学生："做医生，最要紧的就是胆大心细。""请问老师，"一个学生不无促狭地问道，"什么是胆大心细？请举例说明。""呶，就这样。"教授说完，迅速将一只手指伸进一杯尿液里，然后把手指放进自己口中！然后，教授把那杯尿液递给身边的学生："你们每个人照做一遍。"学生们面面相觑，但没办法，只得按着教授的要求去做。看着每个学生都忍着呕吐，陆续把伸入尿液的手指塞进口中，教授摇摇头说："不错，你们每个人都过了第一关，都够胆大。但是你们不够心细，没有一个人注意到，我伸入尿液里的是食指，但放进嘴里的是中指啊！可惜啊，可惜！"这个笑话告诉我们：成大事者不拘小节，但是必须注意细节。战略决定方向，细节决定成败！专注于细节而忽略方向不可取，但专注于方向而忽略细节，则会让我们付出许多不必要的辛苦，甚至因小失大，让长久的努力功亏一篑。

　　再来看一个现实生活中的例子：在中国，知道宗庆后的人并没有几个；提起他的产品——娃哈哈，却很少有人不知道。这位42岁才开始创业的农民，之前插过秧、晒过盐、采过茶、烧过砖，还卖过冰棍……但是短短20年，他便将一个连他在内只有3名员工的校办小作坊，打造成了如今的中国饮料业巨头。宗庆后是如何做到这一点的？带着这些疑问，某电视台专门对宗庆后进行了专访。在问完一些意料之中的问题后，主持人突然拿出了一个娃哈哈矿泉水瓶，一连问了宗庆后3个问题：

　　"这个娃哈哈矿泉水瓶的瓶口，有几圈螺纹？"主持人问。

　　"3圈。"宗庆后立即答道。主持人一数，果然是3圈。

　　"那么，瓶身有几道螺纹？"

　　"8道。"宗庆后还是不假思索地回答。主持人一数，说怎么数着只有6道啊？宗庆后笑着说："上面还有两道。"主持人并不甘心。她拧开矿泉水的瓶盖，沉吟片刻，突然笑着问宗庆后："您能告诉我这个瓶盖上有几个齿吗？"

　　什么？这也太无厘头了吧！观众们都诧异地看着主持人，当然也有一部分观众在等着看宗庆后的难堪。但宗庆后让他们失望了，他笑着对主持人说："你观察得很仔细，问题很刁钻。我告诉你，一个普通的娃哈哈矿泉水瓶盖上，一般有15个齿。"

　　"这个您也知道？"主持人瞪大了双眼，"我来数一下。"她前后数了三遍，结果真是15个！

　　宗庆后自然不仅仅是靠着心细成为曾经的中国首富的。但道祖老子在《道德经》中"天下大事，必作于细"的哲言是有道理的。

　　学习其实也一样，细心成就财富，细心当然也成就学业上的成功。

实例10-9

名家的观察力

　　有一年放假，焦耳和哥哥一起到郊外旅游。天空浓云密布，电闪雷鸣，刚想上岸躲雨的焦耳发现，每次闪电过后好一会儿才能听见轰隆的雷声，这是怎么回事？

　　焦耳顾不得躲雨，拉着哥哥爬上一个山头，用怀表认真记录每次闪电到雷鸣之间相隔的时间。

开学后焦耳几乎是迫不及待地把自己做的记录告诉了老师，并向老师请教。

老师望着勤学好问的焦耳笑了，耐心地为他讲解："光和声的传播速度是不一样的，光速快而声速慢，所以人们总是先看见闪电再听到雷声，而实际上闪电雷鸣是同时发生的。"

焦耳听了恍然大悟。从此，他对学习科学知识更加入迷。通过不断的学习和认真的观察计算，他终于发现了热功当量和能量守恒定律，成为一位出色的科学家。

能观察到闪电到雷鸣之间的差距是焦耳难能可贵的学习品质之一，是细心让他拥有了提出问题的能力，是细心使他拥有超越同龄人的思维力，可以说也是细心使他对科学入了迷。那么，具体到教育实践，我们应该如何培养学生学习细心的习惯呢？

二、如何培养学习细心的习惯

粗心大意的孩子，往往学习上马虎，做作业时不认真，考试时成绩就会不理想，同时在生活上丢三落四，还会出现很多不必要的烦恼。家长要帮孩子改掉缺点，帮助孩子健康成长。粗心是一种常见的现象，不单是在孩子身上有这种缺点，许多成年人也避免不了。导致孩子粗心的原因主要有以下几个方面：一是因为孩子的视觉记忆和辨识能力较弱；二是家长没有及时纠正孩子的马虎，久而久之就形成了习惯；三是孩子缺乏责任心，做什么都心不在焉；四是孩子功课太多，紧赶慢赶，往往就丢三落四，忙中出错。那么怎样克服孩子粗心的缺点呢？相比于学校教育，家庭教育在这方面是一个更加大有作为的地方。可以试试从以下七个方面入手：

1. 训练孩子的注意力

家长应避免在孩子学习的时候，在一旁看电视，甚至是打牌搓麻将。儿童的注意力是极易受到干扰的，你的做法只能让他无法将注意力集中到学习上，久而久之，孩子便养成了一心二用的坏习惯。要帮助孩子养成一回家就做作业的习惯。

2. 让孩子在生活中体会细心的好处

如果家长有朋友是从事精密、细致工作的，不妨与他们联系好，带上孩子去看看他们工作时的情景，让孩子受些启发。

3. 叮嘱孩子多检查一次

应该培养孩子独立完成作业的习惯，让孩子自己检查并订正，家长可以在一旁陪同。

4. 让孩子自己制定惩罚粗心的措施

如果孩子因为粗心，影响了作业或考试的成绩，家长可以对他进行小小的惩罚。例如，取消原定的外出计划，或者少看一会儿电视……

5. 培养孩子有规律的生活

要求孩子做事有规律，先从生活上做到，然后再落实到学习上。可以要求孩子从整理自己的房间开始。

6. 培养孩子的责任心

可以让孩子做一些力所能及的家务，要及时给予奖励或批评。纠正孩子粗心的缺点，其实就是培养他对自己负责的做事习惯。

7. 让孩子多做一些"细活儿"

可以让孩子练习写毛笔字、系鞋带、剥毛豆等，提高孩子的细致程度。"细心"的反面是粗心、马虎，这个毛病在儿童中是较普遍的，小时候不觉得怎样，越大越令人头痛，不利于学习，不利于成才，而遍观成人中的粗心者，多是从小养成的，可见，小时候的培养至关重要。"细心"是一种习惯，与性格有关系，但不是天生的，一切习惯都是后天形成的。

要培养专注的习惯，做事认真、专心，能较快地集中注意力，能控制自己沉稳下来，不三心二意，不虎头蛇尾。

要培养"检查"的习惯，做完了事习惯检查一下。例如，劳动完了，检查一下做得怎么样；收拾完了，检查一下有没有遗漏的；做完作业了，检查一下有没有错误……养成了检查的习惯，将受益终生。

要养成有序和条理的习惯，行为有条理，物品有条理，不毛毛躁躁，不丢三落四。

习惯的养成，不是一朝一夕的事，而是持之以恒的结果，小孩子不可能自己养成，在于环境和教育的作用。首先，家长要做出细心的榜样，以成人的细心来感染孩子，整个环境是细心的，孩子自然而然就会细心起来。要对孩子提出要求，并坚持原则，不能时松时紧，不能无原则地心软原谅，更不能替孩子收拾残局。

参 考 文 献

［1］郑葳，刘月霞.用深度学习促进学生核心素养的发展［J］.教育研究，2018（11）.

［2］肖明，杨建邺.诺贝尔奖百年统计分析［J］.世界科学，2001（9）.

［3］Lindsley O R. Precision teaching：Discoveries and effects［J］. Journal of Applied Behavior Analysis，1992（1）.

［4］Long-Ji Lin，Reinforcement learning for robots using neural networks［D］. Technical report，DTIC Document，Carnegie Mellon University，1993.

［5］孙玉涛，国容毓.世界科学活动中心转移与科学家跨国迁移：以诺贝尔物理学奖获得者为例［J］.科学学研究，2018（7）.

［6］张浩，吴秀娟.深度学习的内涵及认知理论基础探析［J］.中国电化教育，2012（10）.

［7］段金菊，余胜泉.学习科学视域下的e-Learning深度学习研究［J］.远程教育杂志，2013（4）.

［8］［美］丹尼斯·R·马丁内斯，丹尼斯·麦格拉斯.深度学习：批判性思维与自主性探究式学习［M］.唐奇，译.北京：中国人民大学出版社，2019.

［9］褚宏启.解读关键能力［J］.中小学管理，2017（11）.

［10］余凯，等.深度学习的昨天、今天和明天［J］.计算机研究与发展，2013（9）.

［11］汪万根.中学数学教育中培养学生反思能力之理论与实验研究［D］.南昌：江西师范大学，2003.

［12］钟志贤，曹东云.基于信息技术的反思学习［J］.远程教育杂志，2004（4）.

［13］徐继梅，姚立旗，徐继艳.小学生行为及家庭环境因素与学习成绩的相关性［J］.中华行为医学与脑科学杂志，2006（7）.

［14］孔凡哲，曾峥.数学学习心理学［M］.北京：北京大学出版社，2012.

［15］胡兴宏.关于"分层递进教学"的设想［J］.上海教育科研，1992（6）.

［16］黄泽芳.家庭环境对学业成绩的影响：对1991年中国数学奥林匹克竞赛选手家庭环境的调查与分析［J］.教育研究与实验，1991（2）.

［17］李璇律，田莉.建构主义视域下的深度学习［J］.教学与管理，2019（4）.

［18］温彭年，贾国英.建构主义理论与教学改革［J］.教育理论与实践，2002（5）.

［19］Miller，J. P. Making connections through holistic learning［J］. Educational Leadership，1999（56）.

［20］Biggs J B. Individual and group differences in study processes［J］. British Journal of Educational Psychology，1978，48（3）.

［21］［美］托马斯·费兹科，约翰·麦克卢尔.教育心理学：课堂决策的整合之路［M］.吴庆麟，等，译.上海：上海人民出版社，2009.

［22］钟启泉.社会建构主义：在对话与合作中学习［J］.上海教育，2001（4）.

［23］王旭红.情境认知理论及其在教学中的应用［J］.当代教育论坛（教学版），2008（10）.

［24］James A Bellanca. Deeper Learning：Beyond 21st Century Skills［M］. Solution Tree，2015.

［25］高文.建构性学习：学习科学的整合性探索［M］.上海：上海教育出版社，2005.

［26］Mayer R E. Instruction based on visualizations［M］. In R. E. Mayor and P. A. Alexander（Eds），Handbook of research on learning and instruction. New York：R outledge，2011.

［27］郑太年.学校学习的反思与重构：知识意义的视角［M］.上海：上海教育出版社，2006.

［28］李长虹，蔡笑岳，等.学科领域知识与数学学习的知识表征研究［J］.心理发展与教育，2010（3）.

［29］安富海.翻转课堂：从"时序重构"走向"深度学习"［J］.教育科学研究，2018（3）.

［30］高文，等.学习科学的关键词［M］.上海：华东师范大学出版社，2009.

［31］张浩，吴秀娟.深度学习的内涵及认知理论基础探析［J］.中国电化教育，2012（10）.

［32］胡丹.促进深度学习的教学策略研究［D］.大连：辽宁师范大学，2011.

［33］樊雅琴，王炳皓，王伟，等.深度学习国内研究综述［J］.中国远程教育，2015（6）.

［34］邱学华，张良朋.怎样用尝试教学法上课［M］.南昌：江西人民出版社，2016.